长春老字号故事

"长春记忆"历史文化丛书

曹保明 著

长春出版社
国家一级出版社
全国百佳图书出版单位

图书在版编目(CIP)数据

长春老字号故事/曹保明著. —长春：长春出版社,2018.10
("长春记忆"历史文化丛书)
ISBN 978-7-5445-5287-5

Ⅰ.①长… Ⅱ.①曹… Ⅲ.①老字号–介绍–长春 Ⅳ.①F279.273.41

中国版本图书馆CIP数据核字(2018)第097618号

长春老字号故事

著　　　者	曹保明
责任编辑	李春芳　张耀民　孙振波
封面设计	尹小光

出版发行：	长春出版社	总编室电话：0431-88563443	
		发行部电话：0431-88561180	
地　　　址	吉林省长春市建设街1377号		
邮　　　编	130061		
网　　　址	www.cccbs.net		
制　　　版	荣辉图文		
印　　　刷	辽宁新华印务有限公司		
经　　　销	新华书店		
开　　　本	787毫米×1092毫米　1/16		
字　　　数	283千字		
印　　　张	17.25		
版　　　次	2018年10月第1版		
印　　　次	2018年10月第1次印刷		
定　　　价	98.00元		

版权所有　盗版必究
如有印装质量问题,请与印厂联系调换　　　　　　　印厂电话：024-31255233

编委会

主　任

王庭凯

副主任

于迅来　梁国超　郑晓辉

编　委

（按姓氏笔画排序）

刁书仁　马　录　王文锋　王庆祥　田子馥
付百臣　曲晓范　孙彦平　李书源　李春芳
杨洪友　张贤达　张耀民　邵汉明　金玉辉
房友良　赵　欣　赵　洪　赵英兰　姜维公
曹保明　程妮娜

参编机构

吉林省社会科学院
吉林省档案局(馆)
中共长春市委办公厅
长春市人大常委会办公厅
长春市人民政府办公厅
长春市教育局
长春市财政局
长春市规划局
长春市文化广电新闻出版局
长春市旅游局
政协长春市委员会办公厅
政协长春市委员会文史资料委员会
共青团长春市委员会
长春市妇女联合会
长春市科学技术协会
长春市文学艺术界联合会
中共长春市委党校
长春日报社
长春市社会科学界联合会
中共长春市委党史研究室
长春市地方志编纂委员会
长春市档案局(馆)
长春伪满皇宫博物院

总　序

文化是一个城市的灵魂，是城市功能的最高最终价值，挖掘整理积淀城市历史，对于弘扬优良传统，传承文脉，具有重大借鉴意义。《"长春记忆"历史文化丛书》的编写是对长春市的城市历史文化进行一次系统的梳理与挖掘，尤其是在长春市刚刚被国务院列为国家级历史文化名城之际，出版这样一套丛书，很及时、很有必要。

纵观长春市的历史，我们不难发现，1800年清政府借地设治，设置长春厅（1825年长春厅衙署从新立城移建至宽城子）；1889年长春厅改升长春府；1913年长春府改为长春县；1932年3月沦为伪满国都，改名"新京市"；1948年10月19日，长春解放，被确定为特别市；1953年改为中央直辖市；1954年划归吉林省，随后省会由吉林市迁到长春市，成为吉林省的政治、经济、文化中心。二百余年，对于一座城市的历史来讲并不算长，但长春的历史却有着宏大曲折的时代背景、跌宕起伏的家国情怀、悠久深远的历史影响。自中华人民共和国成立以来，长春在共和国历史上创造了多项"第一"，为国家培养和输送了大量优秀人才，在汽车制造、电影、光电、生化等多个领域做出了突出贡献。改革开放以来，长春更是日新月异，在经济、文化、城市建设、人民生活等方面取得一个又一个骄人的成绩，有着"森林城""汽车城""电影城""雕塑城""全国文明城市""中国最具幸福感城市"等多项美誉。如今，长春市已成为国内以至东北亚一座有广泛影响的区域性中心城市。

长春，这座城市呈现的底蕴丰厚的历史及蓬勃朝气的现实，为我们留下了丰富多彩的历史与文化资源，也为我们记录和书写这座城市的历史，提供了广阔的空间。我们常说历史是最好的教科书，不忘本来，才能开辟未来，善于继承，才能更好地创新。党的十九大的召开，标志着我们国家进入了新时代，即将开启东北振兴新征程，在此之际又恰逢长春被列为国家级历史文化名城，如何讲好长春故事，宣传好长春的历史与文化，扩大区域文化影响力，就显得尤为紧迫。在长春市多个部门的协同努力下，这套反映长春历史文化的大型丛书——《"长春记忆"历史文化丛书》即将付梓，令人欣喜！

第一，梳理长春的城市历史与文化。丛书在记录长春历史沿革，发掘城市文化资源，系统梳理文化发展脉络，展示城市文化遗存，弘扬城市文化精神，提高人文素养与情怀，展现长春这座城市多姿多彩的历史人文风情等方面起到了积极的促进作用，对物化、活化城市的历史文化资源，扩大区域文化的影响力，增强城市的软实力，具有重大的现实意义和深远的历史意义。

第二，促进长春城市内涵的发掘与保护。长春市被列为国家级历史文化名城，既是国家对我们这座城市的充分肯定与认可，也是我们这座城市的一项殊荣，同时更是我们管理者和建设者心中一份沉甸甸的责任。希望借助这套丛书，更好地挖掘长春这座城市悠久的历史，记录其丰富的历史遗存，宣传和展示其独特的空间格局与丰富的文化遗产。

第三，增进长春市民对家乡的认知与热爱。喜爱家乡的前提是要了解和认识家乡，《"长春记忆"历史文化丛书》作为一套记载长春历史与文化的普及读本，可以帮助市民更好地了解和认识长春的历史，继而去热爱这座城市，关心这座城市，激发更多人建设这座城市，让我们的城市更加美好。

第四，提供政府决策的文化支撑。盛世修史，在当今全面振兴东北老工业基地的新时代的大背景下，挖掘和整理我们这座城市的历史，再现城市的历史之魂、文化之源、精神之本，将我们自身的历史文化资源优势转化为我们的文化发展优势，延续文脉，彰显文明，对提炼升华我们这座城市的传统文化精髓，继承和发扬城市的优秀文化，促进这座城市走创新、协调、绿色、开放、共享的可持续发展之路，提供文化支撑。

此次编辑出版的这套《"长春记忆"历史文化丛书》，稽古探微，既是对先辈研究成果的一次系统梳理与整合，又是对新史料的一次发掘与探索。丛书的编辑注重博采众长，汲取各方面的研究成果，并聘请省内外知名长春地方史、党史、档案、民间收藏等方面的专家、学者，组成编委会和顾问团，确保其史学价值与文化价值。

长春以深沉的文化内涵、广阔的胸襟、丰腴的物产、优美的环境养育了生活和工作在此的近八百万儿女。这座东北亚名城是我们的父母之邦，是我们要为之奋斗和奉献的田园热土，我们有理由为之不懈奋斗！

是为序。

2018 年 8 月

地域文化的时光穿越（代序）

"长春老字号故事"是个古老而新鲜的题目。长春历史不长，却能荟萃老字号企业兴衰史而成书，确实是一件令人欣慰的事。作者曹保明是民间文学、民俗学、非物质文化遗产方面的专家，是我的老朋友，这是他积40多年调查笔耕之精华撰写而成的力作，读后非常令人难忘。长春历史凝重，一桩桩、一件件老字号的故事，简直让人遐思万千。那些惊心动魄的往事，那些辛酸屈辱的故事，那些辉煌灿烂的记忆，描绘出关东大地永远不老的神话，铸就了"长春老字号故事"不朽的内涵。这本《长春老字号故事》不仅尽显民俗学、地域文化学朴实优美的大雅风范，更能反映长春人的开拓精神和移民文化，它不仅是纪实文学的典范，更是长春的经济史、创业史、风土民俗史，是回溯长春，认识长春的一面镜子。

一部好的作品，一定会引起读者的联想，这就是精神力量。《长春老字号故事》就具备这个特点。我读了《长春老字号故事》，就情不自禁地要为它说点什么。老字号是一种品牌的代称，是人类在自己生存的过程当中对诸多优秀的文化遗产不断认识、不断选择之后所保留下来的记忆。因此，老字号应该是在人类经济生活竞争中所保留下来的优胜结晶，我们称之为人类精神能力的一种体现。长春老字号是生活在这里的人的精神，而这种精神是这一方水土的民众在漫长的生活中所形成的，它已经成为我们每一个人共有的财富，永远地留在人们的生活中和记忆里……

200多年前，坐落在曾属于前郭尔罗斯王爷恭格喇布坦属地的"长春堡"逐渐繁华起来。原来，自从1644年，清王朝便推行了封禁政策，把东北的大片土地和森林划为"龙兴之地",不许任何人进入采伐和开垦。清王朝的封禁政策严重地阻碍了北方农业经济的发展,受到蒙古王公的抵制,于是早在顺治和康熙年间,他们便私下招募大批来自山东、直隶的流民前来垦荒和采集山货野物。经过近百年的开垦,那时属于蒙古王公领地的长春、伊通河畔的草原开始变成农田,漫山遍野生长着大豆、高粱。牧人的蒙古包和毡房开始退出柳条边外,让位于流民的定居点和村屯。

乾隆五十六年(1791),吉林将军将蒙地违禁招垦流民大量越边而来的情况禀报了皇上。也许是此时乾隆年事已高,多少有些力不从心,没有太认真地下旨严厉处置,只是重申禁令,下不为例云云。可就在吉林将军报告此事的第二年,关内直隶各省遭逢大旱,许多地方颗粒无收,于是,走投无路的河北、山东一带灾民便大批"走山",闯过山海关,蜂拥而至今天的长春地区,加入了从"揽头"(先期而来的承包地户)手中分垦土地的"傍亲"大军,有的直接向蒙古的"租子柜"(管理跑马占荒和分卖土地的收租人)买丈土地。到嘉庆四年(1799),长春地区的流民已达2330户之多,他们劈开荆棘,刨去荒草,开垦农田26万亩之多,形成了中国历史上一次重要的人口大迁移阶段——闯关东。

这时候,清政府在东北地区实行的"封禁"令已成为一纸空文,而在从前,蒙古王公在这里游牧不设州县,现在流入这么多"民人",就得有管理的政府和机构,于是就在嘉庆五年五月十七日(1800年7月8日),清政府终于同意了时任吉林将军秀林的请求,在郭尔罗斯前旗东南面一个叫长春堡的流民定居点附近设立了蒙地第一个地方政权——长春厅。长春厅的设立实质上将垦荒合法化了,接着村屯不断扩大。人口的聚集,使街市不断兴盛,到道光四年(1824),厅治不得不北迁宽城子,因这儿已形成了一个较大的居民点和中心集镇,出现了许多作坊、店铺,并已修筑了"土城",城内形成了繁华的街巷,这时中原地区的大批"手艺人"相继而来,城里的粮行、银市、钱庄、牛马市、山货庄、药铺、杂货铺相应而出,一个历史上的"商业城镇"就这样默默地诞生在北方从前荒凉的草原上。历史的脚步就这样悄然迈进，长春的老字号也就在这时候开始显露自己的头角。长春的老字号大抵是这一时期前后从中原地区"闯关东"而来的，我们称之为"流人"中的优胜者。也有被发配的罪人，但更多的却是那些被东北的千里沃野所吸引并离开遭灾的中原而来的贫苦农人和手艺人。长春老字号的人物中恰恰是这样的人物居多，并用自己的经历充实了这一段历史。

长春老字号故事的另一特征是带有沧桑历史的一种岁月感。几乎每一篇故事每一个人物，都是从历史岁月中走来，无论是在中原地区就已出名的"老字号"，还是到了长春后开始起家的创业者；无论是在东北从其家祖传的"字号"手艺，还是从农人弃耕改行操起"手艺"立起的字号，都真实可信地伴随着东北长春历史的演进而一起创业、繁荣和出名。所以在这一点上说，长春老字号的"字号"历史，又是长春历史的缩影，是这儿的民族和民众在生存的历史形态中的真实写照。

用老字号的故事写就的历史虽然不完全是历史，但它完全可以成为历史的佐证，而且有时反而比历史的记载更具体和细致，因为它记载的是方方面面的具体的"历史"。就这些老字号而言，已经比较全面地记录了长春从前在饮食、医药、商业、手工业、制造业、加工业方面和人民经济生活乃至精神生活方面不可缺少的"字号"，它们的创业、诞生、发展，甚至它们的倒闭或失败，这里几乎都进行了调查和记载。因此，我们除了可以把这些"故事"看成是长春历史的缩影之外，又可以把其中的某某字号的发展史归结成长春的工业史、食品加工业史、长春的手工业史或某某的"族史"或"家史"。其实家族史恰恰是一个家族创业史。在这一点上，长春老字号的每一个"点"都是其家族的先人在历史上创业功绩的记述，开始于"个案"，发展成"字号"，给人们留下了充分和生动的文化力量。

应该说，老字号是一个民族的优秀文化。当老字号的前期是在某一个方面为了人或社会的需要而生产或加工某一个产品时，这时它是一种经济活动，我们可以称之为"物质设备"（或物质环境——英国著名文化人类学家马林诺夫斯基语），但是，一旦这种产品或技能逐渐被人所承认或认可，并不断得到传播、传承和弘扬时，这个字号就产生了自己的"精神能力"，成为人们生活中的精神追求，也是地域文化中的精神风貌。收集在这部书中的长春老字号是长春人精神生活的重要部分，无论是他们那种吃苦耐劳、艰辛创业的行为，还是他们那种尊老爱幼、扶贫济弱的品德；无论是他们那种对技艺精益求精、一丝不苟的求实精神，还是那种不欺人骗众、不短斤少两的职业道德，方方面面的精神品格，都反映出中原民族同北方民族相融合所产生出来的那种精神。这是一种品质，是中华民族优秀文化的重要表现。

老字号是一种重要的文化形态，是中华民族民族性格和思想品德的一种综合。从中原来的或早期创业的或本土的老字号，他们精湛的技艺，在这块土地上不断地发扬，是与同民族的一种宽宏大量的品质分不开的。北方民族那种待人厚道、诚恳的品质，深深地影响了老字号。这儿有句俗话：借鞋连袜子都脱。是说见人危难，倾囊相助。这种精神后来在"老字号"中有深深的体现。这是两种文化的融合，体现了中华民族文化形成的规律和特征，也是一种优秀文化形成的特征。因此我们说，"长春老字号"的故事是珍贵的文化遗产，具有重要的科研价值和珍藏价值。

一个美丽的长春已经展现在人们面前，那白了胡子的老爷爷正在给小孙子、小孙女说着从前长春的歌谣，在孩子们的笑声中，爷爷把从前的岁月进行了完整的传播，在这里，老字号所创造的一种形态也含在其中了。其实，只要生活本身存在，老字号就不会消亡，它已成为一种品牌，深深地融入人们的生活之中。诸多从前长春的老字号，今天还在从事着自己的生产和创造，这是一种精神的延续，也是对优秀文化的一种歌颂，这正是人们对长春老字号所创造的业绩的一种肯定。我预祝长春的明天会更好，因为我们拥有这么多"老字号"。我们传播和记录这些老字号的故事，其实是在发扬着它们的精神，这也是我们民族的精神，是一种创造美好未来的精神，所以我们充满信心地把这些"长春老字号"的故事介绍给大家，这既是过去又是现在，当然也是长春未来所需要的一种精神力量。

历史是劳动者创造的，是体力劳动者与脑力劳动者共同创造的。从事物质活动的人们用其社会实践留下了奔腾的足迹，从事精神活动的人们用其生花妙笔镌刻了不倒的丰碑。老字号的创业者是开拓历史的先锋，写老字号的人是记录历史的书画师。没有实践就没有历史，没有史书也同样没有历史。茹毛饮血，狩猎为生，乃至刀耕火种的史前时期，充其量是蒙昧野蛮的时代。有了文字的历史才是人类的文明史。写老字号的人，即是为老字号树碑立传的人，同那些老字号的先民一样，创造着长春人的历史。保明不畏严寒酷暑，经常利用休息时间深入社会各个角落调查采访，加工创作，日积月累，集腋成裘，终获《长春老字号故事》可喜成果。他的积极而为，勇于拼搏，善于创造性工作的作风，与老字号精神一脉相承，各行各业都需要这种精神啊。

现在依然是仲秋时节，大地上的庄稼开始熟了，就要收割了。在天津召开的"为未来记录历史"研讨会上，保明对我说，四十多年前，也是这样的季节，他面对的也是一片成熟的果实，但是，与现实的季节一样，那时庄稼也不是田野上的植物，那是文化的果子——长春老字号文化之果，那时候他的采集是一种创举，也是一种深入的文化挖掘，记得他挖掘得非常细致，写得也极认真，《长春日报》副刊祁玉梅、冯国和老师都等着连载，他们觉得他的这些老字号文化写得很有意思，于是就为他开辟了专栏，其实这在客观上确定了他今后要走的文学道路，他就一发而不可收了，郑发菜刀、孟氏接骨、赵小孩儿、李连贵大饼、老韩头豆腐串儿……那时，这一连串儿的名字，都是名与号的结合与连接，有的由于其独特的影响，已经自成一号，名字已深深地镶嵌在他所创造的文化之中了。他的挖掘也自成体系，几乎是按照长春老商业街的南北走向，一家家地去落实。现在看来，这是一种多好的文化行为呀。而且，许多长春老人、老字号的街坊，也都认识他了。一见如故，说他是专门写乡土文化的人。

光阴就这样过去了十年、二十年、三十年、四十年，当保明已满头白发时，长春出版社决定出版这部珍贵的《长春老字号故事》，并将其列入《"长春记忆"历史文化丛书》，其实这是他心中早已料到的事，当然，我也要深深地感谢他们。因为，他们看到了这些资源的珍贵。其实，回首一想，他的这些资源的存亡，在两可之间，当年他要不是一门心思地去挖掘，写出来，发表出来，可能这些珍贵的记忆也许会永远无人能知，随着时间的推移，老字号的记忆、故事、手艺、名声，往往也随着光阴的消逝而销声匿迹了，这该是多么可惜的事！祝贺曹保明和长春出版社金秋的丰收！

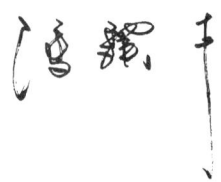

2018 年 9 月 20 日

目 录

世一堂药店 …………………… 001

董氏药膏 ……………………… 013

赵小孩儿 ……………………… 029

孟氏整骨 ……………………… 049

吴家剃头铺 …………………… 082

刘家乌拉铺 …………………… 086

祁家棺材铺 …………………… 089

柳家扎彩铺 …………………… 093

刘家木车铺 …………………… 098

艾家大车店 …………………… 101

振兴合杂货店 ………………… 104

田家当铺 ……………………… 108

王家鼓乐班 …………………… 111

侯家戏园子 …………………… 116

兴隆山陶瓷 …………………… 119

谷家染缸坊 …………………… 124

张家纸坊	127
郑发菜刀	134
回宝珍饺子	154
老韩头豆腐串	156
鼎丰真糕点	162
老茂生糖果	167
真不同酱肉	173
于家粉坊	193
董家豆腐坊	196
积德泉烧锅	198
宋家油坊	212
李连贵大饼	216
裕昌源火磨	236
泰和斋顺记回族糕点	242
传奇商号东发合	245

世一堂药店

世一堂是长春最早的老字号药店。

据说道光三年（1823），在长春有一个姓张的士绅，他家祖上在关内开着药店作坊，精通药的制作和使用。一天，他和同是关里来的几位老客山东吕家和山西白家、刘家说："咱们几个干个事儿呀！"

"干什么？"

"开药店，我看叫它世一堂。"

几个人说："好是好，可为啥叫世一堂呢？"

张士绅说："'世'是指如今人生存的人世，也就是世上；而这'一堂'，是说咱们的品质。咱们不欺人，不骗人，货真价实，乃为世上之唯一！"

"好！好！这个名字叫得好！"

于是几家筹资，就在当年长春大马路、四马路街口建起了"世一堂药店"。

光绪三年（1877），世一堂总店老掌柜为扩大经营范围，从吉林（旧称船厂）迁到老长春（宽城子）的城内办了一个分店，又从外地请来一位老药师"坐堂"①。分店的大掌柜叫范品儒，聪明、厚道、能干，当时这一带是老长春最繁华热闹的地界，于是范品儒等人建了五间宽大的临街门市房。后面的药作坊有三十多间房子，叫人一看，真是阔气。

这一年，由于长春市区不断扩大，世一堂药店又在长春北门（现大马路88号）以北设立了"世一堂"分号，民间称"北世一堂"。到民国十七年（1928）长春南、北"世一堂"已有伙计六七十人，掌柜的是魏志昌，后为杨子曾，直到东北沦陷时，一直是老杨掌柜在掌管。

民间有种说法：

---

① 坐堂：从前中药店专门聘郎中给人看病，当场号脉诊病，称为坐堂先生。

"关里有同仁堂,关外有世一堂",这话一点也不假。那时的世一堂,前堂柜台,后屋作坊,所有的药都是现制现卖,随买随制,料全质优,叫人吃着放心。

世一堂一开业,就以讲究道德著称。店里的墙上,挂着一张祖师孙思邈的像,凡是新来的小徒弟,或是赶上过年过节,一律要到像前给祖师像跪拜磕头,接着诵誓词:

> 进了世一堂,人品在上方;
> 祖师创业史,辈辈记心上;
> 谁要违祖训,当即赶出堂。

到世一堂学徒,要有"保人"引荐。保人一般是世一堂的故人、熟人,或是有威望之人。他们出面作保,世一堂才能收徒。

初入世一堂学徒,先要当"小打"。小打就是侍候人的。早晨要早早起来,先把师傅、师哥一家人的尿罐子给倒了,然后打洗脸水,接着要收拾自己,梳洗要利索。之后,就得进堂。

进了堂马上要收拾屋子,擦柜台、扫地、擦桌椅,然后站在门口,等师傅、师哥一来,马上接过衣裳、大氅、帽子、围巾等,一一给挂好。

开堂启店,客人来买药抓药,学徒不能动手,要在旁边"溜"。这溜还不能光是溜,手里的活不能停下,一边给师傅、师哥和来抓药的熟户、大户的掌柜点烟、倒水,还得给师傅、师哥打下手,错一点儿也不行。

当学徒要有眼力见儿①,心术要正,地上捡到钱要交柜上,不能揣自己兜里。这往往是师傅考验学徒是不是贪小利。

保人在领送学徒之前,往往当着学徒的爹娘面嘱咐,千万不能贪图钱财,地上有钱不是咱的,不能捡;走路碰上块大金砖也不能捡,那往往是掌柜的手段。可是有些人不听,于是被辞退。

学徒刚来,要先背"四百味歌"和"汤头歌",然后学打算盘。这是基本功,不然就会被退回去。

世一堂有一个大算盘,横放在案子上,可同时供六个人打,各打自

---

① 眼力见儿:东北土语,指眼睛能看见活,干活主动。

己的"定位",先练一六八七五,然后打章。有的小学徒好几年摸不到算盘。摸到算盘的人才有了地位,才会有当抓药师的机会。能否抓住机会,全靠聪明,会来事,也靠缘分。

学徒先学"背书""打算盘""压药",三年后通了、熟了,才能上柜台。最初学徒不给工钱,只是供吃、喝、住,这样一年后才开工钱,一年两元钱,三年后算出徒。

当年世一堂的总掌柜杨子曾人称"杨半仙",看病、抓药、下药,料事如神。有一次,堂里来了个小徒弟,自恃身体好,长得又壮,就没把师傅"杨半仙"看在眼里。杨半仙号脉很准,他不信。

这天,大伙午饭后闲下来的时候,这个学徒倚仗着自己会"武功",走到杨半仙的柜台前,道了个万福说:"杨大爷,你给我看看我有没有病啊?"

说完,手一搭桌子,"嗖"的一声从桌子上飞过去,落座在杨半仙的旁边。杨半仙不动声色。说:"腕子递过来。"

他把胳膊伸过去。

号一会儿脉,杨半仙说:"你下晌两点得死。"

"这才扯呢!"徒弟不信。

杨半仙说:"你要回家晚了,后事都处理不了……"

徒弟有点吃惊,说:"我好好的!"

杨半仙说:"表面上。"

"那你能说出道理吗?"

"这个道理很简单。你本来没病,还挺壮;可你心里看不上人,所以心血充足,心脏脆弱;当你从桌子外'飞'进柜台里时,血管一下子断了……"

"真的?"

"嗯。"

小徒弟急了,急忙往家赶。下午两点,这人真的死了。

在世一堂药铺,第二个有权的职务就是柜头。柜头掌管药铺里里外外的事情,包括学徒、小打,主要负责抓药、付药、包药、结账。这是个有"权力"的职务,往往是掌柜的亲戚或心腹。

第三个职务为账房。账房管理钱财,每天结账,当晚把整钱交给钱庄或送给柜上，零钱则用一块小红布包好，往柜台上方的房顶一吊，留着第二天使用。他的权力很大，对一些"小钱"可以任用自如。

第四个职务是外柜。外柜和里柜不同的是，外柜处理对外的一切事务，这个人的权力是很大的，因为他可以订购草药、进药、卖药，是个有"油水"的职务。那些贩药的老客都得给他"送货上礼"，不然他就不进你的草药。外柜还拥有大量的周转资金，他有权处理各种事情，同老客、买主之间有一种微妙的关系。

还有副掌柜、副柜头、副外柜等。这些人都是世一堂有权又说了算的人物。

副柜头往往还是"抓药"的能手。抓药之人要有绝招，往往手一搭，分量就差不多；而且干活要麻利、准确，所有药箱位置早已烂熟于心，举手投足，准确无误。

有一年，副柜头得罪了一个无赖，他来到世一堂，要二十副药，每一副中有三十多味，副柜头以为他是熟人常客，就没先收钱，但等抓完了，他突然提出不要了。三十味药已混在一起，怎么挑？

副柜头说："不要不行！"

那人说："病好了，我要药干啥？"

副柜头说："你怎么不先交钱？"

那人强词夺理说："你没先要钱！"

于是，副柜头上了当，当年的劳金全赔上了，还上了一股急火，不久得病死了。

有一年秋天的一天下午，世一堂药铺的大门被叩响，走进一个老头。老头穿得破烂，浑身又臭又脏，身后背个破竹筐。那时做买卖，来的都是客，不能赶，不能撵，只能让座。

门口放了一排大凳子，来的人先坐下喝茶。可那老头不坐不喝，更不抓药。

小打问："老爷子，抓药？"

老头摇摇头。

小打问："号脉？"

老头还是摇摇头。

小打心想，这人是干啥的呢？就有了防备。于是说："老爷子，你进药店,总得有点事吧……"

这话其实不应该这么说。人家来药店,一定有事;但因他是"小打"(跑腿的),也就没人挑。

老头突然问:"你们掌柜的在不在?"

小打说:"认识?"

老头说:"不认识就不能见见?"说着,一脚踹碎竹筐,从里面拿出一棵大山参来。

小打一看,明白了,这人原来是个"老冬狗子"①,这是他下山"献宝"来了,于是不敢怠慢,赶紧找来了掌柜的。

掌柜的杨半仙是收购和识别宝参的能手,他打眼一看老头这棵人参,就知道足足有五百多年的历史。于是轻声问:"老把头②,你可下山了。说吧,要多少?"

老把头从来不会要钱。现在没了主意,就在世一堂后屋的土炕上琢磨价。

从前的药铺,都是前屋柜台,后屋大炕,院子里收购、制作药材。老头在炕上一倒一起三十八下,掌柜的说:"老爷子,到价了!"老头一愣神,不动了,问:"什么价?"

掌柜的说:"这叫三十八'躺'银子!"

这"一躺"为一万二千吊,这三十八躺可不是小数目。于是这老山把头发了大财,带上钱回关里的家了。

世一堂从前有个小伙计,叫王永奎,这人没家没业,经保人引荐在世一堂学徒,心眼机灵,后来熬上了抓药师傅。他抓药,根本不用秤称,保证分毫不错。

一钱五味子多少粒,一块紫荆皮多少,他都了如指掌。有个卖烧饼的老太太,带一个闺女过日子,卖了一辈子烧饼,积攒了不少的钱财,想寻个倒插门的女婿,可是找谁好呢?

那时,她的闺女已十七了,长得水灵。偏偏老太太病了,闺女去世一堂给娘抓药,王永奎的"抓功"使她看傻了眼,竟忘了走啦。

---

① 老冬狗子:东北民间称常年钻山沟挖人参、采山货的能手,往往是一些岁数大的老人。

② 老把头:对山里老跑山的人的一种尊称。

晚上到了家，她滔滔不绝地对娘学说起了世一堂伙计王永奎的手艺，一边学，一边脸红。闺女大了，早已懂了男女之事。于是老太太决定亲自去看看这个王永奎。

世一堂药店抓药的共三个小伙计，这三人都打扮得干干净净的，小分头，头上扣着圆顶小帽，灰色的上衣，袖口挽到胳膊上，露出白衬衣，每天笑眯眯地站在柜台前。

那王永奎，长得也俊，嘴又甜，说话招人喜欢，只要买主递上单子，他就喊一声："您稍候——！"然后抓药。

抓好递上去，又喊："拿好——！"

人家走时，他又喊："走好——！"

这些动作轻如燕，把人看得眼花缭乱。小打亲切地喊王永奎："师哥，喝茶！""师哥，擦擦脸！"

王永奎总说"不急"，然后继续干活。

老太太一下子对这小伙子喜欢起来，心里也佩服闺女的眼力，回家就和闺女交了底，决定收王永奎为养老女婿。闺女也说："娘，咱们最后试他一下，怎样？"

"明天下午午时三刻，咱娘俩进世一堂，如果他没事干，就告吹；如果他正抓药，就算成！"

老太太犟不过闺女，于是这样决定了。

事情也是无巧不成书，那天下午，偏偏赶上一个大军阀要上百副药，正好柜台上又没别人，这下子王永奎可表演开了。只见他抓药的手如飞，竟然使两个打包的小伙计累得汗流浃背。那天，看热闹的人也海啦，柜台里外一片喝彩声，从此王永奎一下子名声大震。不用说，卖烧饼的老太太最后收了这个养老女婿。

这件事，在长春一时传为佳话，同时也使世一堂的名望更高了。

世一堂的办事准则是创名牌，实在；你的好，我比你更好；用自己的质量取信于民，这主要是它要求每个人从根本上做起。

前面说过，所有进世一堂的人，不论生人熟人，不论亲朋好友，都要从头练起，那就是先练压药、洗药、贮存药、保管药，全面地掌握了药性，然后才能"进屋"（到堂子里）实习抓药、配药、卖药。

这个要求很实在、具体。

压药，是相当累的苦活、脏活。从前，世一堂没有电磨、火磨，用的是马拉药碾子或人工的石碾子。一早上，掌柜的就冲小打们住的房子喊："早起！"

小打们齐喊："听——！"

"开碾子！"

"来喽！"

小打们一个个麻溜地爬起来，钻进院里的"药棚子"里去，开始压药。

一天下来，浑身是药面子，走到大街上别人都躲着，谁也不愿意靠上前。那药味都浸进人的肉皮子里去了，洗也洗不去。世一堂的人走到哪里，别人抽鼻子一嗅，往往说："一身药味儿，世一堂的！"

开药店，特别是像世一堂这样的大药房，对药的栽种、收购、制作、管理都有一整套的方式方法，不然难于立足于世。

有些药很罕见，世一堂就在东山里①开的"药圃"，自己派人种植，保证药材的齐全。每到了季节，还要及时采收中草药。

采收是第一个环节。采收一定要了解各种草药的生长期和采收期，同时还要辨识出你要购买的药材对方是什么时候采的，产地在哪儿，谁采的，这些都是至关重要的事情。

一些叶类草药，在其生长的最旺盛时期采，往往质量高、成分好、药劲儿足。比如党参，它往往在第二年的白露节（中秋）前采，采早了发糠，药性差；采晚了肉老，药性变了。因为党参根长得特慢，而白露后，根长得快，增粗明显，水分饱满，所以霜降后采最好。

但有些采药人或药材贩子为了抢"头价"，早早下手，等白露节一过，立刻挤上门来。对这些人，采收的人一定要注意。

这些事，往往由外柜来裁断。世一堂的外柜眼力很毒，是采收药材的行家。任何药材，他通过看、摸、嗅、咬等几种方式，一下子就能辨认出药材的成色。

有一年秋天，白露节刚过，世一堂来了一个送药材的老客。这人自称是关中地区的人，久闻世一堂大名，特前来送药材。那年的外柜叫杨

---

① 东山里：当地人管长白山区叫东山里。

冬，三十六岁，一双猴眼，十分精明。他走到药材车前，把手插进药材袋子里，抓出一根党参来。问："什么价？"

那人要个头价。

外柜说不值。

那人以为杨冬是"空子"①，于是，吹嘘他这车药材如何如何好。杨冬说："别说了！你这是白露节前采的。"

那人急了，说："不可能。"

杨冬说："真吗？"

"愿罚。"

"好！拿一碗油来！"

小打应声回屋端出一碗豆油来，递给了外柜杨冬。

杨冬端好碗回身对老客说：

"哥们看着，白露节前收的党参，扔进这油中，立刻打滚，因为轻飘，而且浑身起油泡，质地发糠，没长成；白露节后采的，则下油沉底，参身子上没油泡，说明它是自然长实了。你看着！"

说完，他把手中的党参放入油碗，只见那药材打了个滚，浑身起油泡。

老客二话没说，立马起车走了。

在夏秋季的"大采购"（收药）的季节，一般的人是骗不住世一堂的外柜的，因世一堂的每一个外柜，往往都是"植物学家"，这一点，一点也不夸张。

每一个外柜，兜里都揣着一本书，叫《用药法象》，随时看，随时背记。他们熟知"凡诸草木昆虫，产之有地，根叶花实，采之有时，失其地则性味少异，失其时则性味不全"，这就是准则。

所以外柜最注意的就是药材的采期。特别是对延胡索、孩儿参、半夏等药材。这些草药生长期短，在夏秋或初秋就枯萎回苗，所以要快些采购回收。还有一些茎木类，如关木通，一般在秋冬落叶前也就是十月至翌年二月间采收为最好。特别是一些根皮类的药材，主要的药成分在植物的根或茎部分。根和皮，一般在挖根后再剥皮，如桑白皮、紫荆皮

---

① 空子：指此人是个外行。

等；也可砍后剥取，如厚朴、杜仲、黄檗等。有的皮类药材，皮不易剥，可用木棒敲击取皮，这叫"打木子"。还有的"抽心取皮"，如牡丹皮、地骨皮、远志等。

收购药材时还要格外叮咛"小打"注意叶类。很多中草药都是由叶类植物组成，叶类植物生长的旺盛时期到花蕾形成时期，这期间是最佳采摘时期，叶类的产量高，而且其间含有有效物质也多，如紫苏叶、大青叶、罗布麻叶，所以千万要注意。

世一堂非常讲究这种时节。

但有时又不同。如逢龙蛇年，桑叶经霜打过的反而更好，至于为什么，谁也说不清，可又都遵从这个俗理。这恐怕是世一堂长年采购经销草药所摸索出的一种体会吧。这种桑叶，人称"霜桑叶"，想假冒是万万办不到的。

有一年，正是龙年，一个人来送霜桑叶。这人口口声声说是上等的霜桑叶，可外柜打眼一看，颜色不地道，于是，他从地上抓了一只蚂蚁，放在一片桑叶上，只见那蚂蚁立刻叮在上面，转眼间就咬出个洞洞。这是用糖水泡过的桑叶，蚂蚁爱咬。

"你这不是霜桑叶。"

"何以见得？"

"霜桑叶蚂蚁不嗑！你走吧。"

那老客二话没说，立刻赶车走人。一般老客都骗不了世一堂人。

此外还有一些"花类"草药，必须在含苞待放时采摘；果实类，一定在近成熟时采摘，如白芥子、绿豆等。这些规矩是更改不了的。

采购进的药材，要进行加工。世一堂从前是大院套，前屋是柜房、出售、抓药；从堂屋走进去就是后院，后院十分宽大，左边是一排排的房子，称为"药仓"，右边是一间间小房，这是学徒和小打们住的宿舍，每天购进的药材，要立即加工成半成品。

加工的过程是这样：

先要"去泥"，就是洗；然后"碾"，就是碾压均匀；接着是"拣"，就是分类、分等。这是力气活，又是技术活。

小打干这活，往往累得浑身是汗，但光累还只是白出力气。比如洗，要分清哪种药该洗，哪种药不该洗，哪种药有泥也不能洗，哪种药没泥也得洗。比如槟榔，一洗就变红了，不能使了；黄芪一洗，一下子变绿了，走了药效了。这个过程叫"选择和炮制"。

炮制讲究"劈、切、蒸、煮、烫"。

劈是指对有些药材要劈开用，如大黄、葛根、土茯苓等。劈是用药斧子和耕子来制作，要会使"寸劲儿"。大了，劈斜了；小了，劈连了。

切是用药刀来切制药材。切刀仿铡刀样，要会"走刀"，浑身配合，不然切刀会被你"打了"，即指刀刃豁了。

蒸是对一些药在使用前进行保管处理，要靠"汽"来"把干"，保药性。如五味子、玉竹、百合、女贞子等。蒸时一定要把握准"汽候"，水烧开后，在锅上放一块麻袋，当汽的水珠在麻袋上一跳，立刻住火。

这绝对是技术性的活计。

煮主要是针对那些易生虫子或附着虫卵的草药而言，这叫"虫卵药材"，如桑螵蛸、五倍子等等，虫子往往藏在药材的里部。仅靠蒸是无法清除干净的，只有采取煮的方式，让翻开的水把虫卵杀死，以保药材的洁净。

除此之外，就是烫制。烫制是为保存药性而发明的，其中又分"汽烫""水烫"等几种，如对天麻、白芍、天冬等，只有经过烫之后才能去掉木质心。

还有一些药材，必须经过熏硫工序，也叫作"石灰处理"，不然达不到药性，"烧"不出药劲，反而起副作用，如山药、白芷、泽泻等。还有的药材，必须经过反复的"暴晒"，这叫"发汗"，是指让药材本身发汗，如川参、山药、白术等；有的则需要干燥，有的晒干，有的烘干，有的阴干，有的风干，都是十分讲究的。

而有的药材，则必须要揉搓。

这种活，则要由"大师哥"亲自动手。他必须会使手劲、腕劲，而且"腰功"好。站个一头晌不能弯下，不然揉劲不足，搓劲不匀，就会失去药性。如党参、玉竹、黄精、麦冬等，这些药必须经过揉搓，但不能使皮和肉分离变得空泡。难是难，技术好的人还是能做到的。

还有一种制作方式叫"撞击火燎"。有些药，为了达到去须根、根皮、泥沙的目的，干燥后，要将药材装入一种特制的"撞笼"里，然后猛烈地撞击，如黄连、川贝、浙贝、姜黄等。

撞撞笼很有特色和趣味。其人要穿得干干净净，面对挂在树枝上的撞笼，一边摆开架子，迈开方步，喊着"天合"，然后一头向笼子撞去。

在世一堂的院里，往往撞笼时，喊声四起，发出"咚咚"的撞击闷响，引得行人停下步子来观看。有时撞笼不够，就用麻袋代替。

无论是采购药材还是制作药材，关键是要"识药"，识药分"看、嗅、尝"几种方法。

看，是指用眼睛仔细观察药材的大小、外表、颜色和质地等等。有的药材，要从药材的形状上判断其药性，如掌状、纺锤状等。如天麻，必须是淡红色，冬芽为红小辫，像鹦鹉嘴。羚羊角，以小而嫩的为好。而俗称"大头鬼"或"老劈柴"的就不好，老了，过性了。

金毛狗的背，外面有金毛，形酷似小狗，非常乖巧可爱。赭石外有钉头，称为"钉头赭石"。

嗅，就是用鼻子去闻。这是调动嗅觉器官去判断药性的一个最重要的过程。如丁香、甘草、沉香、五味子、细辛等，一嗅，辣味深深钻入鼻孔，半天不去。老客送来药材，老练的外柜只要一打鼻子就能开价，这样的嗅功，不品嗅上万种药材，是达不到这一水准的。

尝，就是品尝。是指用嘴来确定药性和药期。我国民间古有神农尝百草的故事，讲述了神农氏为了鉴定人间植物的用途，亲自品尝各种植物，一次次地尝，一次次地中毒，死去活来，也使他长得十分古怪。他的长相虽然可怕，却是为人类的生存付出努力的英雄，因此人们崇敬他。

世一堂的尝药师每天不许喝茶喝酒，不许吃糖抽烟，不然就尝不准了。有需要他品尝的药时，小打就端去一盘，他二话不说，开始品尝。

尝时，要调动牙、舌、嗓、腮，通过品出甜、酸、苦、辣、麻、涩等等，来分辨药的成分等。如尝细辛时，那股味往往"钻舌"；真品琥珀嚼尝时，有"沙沙"的响声……

从前中药行有一说，药材采购炮制得再好，如果贮存不好，等于前功尽弃。药材最怕霉变、潮湿，再就是怕"虫蛀"。保管药材要时刻注意"仓虫"，特别是含淀粉多、糖分多的药材易起仓虫。对这种药，要经常敲打，通过震动，使虫子掉下来、死去；或者用光来照，有的药里的虫子怕光。但贮存药材的"仓"里严禁打药、喷药，因为会造成其他药材的变质、变味儿。

那时的世一堂，四周是大青砖墙，闭店时大门一关，谁也进不来、出不去，只能老老实实地干活。

这一切，都是从前的事了。

1956年时，世一堂率先提出了公私合营的申请，全体员工敲锣打鼓地走进了公私合营的行列，开始了这个老药店的新的历程。

1957年，长春市成立了市医药药材公司，原世一堂总掌柜崔镇国任公司副经理，南、北"世一堂"乃至市内各药店都隶属于长春市医药药材公司。

此后在北世一堂的后院又成立了医药卫生所，把坐堂名医张鸿志等人吸收进来，又聘请了一些中西医生，设立了中西医科、妇科等门诊，使营业范围扩大了，特别是世一堂的白鲜皮、饮片一类的常用药，更是世一堂的精品，老百姓都上这儿来买。

1966年，"文化大革命"开始，世一堂改名为工农兵药店。1982年，世一堂又恢复了原先的店名，并把药店的卫生所与省医学会联合，成立了"医学专家咨询门诊部"，开设了中医科、西医科、儿科、妇科、耳鼻喉科、神经科、皮肤科、针灸、推拿、理疗等科，并聘请了一大批有名望的专家出诊，广大患者慕名而来，使药店生意更加红火。

世一堂药店在经营各种传统的中药材基础上，还经营中成药、西药、生化药品、生物制品、卫生材料、医疗器械和各种医疗保健用品计8大类，近3000个品种，年销售额180万元。1994年，长春市医药股份公司成立，市属四家公司合并，下属药店62家。而世一堂分号已成立了三家。

1998年，为进一步扩大老字号的知名度，经长春市体制改革委员会批准，在长春市成立世一堂药店连锁店，列为吉林省500家连锁店之一，使这个老字号的名气更加名扬四海了。

董氏药膏

一

过去，在天津有"泥人张"，在北京有"王麻子剪子"等一些民间老字号；在长春，也有一个出名的老字号"董氏药膏"，这个老字号的创始人叫董世田。今天的中青年人可能不晓得董世田，可是上了岁数的老年人一提起他，就会眉飞色舞地讲上一段"董氏药膏"的故事。

"董氏药膏"，多少年来在长春民间一直是一种神奇的药膏，谁家有人得了痈疽、疔毒之类的病，就会前来找董世田，民间都知道他治这种病最拿手。

董世田何许人也？说起来，那是清朝时候的事了。

那时候，万里长城已经成了关里关外的分隔线。山海关以外称为"关东"，这个老字号的故事就是从"闯关东"开始的。

那一年，山东地界闹旱灾，庄稼颗粒不收，饿死的人到处都是，真是哀鸿遍野。为了活命，一些人就合计着"闯关东"。有一首古老民谣唱道："出了山海关，两眼泪涟涟，今日离了家，何日才得还？""闯关东"是叫人心酸的事。

山东顺城县董家庄有哥俩，老大已娶妻生子，弟弟那年34岁，还没有成家。有一天晚上，哥哥拉住弟弟的手说："兄弟，哥哥对不起你。你都三十好几啦，哥一直没钱给你说房媳妇。现在又赶上闹旱灾，爹娘又都生了病，我看，你就出去闯闯吧，别都饿死在家……"

"上哪儿？"

"出关，上东北占荒。"

哥哥把一些散碎银子塞在弟弟的手里，流着眼泪说："一早一晚，你自个儿要多保重……"

第二天早上，嫂子抖搂抖搂面袋子，给弟弟捏了几个窝窝头，弟弟打个小包，告别了爹娘和兄嫂，只身一人谋生去了。

从前穷人出门，那是罗锅上山——前（钱）紧。往往是走一程，干些零活再走，这董信也不例外，走了半个多月才到唐山。他走到一家小酒店门口，兜里早已是分文皆无。他对掌柜的说："你救救我吧，让我干点零活儿，挣几个钱我就走。"这掌柜的心眼挺好使，一看董信老实厚道的模样，就收留他当了伙计。

再说这小店，常有一个李员外来吃酒。

这天，李员外又来吃酒，并问掌柜的："我看你那个小伙计不错呀。"

"嗯，挺不错的。"

"还没立个家吧？"

"还没呢。"

"我把大闺女嫁给他，你明儿个问问他干不干。"掌柜的一听这事可真稀罕，员外的姑娘要下嫁给小伙计。

当天晚上，掌柜的把董信叫到跟前，一问，董信当时就给掌柜的跪下啦，说："师傅，你看行就行。"

掌柜的说："那就这么定了吧！"

其实，他们都蒙在鼓里呢。那李员外根本没安好心。

原来，李员外的大闺女得的是麻风病。麻风病传染，据说，得了麻风病的女人和男人交合就能痊愈，但和谁婚配谁必死。这李员外是想害了这个外地的小伙计，救自己的闺女。酒店掌柜哪知这个内情呢。第二天，员外和掌柜的一碰头，也不要彩礼，定个日子，就准备办喜事。因为是招女婿，李员外就在自家腾出一间房子做了新房。

当天夜里，夜深人静的时候，李员外的大闺女拉住董信的手说："我不能和你结婚……"

"为啥？"

"俺爹是……"接着她把爹的狠毒打算和自己的病情，一五一十地告诉了董信。末了她又加了一句，"我只求你快逃出去。今后你若能学些医道，给天下好心人治治病，我就心满意足了……"

董信听了她的一番话，不禁大吃一惊。他当时就落下泪来，说："小姐，俺该咋感谢你的恩情呢！"

大小姐伤心地说："我就是个病人，所以咱俩今生没有夫妻缘分了。"

可我也不能眼看着你打一辈子光棍。我已和我的一个贴身丫头说好,让她跟你一块走……"

说完,她推开窗子,悄悄地喊了一声:"秀娥!"

工夫不大,一个丫头羞羞答答地走进屋来。

大小姐从柜里拿出一包钱,往董信怀里一塞说:"你们快走吧!"

当下,小伙计和秀娥告别了大小姐,从后门逃出李家,又来到酒店掌柜那里,把事情的真相和经过说了一遍。又说:"大叔,你也躲躲吧,李员外这人可不好惹啊!"就这样,酒店掌柜也带着家小和一些细软,出了唐山城,两伙人就各奔东西了。

二

那时节,大清帝国正处在风雨飘摇之中,各国列强一齐伸手来瓜分中国。昔日好端端的一个大清江山,变成了列强们为所欲为的乐园。在乡间,水旱灾接踵而至,从蒙古草原到辽河岸边瘟疫四起,被人称作"天花"的病灾在大地上蔓延。

"当家的①,你想学啥手艺?"在秦家屯原老怀德东南的大岭乡的一间破草房里,妻子偎依在丈夫的身旁问道。

"我想学医道,当先生②!"

在大岭乡往南三十八里的袁家窝堡,有一个大户人家姓谷,老爷子是个先生。董信的妻子卖了一副镯子,买了四盒礼,让丈夫拜谷先生为师,跟人家学医。

谷先生收有两个徒弟,大徒弟是董信,二徒弟叫侯亮,是谷先生的远房侄子。

早年当医生叫"行医",走村串户,徒弟拎着"药匣子"。到了一个地方,先生给病人看病,不让徒弟在跟前看。那年六月初十,谷先生的爹死了,徒弟当天晚上就去守灵,陪跪,披麻戴孝,天不亮还得去"报庙"③。谷先生的老婆没有弟弟,平时孩子病了,就让董信装孩子他老

---

① 当家的:东北民间妻子对丈夫的称呼。
② 先生:民间对医生的称呼。
③ 报庙:丧葬习俗中的一个过程。死者的亲人去庙上焚纸烧香。

舅，上庙里去取替身。从早到晚，尿盆子给先生端来端去——还不如人家一条狗。天长日久，董信学医的心思也就渐渐地冷了下来。

六月十三是龙王爷的生日，董信放假回家，一进院门，就听屋里有婴儿的哭声。他媳妇生了个大胖小子，两口子别提多高兴啦。

媳妇一边亲着孩子，一边说："当家的，快给孩子起个名吧……"

"唉，这辈子我当牛做马。这下辈人可别让他们再遭罪啦。就叫他董世田吧，今后世世代代种田，我看也不错。"

媳妇点点头："中，我也是这么想的。"

转眼十几年过去了，董世田也长到十多岁了。董信几经苦熬，终于成为给小孩儿看病的"花"先生，跟着谷先生走南闯北。

儿子长得虎头虎脑，一双明亮的大眼睛，显出聪明伶俐的样子，他一天到晚总是缠着爹娘问这问那……

有一次，爹爹给谷先生的孩子上庙取替身回来，儿子问道：

"为啥非得舅舅去取替身呢？"

"取替身是为了救孩子的命。因为舅舅和'救救'是一个音儿……"

"那让姨去取不也行吗？姨姨和'移移'发一个音，把病移走！"

两口子对儿子的聪明、天真感到又高兴又好笑，真是无法回答。

谁知孩子又问了一个使他们更吃惊的问题："那你们都是当先生给人治病的人，为啥还取替身？不用药？"

"药不好使，就取替身！"

"那为啥还给别人开药？"

"这……药不好使呗！"

"就找不着好使的药？"

爹不耐烦了，一扬袖子撑开了儿子。他本来就不希望儿子再学医。

董世田从13岁开始，就帮谷先生跑账。

跑账，就是催讨医药钱。那时候，谷先生和董信给人诊病，有的人家没现钱，说好日后还，这个事儿就交给了小世田。

那时，谁家要是实在拿不起药钱，就得给先生送四盒礼。小世田常常看见这样的人家，上次的药钱没还上，家里人又得了病，就得卖掉口粮或牲畜给先生预备礼物，好让先生来诊病。他不禁产生了一个想法：要是治病的药像天上下的大雪一样多该多好啊，随用随拿，不用花钱买。有一回，他看见一个人腿上剐了个口子，那人抓了一把黄土抹在伤口上，没过几天就好了。他就问爹："爹，黄土里是不是有什么药，怎么能治拉口子呢？"

他爹生气了，把他骂了一顿，想让他死了学医这条心。

三

大岭乡西北，过了老凤凰城，就是草原。给谷先生跑账，世田每年至少有一两个月要在这片茫茫的草原上穿过。他骑着谷先生家的一头灰驴，腰上围着娘给缝的布袋，走累了，就把驴放在草丛里，自己躺在朝阳的沙包上琢磨事儿。

一天晌午，他蒙眬中看见灰驴向自己走来。他定睛一看又不是驴。这东西有猪那么大，走走停停，来到离他几步远的地方，机警地四处瞅瞅，一看没有动静，就躺下来晒太阳。

三伏天的大晌午头，烈日毒辣辣的，这东西很舒服地朝天躺在那里。世田拨开草丛，看见它的肚子上好像有一朵盛开的红花，那上面有一些黏液，不一会儿就引来一群苍蝇、瞎虻、小咬、蚊子，像一片乌云贴在它的肚皮上。这时，只见那东西——肚皮上的花朵猛地一合，把那些飞虫牢牢地包在了里面……

世田看得入了神，猛然想起父亲曾经说过香獐子肚皮上的那朵花就是"麝香"啊。他还听父亲念过药书说："李时珍曰：'太祖高帝常嚼菖蒲饮水，以治心明。华佗则苦茶久饮益思意。'这麝香是毒品，可用此毒来攻恶毒！"

有一回，他从一位好心的蒙古族猎人那里弄来一块麝香，自己学着配制起药来，恰巧他的嘴角长了一个小疖子，世田试着抹了几回，竟然奇迹般地好了。

他为自己当了"先生"乐坏了，唱起了小时娘哄他睡觉时哼的儿歌：

> 月亮光光，
> 贼来偷酱缸。
> 谁听见了？

聋子听见了。

谁看见了？

瞎子看见了。

谁喊捉贼？

哑巴喊捉贼。

谁撵出来了？

瘸子撵出来了。

一年夏天，董信路过一个村庄，给一个生天花的孩子开一副药方。第二天，他把写好的药方交给儿子，说："赶快送去，快去快回。"世田走到半路，突然刮起一阵大风，世田一不小心，手中的药方被风刮跑了。他没追上，急得哭了起来。

"怎么办？决不能败坏了爹的名誉……"他哭累了，又寻思片刻，于是急忙找了一张纸，根据病人的情况，自己编了一个药方……

几天之后，那家孩子的父母来看望先生，感激万分地说："您的药太灵了，连我儿子头上的秃疮都治好了。"

董信一愣："什么秃疮？"

董信接过药方一看，说："这不是我开的药方！"

"是你家少爷送去的……"

父亲转身问世田："说实话，这是打哪儿弄来的？"

世田只好把事情的经过原原本本地述说了一遍。

董信心里一震，顾不上责备孩子，他是又惊又喜。他抚摩着孩子的头发，发了愁。

四

董世田十五岁那年冬天，有一天黄昏，从南边来了一个白胡子老头。这老头，看上去有七十多岁，穿着一件灰色的破长衫，又脏又臭，戴一顶小毡帽，斜背着一个四四方方的小包。

"屋里有人吗？"老头往院里探头问。

丈夫和儿子都不在家，媳妇听到有人喊，就走出来，一看是个老汉。

"过路的，想在这儿找个宿……"老头一看这家里有人，急忙说。

媳妇一听，心里犯难了。丈夫和儿子都不在家，咋好让一个陌生男人住宿呢？可她一看这老汉冻得浑身发抖，就和气地说："大伯，我家实在不方便，你还是到村里找个地方住吧。"

老人脸上露出难色，吞吞吐吐地说："大嫂……那我……我就睡在你家牛棚里吧，要是牛棚也不方便，那就让我在大门外蹲一宿吧！"

这老头一边说着，一边用手扶着墙喘着粗气。

媳妇一看老汉挺可怜的，又病得这么邪乎①，就开了大门，让他进了屋。她就抱着小儿子到别处找宿，让老汉在屋里住下。第二天早上，丈夫和儿子回来了，一摸老汉的头，烧得很厉害，就赶紧给他熬药退烧。

谁知这老汉一病病了七天。

就在第六天头上，半夜时，突然有人敲院门，原来是谷先生儿子的腿病又犯了，叫人捎信来，让董信连夜进城去抓药。原来谷先生大儿子的腿上长了个"人面疮"，这是个"恶病"。这种疮长得像人的脸，有鼻子有眼睛，你吃东西，它流口水。别看谷先生是有名的"花先生"，可对自己儿子这个病，却总也没治好。不过好歹人家是个先生，还能配出几副药来治治，虽然没去根，可也没扩展。

这时节，外边正下着老炮烟雪，北风在平原上吼叫着。董信戴上破狗皮帽子要出门，董世田拦住说："爹，你腿脚不灵了，还是我去吧。"

爹说："人家谷家信不实你……"说着，他就要走。

这时，躺在北炕上的那个老头已退了些烧，他翻了个身，问："你们在那争啥呢？"

"是争着要去给病人抓药。"

"啥病啊？"

"人面疮。"

老头说："董先生，你就别去了，去了也没用。"

"跟人家学的徒，怎么也得去呀！"

"那这么的吧，你拿我这副药去治治看……"

---

① 邪乎：东北土语，厉害的意思。

爷儿俩有点半信半疑,你看看我,我看看你,屋里立刻沉寂下来。

老汉让世田扶他坐起来,慢慢地解开来时背的那个小包,从里面拿出一个四四方方的小匣子,打开小匣摸出一个小铁盒,又打开小铁盒,里面放着一叠纸,再翻开那一叠纸,老汉从里面摸出一贴膏药……

老汉说:"把这贴膏药贴在伤口上就行了。"

"这……"董信不敢接。他心里没底儿。他是怕万一治不好,这不是没事找事吗!

老汉看出了董信的心思。沉思了一会儿,他说:"你救了我的命,就是我的恩人。咱当真人不说假话,我就是专门治疙瘩、疖子的先生。你就把这膏药拿去试试吧。"

世田对老汉的那个小匣很眼热,走过去捧起来,嗅了半天,有一股呛鼻子的药味儿,又香喷喷的挺好闻,就对爹说:"爹,兴许就好使呢……"

爹想起儿子有一回治好了姑姑的疮病,有点相信了,于是他拿着那贴膏药连夜赶到了谷家。只一贴膏药敷上去,谷先生儿子腿上的"人面疮"立刻就不流脓水了。

五

董世田,从小给谷先生家跑账,也算是走南闯北了,加之父亲又是"花先生"①,医道病理方面知识对他影响不算小。加之世田又聪明伶俐,处处留心各种药的用处,有时还在谷先生家的书房里看几眼《黄帝内经》《本草纲目》,听一些有关扁鹊、华佗的传说,用药方面的"九畏歌""十二禁歌"等背得滚瓜烂熟。天长日久,世田就当上了"小先生"。

现在,家里又住了一位"药膏神"老人,世田真是喜出望外。

这老汉的神药膏一时惊动了大岭乡和袁家窝堡。第八天的时候老汉要走,大家苦苦挽留,再加上谷先生儿子的腿疮还没痊愈,老汉就答应先不走了。于是,他在董信家下屋的小炕上铺上行李卷儿,住了下来。

这老汉姓啥?他不说。只知道他是从南边来的,大伙就叫他"南先

---

① 花先生:能治各种杂病的医生。

生"。南老汉特别喜欢小世田，有时瞧病回来，顺大襟里摸出一个"锅盔"①"火勺"啥的，笑呵呵地说："'小半拉子'，拿去吃吧！"

世田出去跑账，有时南先生也让他帮着办点事："喂，'小半拉子'，回来给俺捎副腿带子。"

一来二去，爷俩处得挺合得来。

南先生多半是晚上配"秘方"。因为他和谷先生不同，是个民间医师。民间医师，大多生计清淡，家无隔夜粮，出门背药箱。有一首古谣唱道："民间医师苦，生来就遭罪，走遍千山万岭，好像充军发配。交些穷朋苦友，临走还得搭盘费。河里洗脸，庙上睡，身上穿着没袖袄，睡觉盖个没边被，顶上拉一把，底下露大腿。做买卖没钱，偷偷摸摸不会。"因此，一到了天黑，哪怕世田缠着南先生讲故事，老汉也会站起来一摆手说："去去去！该回去睡了。"

月亮圆亮亮的，挂在中央。屯子里静悄悄的，老汉起来上了门闩，挽起了胳膊，开始生火炒药，配制药膏。这制药全过程也不全是"秘密"，生火、刷锅、碾药、分包……老汉干得干净利落，嘴里还哼着一首古老的小调。调配是制药最主要的环节，当他哼的小调一停，就是要配制秘方了。这时，只见老汉四处瞅瞅，然后麻利地把那几味药如此这般地一搭配，待他又哼起小调时，就什么秘密也没有了。

一天晚上，南老汉照例反锁大门，哼起小调刷锅炒药。

当他配好了药，双手端着药盒正要进屋时，突然从灶坑旁边站起一个人来。

"谁……"

老汉定睛细看，顿时手就不由自主地哆嗦开了。

"啊呀，小半拉子，你啥时候进来的？可坑死我啦！"老汉急得直跺脚。

世田"扑通"一声，跪在南先生的脚下。

他一边磕头一边说："拜认干佬，收我做个徒弟吧……"

南先生只觉得眼前发黑，身子一晃就要栽倒，世田急忙上前把老人扶住，搀着他进到屋里，坐在土炕上。

---

① 锅盔：东北民间对烧饼的称呼。

老汉似有所思，愣愣地盯着窗外。

世田给先生端了一碗水，又轻轻地给他捶打着那苍老隆起的背……

世田低声说："干佬，你生我的气了吧？我看得出你的心思。你没家没业，想把秘方传下去，可又没有可靠的人。干佬，你要信得过我，我是个老实孩子！"

南老汉长长地叹了口气，点了点头。世田乐了，一把拉住老汉的手说："干佬，你放心，我这辈子也不把秘方传出去，我用这药，给天下穷苦人治病！"

南老汉眼里涌出了辛酸的泪水，抚摸着董世田的头，说："你这小子可真鬼！干佬我没后，今后就拿你当亲人啦。"

就这样，据传说，这个南先生就这样收了世田这个徒弟。

与其说是收徒弟，不如说两种民间医方合为一体。先前世田治好那孩子的秃疮用的是麝香、冰片、珍珠、蟾酥、轻粉、红粉六味药；而南先生治好谷先生儿子的"人面疮"用的则是石膏、麝香、冰片、蟾酥、雄黄、珍珠六味药。二者合而为一，就变成了以轻粉、红粉、章丹、麝香、石膏、珍珠、蟾酥、凡士林油、冰片九味药为基础的药膏。这些是前期"董氏药膏"的主要成分。当然，叫响"董氏药膏"，还是后话。

六

南先生收董世田当徒弟的第二年，老人得了一场大病，临终前留下一句话："去恶病，心要正。"

这一年，董世田22岁。

一天晚上，有人穿一身孝衫走进他家，进了门"扑通"跪倒在地，说："我爹老了。"

董信扶起报丧信的谷先生的儿子，急忙到先生家奔丧。

当董信急急忙忙地赶到谷家，正赶上师弟侯亮也来了。

侯亮一把拉住董信说："师哥，走！听说先生给咱俩留了东西。"

"在哪儿？"

"在西屋呢。"

两人来到西屋一看，果然，炕里东墙角有一个小匣，西墙角也有一个小匣。

谷先生在世的时候有过话,自己的儿子又不务医,徒弟跟师傅一回,没有别的东西,就把家传药方留给他俩。所以他把药书各分一半,装在两个小匣里。

侯亮打开匣盖一看,是几本发黄的破旧药书,气得他把药书往炕上一摔,说:"谁要这破烂,来,开柜!"

董信一把拉住他说:"师弟,不能这么干啊!"

"你别管我!你是个呆子,我不能跟你学……"

于是,他把谷先生的大柜翻了个底朝上,从柜底下翻出个小匣来,他放在耳边一摇哗哗响。他眉开眼笑地说:"师哥,没别的,等我把钱送回去,回来守先生的灵!"说完,拔腿就出了屋。董信只好把侯亮摔掉的药书捡起来,捆在一起。这就成了日后"董氏药膏"创始人董世田宝贵的药理资料来源。

办丧事必然要花费很多银钱,谷家大儿子想起西屋有爹平时用的钱匣,就开柜去取。一看,小匣不见了,大儿子一口咬定是董信二人拿走了他爹的细软。侯亮就诬赖是董信把钱拿走了。因为侯亮是谷家的亲侄,说话有人信,董信就是浑身是嘴也说不清。

谷先生丧事过后,董信又去吃官司。从那以后,董信得了场大病,卧床不起。

这期间全靠世田背着药箱走门串户治疙瘩、疖子,挣些小钱来维持家里生活。他风里来,雨里去,不辞辛苦地为穷人看病,董世田的名声也从此传开了。

这年秋天,中秋刚过,董信的病势突然加重,他知道将不久于人世了,便把儿子唤到身旁。

"儿呀,爹本不想让你学医。谁料想你务上了这一行,终于学成了医。儿啊,你一定要记住我的三句话。"

"爹爹,你说吧!"

"一不许敲诈勒索,二要以行善为本,三不许把秘方传给心术不端的人……"

老爹说完,咽下了最后一口气。

此后,全家的生活重担落在世田一个人身上。他是老大,母亲身体又不好，为了照顾家里，第二年，他经人介绍，娶了邻屯王菜园子村一个老实厚道的姑娘做妻，帮他维持这个家。同一年，他率领全家老小离开了大岭乡，迁至离怀德三百多里的宽城子（今长春市），在今大经路西四道街口长春府衙附近落脚安了家。同时他挂牌上匾，专治痈疽、疔疮、疙瘩、疖子等病症，开始了他用"董氏药膏"治病的生涯。

七

在当年，被视为不治之症的"天花"和"霍乱"，就是人身上的内外疔毒恶疮，十分难治。这些病毒在人身上到处蔓延，治这种病的唯一办法便是驱毒拔脓，而董氏药膏经过董世田的重新调配，专门能驱毒拔脓。

他治病有一条规矩，不治好不要钱。这消息一下子就传到了地北天南。

那时，宽城子已是一个比较繁荣的城镇，交通也比较方便。来看病的人，南起锦州、营口、辽阳；西到前郭尔罗斯、库伦、查干、葛根和阿尔山一带草原；西北的绥芬河、亚布力、呼伦；正北的塔子城、碾子山、成吉思汗、老头庙；正东的乌拉街、李家围子、珲春、烟集岗、海参崴……来买药的蒙、满、朝、汉、回族均有，口音是五花八门，骑驴赶驼，背抬推拉，一时间，大经路西四道街口旁的药膏店，就这样红火起来。

濛江县（今靖宇县）有一户人家，靠人工生木耳为生，家里钱财不缺，有一个独生女儿17岁。这姑娘容貌出众，俊俏动人，可就是腰上长了七个痘，一个痘烂一个眼，没人可以治这病。姑娘因为这"烂"病，只得和一个腿脚有点瘸的小伙订了婚。

闺女听说宽城子有家姓董的药膏店，高兴坏了……

农历六月十八，一家人赶着马车来到董世田家门口，马黑子把姑娘背上炕，满屋子臭味儿，她腰上的黄水都汪在地上了。

董世田走近前一看，这姑娘的腰都烂脱皮啦，一扯一块。

安顿好病人，先生大喊一声："舀凉水！"

"来——啦——！"

原来，当年还没有麻醉药，因在上药和去皮前怕病人痛苦，就用一条毛巾系在病人头上，然后用凉水浇头，这工夫，便迅速除去烂皮。所以外屋人往往一听屋里喊舀凉水，便知道这是有重病人了。

除去这姑娘腰上的烂皮，再贴上董家药膏，黄脓水立刻就不淌了。她们娘俩和姑爷住在一家店铺里，姑爷天天扶姑娘来上药，一个月后，这七个烂洞便痊愈了。

这天，世田猛然听见母女俩在谈话。

闺女说：“娘，我这病快好了。这些日子把他累得够呛。你看我们的婚事，回去就办了吧。”

娘说："不，不忙！"

"娘，这是为啥？"

"傻闺女，还不是为了你？"

"为我？"

"你现在病已经好了，还找他这个跛子干啥？妈再给你找个好的……"

"这……"

董世田得知此事单独叫住了姑娘，说："姑娘，为人要讲良心。你有病这些年，这小伙子可没另眼看待你呀。"

这姑娘心一震，脸一红，点点头说："先生放心，我妈是我妈，我是我。我不能丧良心！"

后来有人到东山里采药，遇到了这家姑娘，她给董先生捎话，她已经嫁给了马黑子，还养了个胖小子……

刚来宽城子，董世田药膏起名叫"董氏珍珠万能膏"。后来，这里也相继出了一批能人，什么"张氏染房""孟氏接骨""王家包子"……自然而然，人们就把"董氏珍珠万能膏"叫成"董氏药膏"了。

八

董世田最担心的是怕药膏秘方被一些不义小人套弄出去，如果那样，他将对不起南先生、自己的老爹和谷老先生。

一天，乡下有人捎来个口信，说大顶子有一个老人烂脖子了。

早上，世田急忙吃完饭，这才想起昨晚自己感冒了，没有炒药，只剩一块"药母"。看看时间不早了,他揣起药母就坐上了那边来的三套马大车。大顶子在西南方向,离宽城子四十五里,那时节正赶上集市,一听说有车去,先生的左邻右舍,男男女女,老老少少挤了个满车,先生坐在中间。马车出了城街,向左一拐上了大道。

这时,正是入伏光景,太阳毒辣辣的热,没有一丝风,高粱叶子都耷拉着,车轮马蹄扬起的尘土,在叶子上落了厚厚的一层。

走了约莫一个时辰,马车下了大道,拐进了庄稼更稠密的一条乡道。

忽然听到高粱地里"哗啦"一声响,蹦出一个人来。

这人,大热天还穿着一件黑皮袄,留着小黑胡子,头戴一顶宽边礼帽,脚穿一双软底快靴,双手插在皮袄兜里。

他往大道正中一站,车老板子赶紧"吁——!"勒住辕马。那人低声说:"没别的,图个方便。"

在那兵荒马乱的年月,出门人最怕遇上"胡子"。车老板子有些发毛,但不答应又怕闹出事来,就用眼睛打量着坐在车中间的董先生。董世田心里也明白,这种人不让他上车会出大乱子,于是就对老板子点点头。那人就一屁股坐在后辕板上。

约莫又走了一袋烟工夫,前面的庄稼棵子更密实起来,这时,只听静静的乡间土道上传来"嗒嗒嗒"的马蹄声,转眼之间,两匹马来到近前。

骑在马上这两人,鼻子和下巴上蒙着黑布,穿着高领夹袄,手里端着老抬杆[①],手指头搂在勾机上……

"谁是当家的?"这两人勒住马头,大声喝问。

听这声音,董世田一愣,声音好熟哇!

对方可能也看出董世田的心思来了,其中一个拉掉脸上的黑布,"姓董的,没想到吧!"董世田这才看出,他就是爹的师弟侯亮。

"董世田,想当初我和你爹也算有一段交情,你不能一个人发财,连你爹的老友都忘了!"

"你想干啥?"

[①] 老抬杆:东北民间的一种土枪。

"没别的，"侯亮威逼道，"交出秘方，今天我就放了你，不然，可别怪我不仁不义。"

董世田气得嘴唇都抖上了。

"黑心贼，你害死我爹，又来挤弄①我，痴心妄想！"

"少废话，交不交？"

"这药方不是我的，是天底下芸芸众生的。要交我交给玉皇大帝也落不到你这号人手里！"

"少跟我玩轮子！"

他气愤地说："哼，要钱没钱，要方没方，要命有一条！"又悄悄摸出"药母"，吞进肚子里。

侯亮气得叫道："好你个董赖子……"端枪策马就奔了上来。

这时，坐在车后辕上那穿黑皮袄的人说话了。

"慢着……"

侯亮一愣，勒住马问："你是谁？"

"我是这伙人里掌柜的。有话对我说！"

侯亮又一愣，说："大白天点灯，没见过！"

他的同伙也问："你有枪吗？"

"有。"

"交出来！"

"好。"

只见那人，顺脖梗子里就拎出两把净面匣子，一扬手扔在道上，说："自个拿去！"

侯亮和同伙一看真有枪，慌忙跳下马，奔到枪跟前，弯腰去捡。

这当儿，那个穿黑皮袄的人麻利地顺脖梗子里又抽出一把匣子，"砰、砰"两声枪响，侯亮和同伙应声栽倒在地。

那人口里骂道："瞎犊子，没看俺是干啥的！"

车上的人顿时乱了营。

"别慌！"那人喝了一声。

随即，那人走到董世田身边，双手一抱拳，说："董先生，明挑了

---

① 挤：陷害，使坏的意思。

吧。我乃绿林中人,今儿个本来打算抢你们的车,没承想遇上这两个替死鬼,没看出他爷我是干啥的。我虽也是绿林中人,不敢说替天行道,可也能做到劫富济贫。我从心眼里佩服你的心胸和为人。两个山到一块难,两个人到一块易,如果我不死,我给你传名。受惊了!"

说完,他把两具尸体拖进旁边的高粱地里,然后拉着两匹马扬长而去。

这次出诊回到家,董世田得了一场大病,那吞进去的"药母"火气攻心,烧瞎了他的左眼。

1972年,董世田匆匆走完了人生的道路。他的儿子们继承父业,他的儿子董德、董圣先后受聘为南关区医院医师,继续研制这种药膏,为老百姓除灾祛祸。董德是南关区政协委员,成为董氏药膏的传人。现在,"董氏药膏店",继续为关东父老除灾祛病呢。

赵小孩儿

一

早年,在长春民间,谁家的小孩儿得了病,特别是疑难病症,人们都会不约而同地说:"快找'赵小孩儿'扎咕扎咕①吧!"

赵小孩儿,本名赵云声,光绪二十二年(1896)出生,是长春(原宽城子)四道街的老户,他和他的儿子们,就是人们所指的正宗"赵小孩儿"。

赵家父子是如何当起先生的呢?

这话说起来,可就有年头啦。有一个近乎民间传奇般的故事。

清朝宣统三年(1911),长春东天街东头,靠近伊通河北岸有个制毡帽的手工作坊,掌柜的姓云,是蒙古族人,他手下有十多个"劳金"②,其中有个老工人,姓赵名林,老实、能干、手巧,在云掌柜的毡帽铺子里干了一辈子了。这年秋天的一天,赵林对掌柜的说:"借些钱呗?"

"什么事儿?"

"香瓜下来啦。小嘎儿要解解馋。"

云掌柜就吩咐柜上给赵老汉支了半吊钱。

从毡帽铺一出门,正经过伊通河边上的瓜市大集。当年,宽城子的瓜市大集是很有名的。周围几十里的放牛沟、波泥河、小合隆、泉眼沟、万金塔的瓜农,都起大早把瓜车赶到这儿来。赵林捏着这几个辛苦钱儿,转悠来转悠去,这瞅瞅,那转转,啥都不敢买——这俩钱有数哇。

---

① 扎咕扎咕:东北土语,治疗的意思。
② 劳金:指小工。

最后，赵林买了十多个香瓜，又到面食作坊买了五斤酸发面①，用布衫的大襟一兜，乐呵呵地回家来了。

赵林二十出头死了妻子，他又当爹又当娘，苦巴苦业地把两个儿子拉扯大，一家人的日子勉勉强强对付着过。大儿子赵云声那年16岁，一看爹回来了，接过了瓜，奶奶接过了酸发面，揉巴揉巴，就下在锅里了。一家人吃完了饭，又吃了几个香瓜，赵林突然说："娘，我觉着肚子痛！"

老娘不以为意地说："肚子痛，请张能，张能不在家，请来老哥仨，一个吹，一个打，一个捏肚子接稀巴……八成是有屎了，拉出来就好了！"

云声扶着爹来到外边，爹也没拉，也没吐，又喊着回屋躺一会儿。谁知到了夜里，赵林突然又拉又吐，脸色发青……

赵林对云声说："儿子，爹摊上病了。快领我上孙大麻子家！"

好歹等到天亮。儿子背起爹，老娘在后边护着，急急忙忙投医去了。

二

当年的宽城子，在头道街西边有一家药房，掌柜的姓孙，小时候出天花落下疤痕，人送外号"孙大麻子"。这人大塔子个，长得又肥又胖。别看人不咋的，可是个大夫，有钱人家请他都车接车送，他还不愿去呢。太阳升起一竿子高的时候，云声气喘吁吁地把爹背到孙大麻子药铺的外屋。

孙大麻子隔着窗子这么一瞧，就知道是一个没油水的主儿。于是，他鼻子一筋筋，嘴一撇，自顾自地抽开了水烟袋。

云声放下爹。问："这是孙先生家吗？"

"不是孙先生家还是监牢狱啊！"

"这……孙大夫，请问，你这有没有止泻药？"

"你长眼睛干啥？不会自个儿看！"

---

① 酸发面：民间叫臭插子，是一种面食。

"那药是新下的吗？"

"门口的屎是新拉的，就怕你不要！"

"哎！孙大夫，我爹刚刚吃了饭，又吐又泻，肚子疼！"

"他肚子疼？我肚子还疼呢……"

奶奶在一旁捅了一把孙子，又使了个眼色。

云声忍着满肚子气，急忙解开褡子，把现借的三吊钱递了上去。"给先生买几个烟泡抽抽……"方才他是急得忘了这个礼了。

孙大麻子接了钱，押个懒腰，这才慢慢地从上房里走了出来。

这工夫，赵林老汉躺在外屋地上，脸色铁青，喘息不止。孙大麻子围着病人左转三圈，右转三圈，然后进屋开药去了。

这时，门帘一挑，从外面走进几个人来，每人都不空手。原来五天后孙家的小儿子过生日，这些人都是来送礼的。孙大麻子赶紧放下毛笔，命家人给来人点烟倒水，接着就叙谈开了……

其中一人说："孙先生，听说你是神弈棋手，不知可否同我等见识见识？"孙大麻子道："在下不才，愿意奉陪！"他一挥手，有人搬上棋盘，叮咣地下起棋来，不时传来一阵笑声。

云声气得几次想冲进去，推翻他的棋盘，都被奶奶死死地拦住了。

儿子忍气蹲在老爹身边。从孙家敞开的大门里，可以望见街上繁华的市景，那些长袍马褂的人和叫花子都在街上来往行走着，有说有笑，他却觉得眼前一片模糊，大颗的泪花涌出了眼窝。世上人与人之间为何这样？我与孙家世无冤仇，他为何对我们这样？他从这一刻起，觉得自己一下子长大了，心里暗下了一个决心……

这时，老爹的脸色由青变红，突然伸出手抓住了儿子，长长地叹了一口气。"儿子，爹怕是不行了。这辈子你记住，咱家一定要出息个大夫……"

"爹！"儿子泣不成声了。

"你要记住爹的话。要当大夫！千万别像孙大麻子这样，他……"

老爹说完，脸色由红变黄。云声不顾一切冲进屋里，从孙大麻子那里抢过刚刚写好的药方，飞也似的跑去抓药。当他赶回来了，刚一进孙家院子，就听见奶奶那撕心裂肺的哭声，还有孙大麻子气急败坏的吆喝声："抬出去！抬出去！"云声心里一紧，顿时昏倒在地上了。

三

那年深秋，又冷又潮。云声一个人在爹爹的坟旁发呆很久。他还是个16岁的孩子呀。

素常，他是个爱说爱笑的孩子，可自从爹爹死后，他整天锁着小眉头，心上像压了一块大石头。

一天，他对奶奶说："俺想学医。"

"别胡想，孩子！咱家就没这个德。当大夫的人，前辈子祖坟都冒过青烟……"

"我也要让赵家祖坟冒冒青烟！"

奶奶是知道这小子的脾气的。记得云声12岁那年，他爹赵林出外给毡帽铺掌柜的卖毡帽，一个"挑单帮"的胡子从赵林手里买了一顶毡帽，声称毡帽是坏的，要赵林赔钱，并扬言八月十五来"踢登"赵林一家。赵林吓得工也不敢出了，路也不敢走了。谁知云声却在那天到路口等着那棒子手。

"小半拉子，你是谁？"胡子问。

云声说："这位大叔，想必你是来难为我爹的？"

"啊，你是他儿子。好！赔不起毡帽，你跟我去顶账！"

"行，啥时候走？"

对方一愣。他没想到这孩子倒爽快。就说："好小子！有骨气！"

"可是，这位大叔，我去倒可以，就怕这名声你受不了。"

"啥名声？"

"大叔，人生在世，图的是个好名声。我若随你去了，别人会咋想？"

"咋想？"

"你也太不仁不义啦。就为了一顶破毡帽，就领走人家的孩子，今后谁还和你共事啊！"

"啊……可倒也是。你他妈讲得还满嘴是理呀！"那胡子顿时喜欢上小云声了，拍了一下他的肩膀。

云声说："大叔，俺家真是穷得揭不开锅了，不然，为这一顶毡帽，能让你老费这么大的事吗？"

"小子，快别说了！我不难为你家了……"

爹爹避难回来，听儿子一五一十地一说，简直不敢相信自己的耳朵。现在，奶奶听孙子说要学医，心里也真不安——这孩子说干兴许就能干出来。可是，家里没钱没势，他可咋个学呀！别闹出事来呀。

四

在当年，长春西三道街有个治病的大夫，开个药房叫"世德增"。掌柜的姓王。这人那年 58 岁。生来耳朵垂儿就肥大，大伙都叫他"王大耳朵"。这王大耳朵的医术是没个比的，不管男女老幼得了什么怪病，全能扎咕，最拿手的是扎咕小孩的病。王大耳朵收过两个徒弟，大徒弟叫石臣，是天津人；二徒弟叫刘福，是河北人。

那年头投师学艺，要多难有多难。你就是手头有钱，人家师傅看不上你，也不收你，况且赵家自从老爹死后，家里扔下老的老，小的小，吃了上顿没下顿，哪有闲钱投师学艺。

这王大耳朵，一年要有半年的时间出去往诊。每次出去，左右由石臣、刘福两个徒弟搀着，一个背药箱，一个背雨伞和用具之类。每到一地，见到便宜草药，就随时收购、制作。往往走一屯，看完病，再走。

赵云声有个老舅爷，姓金，叫金和，在四马路齐家馆子吃劳金。这金和做的面条出名。这面到了他的手里，一会儿和成团，一会儿擀成片，切出来像一条线一样。又好吃，又好看。吃饭的人一看他做的面条就想来个两碗三碗的，偏偏这王大耳朵有吃这口面的瘾。他总来齐家馆子，一来二去的，就和金和混熟了。

一天，王大耳朵又来到齐家馆子吃面，金和端上一碗面，顺势坐下。

金和说："王先生，我有点事儿！"

"看病？"

"不，是投师。"

"谁？"

"我外甥，小苍子！"——这是云声的小名。

王大耳朵虽然心眼好，但脾气怪。他眼下不想收什么徒弟，于是说:"金和呀,我当你不说假话,我王大耳朵不愿收熟人引荐的徒弟!"说完,筷子一放就走了。第二天,他领着两个徒弟,出外往诊去了。

这年秋天,王大耳朵师徒发现了一件怪事儿。每当他们看完病或弄完草药,人堆里总挤出个小孩,帮着收拾碗筷、扫地、捆东西。开始,王大耳朵以为是村里派的帮干活的小半拉子,而村里的人又以为是王大耳朵带来的伙计。

一天,看完病人,那小孩又来帮着收拾家伙。王大耳朵问徒弟:"这小嘎①是哪的?"

"不知道。从宽城子一直跟到刘家崴子啦……"

"领过来问问。"

二徒弟刘福过去把小苍子领过来啦。

王大耳朵问:

"你是哪儿来的?"

"宽城子的。"

"跟谁来的?"

"自个。"

"你想干啥?"

"你干啥我干啥。"

王大耳朵简直不敢相信自己的耳朵,说:

"真吗?"

"真。"

"好。我考问考问你!"

原来,王大耳朵一行三人已出来两个多月啦。他们每到一地,他看过的病人和用药药方,都记在心里。特别是这几个月碰上的怪病用药和处方,他从来没对其他人讲过。于是,他就把随时教石臣和刘福两个徒弟的常识,说出几条来,考问这孩子,没想到,小孩对答如流。这使王大耳朵和两个徒弟大吃一惊。

王大耳朵倒吸了一口凉气,说:"你啥时候学的?"

"你教给两位师哥时,我在窗外听,记下来的……师傅!收下我

---

① 小嘎儿:东北民间土语,跟小孩叫小嘎儿。

吧！"小孩儿说完就给王大耳朵跪下啦。

"乱弹琴！"王大耳朵生气地说，"还用我教？你不都会了吗！"

"我，我爹就是被误了诊死的，我想学医，给天下人治病！"

"这医术不是你一时心血来潮就能学的。我不能收你！"

这孩子说："你不收我，我就老跟着。"说完站起来走了。

王大耳朵想，让他跟去吧，用不上两个月，准能把他拖垮。反正每到一地，他和两个徒弟都有人招待，吃饭住宿有人安排。这孩子挺不了几天啦。

五

初冬了，天上的大雁匆匆忙忙地向南飞去。风霜冷雨，打黄了树叶和草原。

这孩子，还是跟着王大耳朵。

寒风扫光了树上的最后一片树叶，北荒上的风雪号叫着，在荒凉的野地上吹刮起来了。

这孩子，还是跟着王大耳朵。

王大耳朵纳闷，这小嘎是铁打的吗？他们每到一地，有时上午到，下晌就走，可是晌午一过，这孩子就背着行李卷儿远远地站在十字路口等着了。他在哪儿吃的饭？吃得这么快？王大耳朵决意要弄个水落石出。

一天头晌，他们来到一个屯子，师傅嘱咐徒弟下晌就走。王大耳朵偷偷地跟上小孩子。只见这孩子，来到村外一片坟地里，把行李卷儿放在雪地上，从小包里掏出几个窝窝，就着咸菜疙瘩吃起来。听到有脚步声，他一回头，见是王大耳朵，就赶忙举起窝窝："师傅！吃点！"

王大耳朵再也忍不住了，"孩子……"他一把搂过披着薄麻袋片的瘦孩子。

俗话说，人心都是肉长的。王大耳朵叫眼前这孩子的韧劲给感动了。

"这些日子，你都睡在哪儿？"

"壕沟、破庙、大车店、高粱地……"

"孩子，我收你！收你呀！"

"师傅!"

孩子趴在地上,给王大耳朵磕了一串响头。

王大耳朵把赵云声领回来,对看病的人家说:"这是我亲友的一个孩子,家穷,你们给弄点饭吃,你们吃啥他吃啥。"那时,哪个看病的人家不想讨好医生,于是满口答应。就这样,赵云声跟着王大耳朵吃上了几顿饭菜,可是石臣和刘福却忌妒上他了。

这年腊月,一个刮着北风,卷着暴风雪的夜晚,云声推开了家门。自从云声离家出走后,奶奶想孙子,眼睛哭瞎了。她摸着又黑又瘦"失踪"了半年的孙子,心疼地搂在怀里哭了:"云声,你哪去了?你咋才回来?家里人以为你死了呢!学不了医别学了。奶奶想死你啦……"

孙子给老奶奶擦擦眼泪,说:"奶奶,有了师傅啦!有了师傅啦!"孙子把事情的经过一五一十地说了一遍。他没讲住野地吃野菜的事儿,怕奶奶心疼他。他高兴地告诉奶奶:"奶奶,后天是腊月十八,正式拜师!"

在那年月,民间学徒拜师可是件了不起的大事,"师同父母"哇。王大耳朵的为人和医道,老奶奶在年轻时就听说了,她庆幸孙子拜识了一位好师傅。当下,老奶奶翻箱倒柜,把结婚那年娘家妈给的一个金镏子翻出来了,她宁可"砸锅卖铁",也要给孩子筹集拜师的花销。

六

民国元年(1912)腊月十八日,赵云声拎着从"鼎丰真"买来的四盒糕点,戴一顶崭新的开鲁毡帽,迈进了王大耳朵家的门槛子。

二师哥刘福领着云声来到上屋,高喊:"徒弟赵云声拜见师傅——!"云声赶忙放下礼物,跪在地上给师傅磕了三个响头。

王大耳朵也挺乐。他捋着稀疏的山羊胡,咳嗽一声,说:"没想到,我这么大岁数了,还收了一个徒弟。好!我就尽力拉帮拉帮你吧。"说完,他掏出几个钱扔给刘福和石臣,吩咐他们去买点酒,弄点菜。云声又给师傅和师娘磕了晚辈头,给师哥施了礼。王大耳朵给云声十三块钱,又给石臣和刘福每人三块钱,云声就算正式拜师了。

从前,有手艺的人,都不肯轻易把手艺向外传。俗语说,猫教老虎学艺，到头来还是留着一手。当师傅的都怕徒弟一旦出了徒，成了"气候"，就不搭理师傅了。所以学徒就有个不成文的规矩，头两年都是先给师傅家打杂，要闷头干活，考验你守不守"铺规"。挺不住这头一气，往后别想在师傅跟前站住脚。

每天早上，云声都早早起来，到师傅房里把尿罐子给倒了，把洗脸水给热了，把做饭的炉子点上，把药铺前后屋、柜台擦一遍，把院子扫利索，然后才能洗脸准备吃饭。晚上他一进屋，地上一个大木盆里泡着师傅全家的脏袜子、臭褂子、破帽子、裤衩子，都要洗干净的。

这天，云声正在洗褂子，大师哥石臣顺手扔过一条裤衩子，说："喂！给搓搓！"

大师哥石臣，最能看人下菜碟。当初，他看师傅挺喜欢赵云声，气得直跺脚，心里话了，他要一吃香，我们两个先来的不就没福分了吗，于是想着法要治治新来的徒弟。二徒弟刘福说："大哥，他要累死啦！"

石臣说："管他干吗？早死早托生。当初咱们也这样干！"

大师哥、二师哥得意地笑起来。心里想，他若一叫苦，他们就添油加醋去向师傅报告，别看收了他，照样可以赶出去。

这天夜里，大师哥、二师哥一觉醒来，已是下半夜了。听见外屋水池子旁"咔嚓咔嚓"搓衣声还在响。刘福有些心软了。说："大哥，这小子挺实惠，咱们饶了他吧……"

石臣一看，他的裤衩子已被云声洗得干干净净，搭在院子里，连他和刘福的破鞋都刷出来，晾在窗台上了。就点点头说："饶了他就饶了他吧！"在当年的民间，先来的徒弟捉弄后来徒弟的招儿多极了！

再说王大耳朵，当初虽然被云声学医的韧劲儿给"拿"住了，收了他为徒，但他还是留一手，医术他是决计不会轻易教给三个徒弟的，别说赵云声，就是石臣、刘福，来了三四年了，好多药方也没见过。自古以来，民间就有"学艺全靠偷""没人上赶着给"这些说道。而这"偷艺"的办法那也是千奇百怪。

王大耳朵为了防止徒弟们学去手艺，砸了自己的饭碗，只有在迫不得已时才派徒弟去抓药，至于药方，那就更到不了徒弟的手里了。他派徒弟抓药，从来不让他们抓全药，往往是让大徒弟去抓两味药，再让二徒弟去抓两味药，再让三徒弟去抓两味药，然后交给他，由他配伍。这样即使你记,也只能记住一味药,记不全面。这招儿真绝呀!有时徒弟实在忍不住了,说:"师傅,再让我抓几味吧!"

王大耳朵把脸一沉,厉声说:"快去!不懂规矩!"

"可你,啥时让我们学艺呀!"

"到处都这样,别怪你师傅……"

七

石臣和刘福见云声是个老实厚道、心眼儿好使的孩子,他们咋欺负他也不抱怨,还上赶着说:"大师哥、二师哥,有活尽管吩咐。我年轻,多干点活累不坏……"

就这样,大师哥、二师哥决定和师弟一起来"偷艺",对付师傅的"技艺封锁"。

每天晚上,夜深人静时,三个徒弟就碰到一起,他们开始回忆白天师傅接的都是啥病人,在接这个病人时,叫大徒弟拿的啥药,叫二徒弟拿的啥药,叫三徒弟拿的啥药。回忆完了,三人再把这些个药名往一块一对,就算得到治这个病人的药方了。三人如获至宝,各自用小本抄好记下。为了验证此方对不对,日后再有类似病人来看病,注意观察师傅是不是还开这几味药。暗中核对好了,才定下此方的功用……

因为他们常常熬夜,白天往往无精打采的,师傅就猜到他们晚上有"活动",常常找借口不让他们三人碰在一块,晚上还不让他们点灯。三个徒弟为了学艺不得不合伙卖掉穿戴,买一把香,晚上就着香头看书,冬天在灯罩上烤手取暖。

那时,云声不识字,要"偷艺"更难啊。一天,师傅让他去买"黄芪"。他怕药味数多,记混了,就用黄色笔在墙上画了五面黄色的小旗。他心里有数,这是"买了五钱黄芪"的意思。

"这是谁画的?"不料,这事让师娘发现了。师娘是个挺厉害的女人,非让画的人用舌头舔下去。

云声实在忍不住了,说:"是我……"

"你画这个干啥?"

啪!啪!

师娘不由分说，左右开弓，给云声一顿嘴巴。逼问："你到底要干啥？"

"是画着玩儿。"云声始终没说出用意。

这天晚上，大师哥、二师哥给云声擦着嘴角上的血，说："好样的！三弟。干咱们这行，寄人篱下学艺，不容易呀。挺几年，等出了徒，咱们自个儿开个药房就出头了……"

为了使自己不再是"瞪眼瞎"，云声决定学字看书。学徒们住的下屋又黑又暗，不通风不透亮，他天天晚上就着香头上的一点点亮光看书，什么《医宗金鉴》《用药大全》《用药歌》《九畏歌》和《四书》《五经》……。民国六年（1917），他虽然读完了相当于当时私塾四年的课程，可是两眼却严重近视了……

民国七年（1918）秋天，云声终于学出了徒，拜别了恩师王大耳朵，回到家里去了。

仲秋八月，这是他爹去世八周年。

这天，云声搀着奶奶来到爹爹的坟头前，坟头已经荒草萋萋啦。

云声把买来的供品摆上，把扎好的灯笼点上，跪在坟前。

"爹，儿来看你啦！……"说完，泪如雨下，"爹，我今后要当大夫给世人医病去了，决不辜负您的教诲！"上坟回来的第二天，云声央人给写了一块牌子，取名"广兴堂"挂出街外。从此，长春四马路东又多了一家药铺。

八

在当年，医店药铺、诊所之类的也不少，可专治小儿疾病的专科却不很多。民国七年初，王大耳朵的身板越来越不济，也很少寻诊看病，大师哥、二师哥已学成出徒，先后回老家去了，偌大的宽城子街里，就"广兴堂"算是治小孩病的医店。

"广兴堂"开业后，为了节省开支，药房不用外人帮工。那时，赵家是四间大房子，正房放两个大药箱，一个二丈长的大柜台，三排老榆木的凳子。在柜台上看病号脉、开药，都是云声亲自打理，他的亲娘舅打杂，买药、轧药是云声岳父帮着干。

当年，都是上"世一堂"大药房去买药，一来此处药全，二来药性好，价格也公道。药买回来后，大伙一起在外边晒，抱到火炕上炕干，然后岳父坐在院子里，用脚推药碾子轧。最后，云声手端一个蓝花大海碗，在院子里迈着方步，边喷洒边配制。一家人干得热火朝天，热热闹闹，赵家的"广兴堂"也就渐渐地出了名啦。

俗话说"请医如拜相"啊！可是在当年，人们对赵家却没有这个感觉。人常说："老赵家药铺先生没架子，好说话，人也好相处。"

那时，到赵家药铺看病的人往往都是患了重病的孩子。家里人个个心急如焚，有时就叨咕上了："唉！借这俩钱儿去了看病就没回家的盘缠啦……"这话让赵云声听着了，他包完药就说："拿去吧！"云声见病人是庄稼人，就问："收成咋样啊？"

"不行啊，难啊！"

看完病，云声说："走吧，不要钱！"

"赵先生！你，你真好……"

赵云声看的是小孩的病，难免有的小孩不是拉了他一身，就是尿了他一裤子。当娘的往往举起巴掌要打孩子，赵云声就火了，说："我看你敢动弹他一下子，我今儿个就和你没完！今后你也别上我这儿来看病。他是个孩子，又有病，再说，小孩的尿不埋汰……"人们打心眼里佩服赵云声的医术和为人，都亲切地喊他"赵小孩儿"，一来二去，他的真名实姓反倒被人忘记了。

当年，"赵小孩儿"在长春名噪一时……

赵家药铺刚一挂出牌子，就碰上一件事。

从前，赵家住在"西荒沟"（今长春传染病医院附近）南边，云声出徒后，老舅爷金和当了两条皮裤，在四马路租了房子，这房子对面是市场。市场里有户人家叫老牛家，小孩儿得了抽风，干治不好，爹妈急得火上房，眼看孩子就要咽了气。

这天，舅爷说起这件事。云声说："我去给看看吧！"

到那后，他先给孩子检查一遍。这家以为孩子死了，正准备料理后事。

云声掏出针，找好穴位扎了下去，孩子"哇"的一声哭了，原来是背过气去了！

孩子妈别提多乐了,说:"先生,再给开点药吧!"

云声给孩子开了药,吃下去了。

第二天早上,这孩子就好了,喊着要粥喝……

这件事后,云声治小孩的病就出了名。

可是,民国十四年(1925),大名鼎鼎的"赵小孩儿"却摊上事儿了……

九

从前,长春东天街有一个面粉厂,掌柜的姓金,长得人高马大,走路弯着个腰,人送外号"金大骆驼"。这金掌柜从15岁成家立业,30岁娶了四房,偏偏就是不生育。不成想到了他50岁这年,五姨太怀了身孕。这可把金大骆驼乐坏了。他雇了四五个丫鬟,天天走马灯似的伺候照料。这五姨太十月怀胎,一下子给他养了两个儿子!自打孩子一落地,这金掌柜的可上心了,那真是吃啥有啥,一晃儿,两个孩子到5岁了,不想其中老大的脸上生了一块白。

这块白长得也怪,说癣不是癣,说疮不是疮,在孩子的左脸蛋上,足有桃子那么大,二寸多厚,银白闪亮,又痛又痒,弄得孩子是坐卧不安。这个病叫"白癜风",是个难治的病。

这天,金大骆驼坐着马车来到了"赵小孩儿"家,进了屋,他不断地用眼睛打量赵家。

那时节,赵云声早已娶妻生子,大儿子12岁,二儿子10岁,三儿子刚刚6岁,在炕上坐着玩。家里人口多,生活也不富裕,摆设也略显陈旧。

金大骆驼一揖说:"久闻先生大名,今日特来拜会。"

赵小孩儿说:"有事只管说,不必客气!"

金大骆驼"啪"地一拍桌子,说:"抬进来!"

转眼工夫,有人从车上卸下两大箱子大洋,抬到了屋里。金掌柜说:"赵先生,咱当真人不说假话。我家就两条根,不想老大的脸上长了一块白。早就听说你治病如神,今日特来请你。今日带来这点物件,乃是大哥我的一点心意。等治好了孩子,我再另有所报……"

赵小孩儿笑了笑，说："掌柜的太客气了。不过，你大概也听说过我赵小孩儿的脾气，我治的是病，图的不是钱。还是请您把钱抬回去吧……"

"那么，我要不抬走呢？"金大骆驼求医心切，也是一片诚意。

"对不起！那你就另请高明吧。"赵小孩儿说完，起身向柜台里走。金大骆驼一把拉住他说："好，好，依你！依你！不过，咱话可说在前头。你治好我儿子的病，我一定送你一点礼物，作为纪念。咋样？"

赵小孩儿笑了，说："这回嘛，还像句话。走！"就这样，金大骆驼把赵小孩儿接到家里来了，谁知，祸事也就从此开始了。

十

赵小孩儿治"白癜风"，是最拿手的。当年，王大耳朵就治过多次这种怪病。检查完这孩子的病，接着开了药方，说："立刻派人抓来此药，给孩子连上带吃，不得有误。三天后我再来。"然后，他就回家了。

金大骆驼差人去买药，他急忙忙返回厂里。金大骆驼的五姨太，是个一脑袋妖狐鬼怪的女人。她这天一出门，碰上一个叫"郭瞎子"的算命先生。

郭瞎子一见金掌柜的女人，往后退了一步，倒吸一口凉气说："哎呀太太！你两目发滞，家中有事！"

"啊！你快说说？"

"你是不是有两个后代？"

"是呀！"

"一对双胎？"

"对呀！"

"一个重病在身……"其实，吃这碗饭的郭瞎子，早把她家的底细摸好了。

"先生！你咋知道？"

"昨晚我观天相，见大毛星光色不正。你的两个儿子本是天神下凡投胎，这我咋能不知道呢！真是家门不幸啊……"他胡编乱扯一通。

五姨太可急了。问："真的吗？"

"信不信由你。这孩子是冲了白狐精，白狐精一爪子，给他脸上打了一块白……"

这一下,五姨太更慌了神。她一把拉住郭瞎子,说:"大叔!无论如何,你老要救救我的孩子!"这女人不由分说,就把郭瞎子给领进了屋。

这郭瞎子一见有利可图,就喊来了一个徒弟和他搭伙。这时,五姨太早命人摆上酒席,他们吃饱喝足了之后,嘴巴子一抹,扎上战裙,操起神鼓,就开始跳神"搬杆子"……

炕上,郭瞎子让五姨太抱着孩子,孩子怀里抱个高粱秆子,坐在炕上一动不动。

郭瞎子开始唱道:

> 老仙家——
> 你来落马,来巡山,
> 急急打马奔营盘,
> 霹雳闪电到堂前。
> 二更打鼓鞭鞭催,
> 你到坛口说明白,
> 起根发源谁怨谁?

这时,五姨太怀里的孩子吓得直哭叫。

郭瞎子顺兜摸出一把"药面子",抹在孩子的脸上。又唱:

> 小小马儿一尺八,
> 上边绺,下边扎,
> 虎皮褥子上边搭,
> 老仙坐下解解乏。
> 十里接,八里迎,
> 十里接到黄沙殿,
> 八里迎到宝沙厅。
> 黄沙殿里歇战马,
> 宝沙厅内歇神精,
> 老仙坐下迎迎风……

炕上的孩子已吓得抽起了羊角风。脸发青,翻白眼。五姨太刚想说啥，郭瞎子又顺手一鞭子，"啪"地抽在孩子身上。五姨太吓得"妈呀"一声，扔下孩子就跑出去了。

这场"驱邪"治病直闹了小半天，郭瞎子上前一看，炕上的孩子早咽气了，都已僵硬了。吓得他拉起徒弟就从后门溜走了。五姨太进门一看，也吓傻啦！还是她娘家妈来得快，给她出了个损招儿，说："闺女，别怕！妈有招儿！"

"一会儿当家的回来，咋办？"

"就一口咬定是吃了'赵小孩儿'的药，吃死的！"

"这，这不是丧良心吗！"

"事到如今，还管他丧不丧良心！不然你男人一气之下休了你，妈也享不着这口福啦。这叫一不做二不休！"

十一

下晌，金大骆驼回来了。一见儿子死了，他上去一把揪住管家，说："怎么？赵先生开的药咋不及时给孩子吃！"

管家直瞅五姨太，不敢直说。

五姨太的妈在一旁可就说了话了："女婿！你是不知道哇，就是吃了那个该死的赵小孩儿开的药，孩子他才归了西……"说完，还挤出一串老泪。

金大骆驼一听，"啪喳"一声，把柜上的二号茶壶摔个粉碎。说："赵小孩儿！我和你没完！"

"赵小孩儿开错药，把人吃死了！"

"赵家吃官司啦……"

消息一下子在各处都传开了。

这年的中秋节刚过，赵小孩儿就被押到了审判厅上。审判长一拍案子，厉声道："赵小孩儿，你的真名叫啥？你知罪不知罪？"

赵小孩儿说："我们赵家只知行善，没有罪。"

"嘴硬！你医术不精，存心不良，错开药方，致人死亡。有何可说？"

法院这位受了金家重贿的赃官，盛气凌人地叫道：

"把赵小孩儿的罪证拿来！"

不一会儿，有人将他开的药方拿了上来。审判长说："何话可说？上边写着你赵小孩儿的姓名！"

"哼！我的药方明明是对症下药，怎么会吃死人！"他一边说，一边拿眼睛盯着人群中的金大骆驼夫妇。审判官又一拍桌子，说："本厅念你神医救人，也曾给人以好处，特减刑轻判你为十年苦役。押下去！"早有几个人等在一旁，听审判长一说完，不由分说给他戴上了镣铐。

无巧不成书。就在赵云声被屈判苦刑发配到西营城下井采煤的第二年，金大骆驼的二儿子又出事了。

金家的老大，因得"白癜风"，五姨太私下里请巫医跳神丧命后，她对二儿子更是视若掌上明珠。不想这年春天，这老二突然患了一种病，鼻子整日滴血。这种病叫"血衄"，得了这种病，血出不止。这是当年最难治的小儿病……

这一下，可吓傻了金大骆驼。他四下求医。可是，求到的医生们都直摇头。

有的说："这种病最难治。孩子要吃啥，你给弄点啥吃得了！"

"你趁早预备后事，这病不能好！"

还有的人直接告诉他："治这病，只有一人最拿手！"

"谁？"

"赵小孩儿。"

"可是，他摊上官司啦！"

"所以，你这孩子没救啦！"

金大骆驼闷闷不乐地回到家。

五姨太抱着孩子正等着呢。问："请着大夫啦？"当家的把请医生的经过一五一十地说了一遍。又加了一句："眼下，若能把赵小孩儿减刑释放，咱的孩子就有救了。可他犯的是杀人罪……"

五姨太一听，着急上火，一翻白眼，昏倒在地，不省人事。

旁边的人一看五姨太昏倒，也都知道咋回事了，就七嘴八舌地说："造孽呀！这真是老天报应！"这事儿，只有金大骆驼一个人蒙在鼓里。他觉得大伙儿的情绪不对劲儿，问谁也不说。

这天晚上，五姨太醒了。她命丫鬟给当家的炒了几个菜，热了几两酒。她亲自给当家的倒了一杯，然后，她"扑通"一下子就跪下了。

金大骆驼一愣，说："夫人，你这是咋的了？"

"当家的，你就打死我吧！"五姨太说完，已是泪流满面了，"我对不起你啦！"

五姨太把她如何背着他，私自请郭瞎子来跳神把孩子弄死，根本没用赵小孩儿给开的药的事一五一十地说了一遍，又命人拿出当初赵小孩儿开的药，一点没动地放在那儿，一共四包。"出了事后，我本不想瞒你，都是我妈出的损招儿，让赖赵小孩儿！"

金大骆驼一听，气得一下子跳下炕，对准五姨太就伸出了巴掌，"啪"地扇了过去。嘴里骂道："我打死你这个损东西，你们算把人家赵小孩儿给坑苦啦！你们算把我的名誉给丢尽啦……"一下子昏过去。管家、五姨太吓坏了，又是哭，又是叫，又是喷凉水，又是掐人中，折腾了大半夜，金大骆驼才慢慢地醒过来，又像小孩一样"嘤嘤"地哭开了，说："活该咱金家断子绝孙！"

五姨太哭着求情说："当家的！不看僧面看佛面，看在咱们夫妻一回的情面上，看在我给你养了儿子的情面上，你去求求地方法院，放出赵小孩儿，救救咱的孩子吧……"

"放出来他和咱家也是仇家啦！"

五姨太哭得凄凉悲惨，扬言当家的要不去她就撞死。金大骆驼叹了口气，说："只好去碰碰运气啦！"

十二

古语说，人生不易，三贫三富过到老。自打赵云声入了狱，赵家的日子就散了架啦！药房不得不停业，儿子们都出去卖小工，70岁的老奶奶还得去给人家缝补浆洗。一家人累得要死要活，每天家里就扔下8岁的赵景文看家。

旧时候，有钱能使鬼推磨，这话一点不假。金大骆驼使上钱，买通了法院地方审判厅的官员，真的把赵云声无罪释放了。

云声回来的第四天。晚上，有人敲门。云声开了门一看，原来是金大骆驼和五姨太，见了云声，两口子"扑通"就跪下了。

"赵先生，求你给我们的孩子治治病吧……"

赵云声扭过头去，一声不吱。

他的儿子们齐声说："滚！滚出去！当初，要不是你们使坏，我爹能遭这个罪吗？"几个儿子一齐上手，把金大骆驼和五姨太给赶出了赵家门。

撵走了金大骆驼，一直没说话的爹爹，点上一袋烟，默默地抽两口，说："孩子，咱们不能这样啊。套车！"

"干啥？"

"去给金大骆驼的儿子治病。"

"爹！"几个儿子一起说："不能去！他坏了咱家，咱还给他治病，咱也太软弱啦！"

爹走过去，摸着三儿子那毛蓬蓬的头发，说："孩子，爹是学医的。当医生就是要给世人祛灾解病。咱治的是病，只对病不对人。这是咱赵家的规矩呀……"

大哥二哥还是想不通，三儿子景文瞪着一对圆圆的大眼睛，瞅着爹那苍老的面容，他仿佛从爹爹的话语中领略到了人生的真谛，于是说："爹，我还有一点不懂，那些人坏咱们，咱为啥不坏他们？"

爹说："世上还是好人多。况且他金大骆驼已知罪改错，对知错的人，就不能再难为人家啦……"

三儿子又说："爹，你也领我去！"

老爹摸摸儿子的伤腿，眼里不禁涌出了泪花。心里默默地说："爹一定把全身的技艺都传给你。"当天晚上，赵云声就赶到了金家。治这种病，赵小孩儿最拿手。他只下了三副药，金家二公子的"血蛐"就好得利利索索了。三天之后，金家给云声送来一副对子：

妙手回春医技至高无上，
起死回生大德亘古无人。

从此，赵云声——赵小孩儿的大名，在长春民间更是家喻户晓，童叟皆知啦！

十三

赵小孩儿的医技医德，在世人中流传，更教育着他的骨肉之子。

一天深夜，云声往诊回来，见药房的铺子里还亮着灯光。他走近窗前一看，大吃一惊。

原来，三儿子景文学了古人的"头悬梁"，把头发系在房梁上，正在背读他的药书。这些药书还是当年他在王大耳朵家学艺、靠着记忆和师哥们一起偷偷整理出来的，已有上千个专治儿科疾病的药方。有一次，儿子问他当医生的"秘诀"，他告诉儿子说："死记，硬背。"不想三儿子就真的这样干上了，他心里真是又惊又喜。

那时，赵家药铺又有发展，人手越来越显得缺少了。来"赵小孩儿药铺"看小孩儿病的人每天络绎不绝，那要饭的、耍猴的、摆地摊变戏法好做小买卖的、吹糖人的和唱皮影戏的，都相中了赵家药铺门前这块小空场啦。

那时，十二三岁的三儿子赵景文，有时就拄着拐杖从屋里走出来晒太阳。有时，他发现排队等爹看病的孩子眼神儿不对，就说："喂，昨晚这孩子吓着了吧！"

那孩子娘说："是呀！你给看看吧！"

"我会看啥！"

"你说出的话可对啦！"

"看看就看看，反正不要钱！"

有时，他从病孩儿旁边一过，就说："昨晚你领孩子串门子了吧？紧喘、盗汗。这是受了迎门风……"

一来二去，赵云声忙不开，人们就拥到景文的炕边来。有些人还专门找景文看，因为他看病不要钱。久而久之，景文也熬成了看小孩儿病的大夫啦。真是功夫不负有心人啊。一天，三儿子问爹："能不能把您的经验，给我总结个东西。将来，我也好有个遵循。"

爹说："我的东西，书上没有，全在我的脑子里。爹这一辈子，一不图招财进宝，二不图青史留名。要说图，只图个老百姓知道有个会治小孩儿病的能人——赵小孩儿，我就心满意足啦！"

1974年秋天，辛苦奔波了一辈子的赵云声，匆匆走完了人生的路，他那一辈子积累的治小孩儿病的技艺，全都传授给了三个儿子。现在，在辽宁、黑龙江、吉林，甚至山东、河北一带，有的孩子得了什么疑难杂症，家里人往往还是抱着孩子，千里迢迢来到长春，找"赵小孩儿"的后代治病。

孟氏整骨

在长春的民间,有个著名的医师老字号,专治跌打骨折,因为他姓孟,人称孟氏整骨。

一

说起孟氏整骨的来历,那是清朝嘉庆五年(1800)的事了。

那年的金秋,三年一度的科考就要开典了,那些日子里,通往京城的路口、码头,终日行人络绎不绝。这天早上,在北京白马寺街口的一个小店里,有一个自担书籍的白面书生住了进来。

这小店不大,店主倒也客气,不一刻便给书生安排妥当。一路奔走疲倦,书生想先去解个手,便直奔小店对面僻静之处的茅厕而去。

那时天刚蒙蒙亮,正当书生要返回小店时,忽见地上放着一个白布小包,他打开包袱一看,里面全是金元宝。

这书生心想,一定要找到失主,不然失主会急出人命来的。打定主意,他便手提包袱,等候失主。

约有两刻辰光,就见从南边的小胡同里走出一个手提木箱的汉子。此人长得五大三粗,粗眉浓目,直奔茅厕走来。书生忙问:"请问大哥,您丢东西了吗?"

那人虽然长得粗莽,却很是精灵,听了书生的问话先是一愣,转而问:"你捡到了吗?"

书生一见有人搭问,便把事情的经过一五一十地说了一遍,"包袱在此,还请大哥过目"。

那大汉一听,急忙放下手中的木箱接过了包袱。书生一见失主已找到,欲转身回店温习功课,不料却听那大汉叫道:"慢走……"

那大汉上来一把揪住书生,说:"这包袱里本是两个匣子,是我做买卖挣的金子,今晨去茅厕把包袱忘在了这里。你的胆子也真大,竟敢赖去一半不给我!"

书生是地地道道的老实人,初次来京城,这件事把他急得面红耳赤,一时间更是浑身发抖,说不上话来。

太阳已升起很高了,白马寺街口,人越来越多。那大汉指着书生的鼻子说:"做贼心虚,瞧瞧他,面红耳赤,内心有愧。头上冒汗,又偷又骗。真是吃了虎胆,竟私自留下大爷我的一匣金元宝……"书生吓得连连后退,十分可怜。正在大汉对书生纠缠不休时,忽听有人大喝一声:"慢——!"

众人回头一看,只见一个中年大汉,拨开人群,走了进来,对那大汉说:"这位兄弟,既然这书生捡了元宝能够还你,想必他不会私留;如若私留,又何必还你?"

那大汉正揪住书生不放,此时遇到有人干涉,便心生不悦;又见这位汉子便服旧衫,相貌平常,便一挥手说:"要赶路的,快走得了!少管大爷我的闲事……"

他这一说,那大汉反而笑了。说:"既然这位兄弟怕人管,那我倒要管一管。"

"管大爷我的事?"那大汉生气地说,"恐怕好管不好收拾!"

这时,人群中有人走上来,伏在这大汉耳边说:"大哥,这小子是府衙马大人的小舅子,人称'毒蜂王猴',平时无恶不作。你还是走吧……"

又有两个家人走上来,拉住这大汉的胳膊说:"师傅,我们还是一走了事!"

谁知这样一来,那汉子反而生气了,他一甩胳膊,说:"路见不平,不能以理相助,还算何等江湖汉子!"

"哈哈哈……"府衙马大人的小舅子突然一阵狂笑,说:"好!我倒要和好汉来领教一番!"

这恶棍回身朝自己的木箱子奔去……

众人一见,急喊:"壮士留心,他要放毒蜂了!"

原来,这恶棍平素在外惹是生非,常常用许多伤天害理的损招儿伤害他人。几年前,他托人从广西弄来一百只山蜂,专门喂一种毒液,使这些蜂子身上个个贮满毒血,他若想暗算谁,只需放出这些毒蜂,就能轻而易举地置人于死地。

说时迟，那时快，那恶棍一脚踹碎了木箱，众人惊叫着四下逃走。只见"忽"地腾起一片"红云"，飞快地扑向那大汉。

只见那大汉迎着蜂群叉开双手，双腿呈半坐式，胳膊举过头顶，在脸前脑后不停晃动着。那速度之快，使人眼花缭乱，转眼之间，被他用手指夹死的毒蜂扔了一圈儿。

有人认出他就是河北永平府临榆县的著名镖师——"铁筷子"孟广俊。

众人喊着他的名字争先恐后地围上来。那恶棍哭丧着脸说道："姓孟的，你等着！"说完，挤出人群逃走了。

孟广俊从地上拾起那些元宝，交给书生说："秀才，出门在外，要学会识别好坏人啊。拿着，在这儿等一等真正的失主吧！"说完，他对众人一抱拳，说："众位！我这次是给临榆县的府爷送家药去承德，路过此地。感谢众位父老相帮，广俊这方有礼了！"说罢，一一谢过众人，又命家人推起镖车，直奔西北的荒山野岭走去……

二

当年，走镖运货不是件好差事，大凡生计穷困，为人刚直的穷苦武林之人，为生活所迫，才不得不干这一行。民间有首《镖夫叹》唱道：

> 走镖苦，走镖苦，
> 贪黑起早霜为伍；
> 餐风饮露无温饱，
> 提心吊胆防歹徒；
> 浑身风尘常在外，
> 留下空房妻儿住；
> 一家老又小，
> 牵肠又挂肚……

本来，出门在外为人家走镖，要旨在把货送到，最怕路上出现什么意外。临行前，一家老老小小千叮咛万嘱咐："路上千万不要管闲事，切莫招惹是非。"可他孟广俊，一辈子的犟脾气是改不了啦，见到恃强欺弱，总是想拔刀相助。

眼瞅着日挂中天，大家在路上打了个尖，又一阵猛走，傍晚时分，来到八达岭下的荒村小镇。

一进镇有一家小店，他们把镖车停在店铺门前，广俊上前打问：

"店家，借留我等一宿。"

掌柜的是位老汉，一见广俊他们，连连摇头说："留不得！留不得！小店已客满。"

无奈，他们只好又往镇里走。

在一家大店铺门前停下来，掌柜的是位年轻人。

广俊说："这位老弟，可有我等住处？"

那人上下打量了一下广俊等人，连连摇头说："还是请客人换家店吧！"

一连走了五家，家家不愿留客，看看就要走出小镇，广俊有些为难了。

他猛一抬头，只见镇外一里路之遥，高高地挑出一个草幌。这种草幌的店，往往是留人又留车，常常有闲铺备着。看看天色渐晚，广俊急忙命人推起镖车，奔那儿去了。这是一家叫"村外村"的小店，掌柜的是一位妙龄女子。

广俊命人停下镖车，上前施礼，说：

"大姐，请容我等暂借一宿。只因着急赶路，而今错过宿头……"

那女子一听，脸上露出难色，说：

"实在对不住，各房已客满。"

广俊恳求说：

"大姐，万望开恩。前去已没有人家，哪怕有一间仓房也可。如果仓房已满，就留我等在院子里将就一宿。"

那女主人沉吟片刻，突然脸上露出羞色，说道："客人，房子倒有一间，只是那是我丈夫的住房。看你们一个个慈眉善眼，想必是好人，怎能拒之门外？且天色已晚，前去又荒无人烟，你们就暂且在他房中安歇吧。他外出催账，估计今日不会回来。我和女仆睡在外间，有事也好照看……"

广俊有些打怵，人家男人不在家，怎好歇在人家的私房？但一想前后店铺均满，徒弟们若歇不好，明日怎能赶路，只好施礼致谢，分人守车，轮班休息，不在话下。

走镖在外，护镖车是大事。每次夜宿，都要把几挂镖车串联在一起。又分成三人一班轮流守护。和每次一样，广俊把镖车安放在他们住的房子旁边的一片暗影下，一来有事屋里人能听见动静，二来车在暗处也较安全。

半夜时分，一伙人呼啦啦地拥进院子，为首的一个人一脚踹开西屋房门，接着破口大骂："大胆歹徒，竟敢调戏我家女人！住店竟住到我的房里来了，给我捆起来！"

广俊一听事情有变，急忙让两名徒弟守好镖车，自己走进上房。一看，三名徒弟已被众人给捆绑起来了。

广俊急忙上前对领头的人说：

"这位兄弟，是你家女主人……"

话还没说完，那间厢房里突然传出女人的哭骂声："这帮强盗！畜生！硬要进我丈夫的房间！"

那领头人嘿嘿一阵冷笑，说：

"少跟他们废话，先把这人给我绑了再说！"说着，几个人一齐动手，扭住了广俊的胳膊。接着，有人撩起他的长衫子裹在他的头上。广俊觉得一阵风从耳旁飞来，他本能地一躲，腿上重重地挨了一下，他大叫一声，顿时跌倒在地……

但凡有武功之人，都有护身绝命一招，不到万不得已，是不肯出手的。眼下，广俊暗暗叫苦，这是遇上黑店歹人，已到生死的关头啦。

蒙眬之中，他忽听一人嘿嘿地冷笑两声，声音那么耳熟。那人说：

"孟广俊呀孟广俊，我料定你逃不出我的手心。别看你在北京城里毁了我的'神蜂'，可这方圆百里我说句话，哪个店也不敢收留你，现在你是自寻死路。"

广俊知道这是恶棍"毒蜂王猴"跟上来了，情知不好。他急忙大叫一声："弟兄们！动手！"随即单腿跃起，一下子蹿上了房梁。

徒弟们一听广俊下了令，一个个使出真功，挣断绳索，操起棍棒，小院里外响起了一片厮杀之声。

虽然歹人众多，但无奈广俊的手下条条是好汉。一场混战，直打到鸡叫二遍，歹徒渐渐散去，广俊一气之下，命人点着了这黑店的草房，推起镖车准备赶路。谁知刚一迈步，他"哎哟"苦叫一声，跌倒在地。徒弟们点燃火把围拢过来一看，广俊右腿膝盖处已被歹徒击碎，方才在激战之中，广俊只觉右腿不听使唤，也忘了疼痛，眼下才觉出钻心般的疼痛。

武林之人，人人有治红伤的本领，孟广俊也不例外。广俊家老辈子传下的接骨药方极为灵验，当下，他解开随身带着的小瓷瓶，倒出一小捧红色液体，揉按在伤腿上，徒弟赶快把他扶上镖车，一行人匆匆离开此地，直奔承德而去。

三

北风呼啸，鹅毛大雪下了一天一宿。

时光已经过了三个来月，广俊被歹徒打伤的腿仍不见好转，尽管他不断用自家配制的良药医治，还是痛得他时时呻吟不止。从承德回临榆，本来不该跑空镖，无奈广俊腿痛难忍，徒弟们只好把他放在车上，也没揽货，日夜兼程，速速赶往临榆。这天，来到一处叫五台的地方，天色渐晚。五台小镇不大，只有一家客栈，因为起风落雪，南北来客早已把正房厢房挤满，掌柜的不得不临时搭了一排席棚，广俊和徒弟们只好住了进去。这是一连五间的席棚子，大筒子炕上住了二三十号人，广俊在门口的一张铺上卧下，伤腿疼痛难耐，不知不觉地又呻吟起来。

掌柜的是个矮个子老汉。他听广俊叫唤，急忙生了一盆炭火端来，说："客官，天寒地冻的，你先烤个火吧……"

只听外面街上有人问掌柜的：

"什么人在呻吟？"

"听说是一个走镖的，腿折断了。"

"多长时间？"

"三个多月。"

"他这么叫唤，别人如何安歇？"

"唉，他疼得厉害，能不叫唤吗！"

"疼也不能叫唤！"

广俊越听越来气，一脚把火盆踹到地上，"啪"地摔了个粉碎。

只听那人说："我去看看，摔坏了火盆要赔的……"

掌柜忙说："算了！算了！"

"不行！不行！"

广俊从敞开的席棚门缝一打量，只见说话的是个僧人。身上披着一件又黑又破又脏的僧袍，长发污面，一副乞丐相。

这时，门帘一挑，那人走了进来。

僧人质问："就是你在哼哼？"

广俊怒目圆瞪，真恨不得一口把他给吞下去。

僧人说："腿疼就上外边溜溜，别在这儿占着一铺炕……"

广俊再也听不下去了，他一咬牙坐了起来。

广俊心里想："看我怎样收拾你这个多嘴多舌的疯子！"他边想着边溜到炕边，顺手操起立在墙边的一把开山斧，咬牙下了炕，站了起来。

谁知，那僧人往门口退去，说："你有能耐就过来！"然后一步跨到街上。

广俊咬紧牙关，步步紧随僧人追了出去。眼看就要追上，那僧人就紧走两步；看看广俊慢了，那僧人又有意停一停。就这样追了一阵，广俊已累出通身的大汗。这时，两人一前一后已来到了一片松林旁，那僧人这回不退了。广俊怒火在胸，高高举起开山斧，大声喝道："秃驴！看斧！"向对方劈砍过去。

谁知，那僧人身子迅速地蹲了下去，伸出左手在广俊受伤的右腿上猛力一过，只听"咔咔"连续几声脆响，广俊立刻觉得伤腿不疼了。那僧人趁他张着嘴吃惊发呆的空儿，顺手摸出三粒红丹，一扬手抛进广俊的嗓子眼儿，僧人一笑，说："这回你就好了！方才，我要不激你一下子，你是下不来炕了。"说完，唱着一首莫名其妙的山歌走了。等广俊猛醒过来，那僧人已消失得无影无踪了。

广俊又惊又喜，连连叫道："我遇上神仙啦！我遇上神仙啦！"掌柜老汉不以为然地说："他叫洪远真人，对续筋接骨这一套很有些窍门，这人平时说话喜欢语中带刺，还望客官海涵。"广俊哪里还顾得上生气，急着问："请问掌柜老伯，可知这洪远真人住在哪个山头？"

掌柜摇摇头，说："此人来无影去无踪，不知在何处居住。"

广俊回头对二镖师说："老二，你领弟兄们回去吧，我不回去啦，告诉家里，就说我随洪远真人去啦！"说完，他头也不回地向云雾笼罩的山里走去了。

这一日，来到深山老林中的一个向阳山坡。只见苍松翠柏旁，有一座清静的寺院，他在小童的引带之下，来到了内堂。

堂中摆设十分别致，桌明几净，香烟轻飘，很是古朴雅秀。有一老者，端坐在正中的一把竹椅之上，慢慢地饮着淡茶。广俊一见，赶忙上前施礼，拜谢救命之恩，并提出要弃武从医，专攻"接骨""整骨"之术，为世人解除断肢裂骨之苦。"洪远真人，在下孟广俊决心攻下'接骨丹'的配制之法……"

听了广俊的话，洪远真人冷笑一声，说："你想得也太容易了吧。这接骨丹药，是凡人能配制的吗？民间有一首歌谣，你可曾晓得？"

> 有买吃，有买穿，
> 世上难买接骨丹。
> 接骨丹内只五般，
> 牛黄狗宝一处掺；
> 冰片人参为细末，
> 斗大的珠子用半边；
> 王母取下天池水，
> 老君房内炼成丹；
> 灵芝仙草作引子，
> 吃上三粒病愈痊。
> 若问修炼多少日？
> 手忙脚乱八百年。

"大师，别说八百年，就是上千年，我孟广俊也决心修炼出来！"

洪远真人摇摇头，说："广俊，不是我不教你。学炼'接骨丹'可不容易呀！那要半夜三更，鸡不叫，狗不咬的时候动手，到妇道人家不去的地方，一个人才能炼出来。况且一切用物，全靠自己亲手采来。我劝你还是回镖局去吧，走南闯北，岂不乐哉？"

听了洪远真人的这些话，广俊的心凉了半截。他默默地出了寺院，往山外走去。

走着走着，他细一想，不对呀！炼"接骨丹"虽然难，可洪远真人已经指点了自己，明明是收了徒，却又说不收。他急忙磨身回转，又来到方才的那座山坡前。

"师傅！"广俊拼命地叫喊，山谷中只传来一阵小似一阵的回声。

广俊"扑通"一声跪在山前，说："感谢师傅开启之恩，弟子孟广俊一定不负恩师所托，炼成'接骨丹'，以解除世人病痛之苦难。"说罢，起身出了老林，回到老家临榆小城去了。

四

这年的年三十晚上。

儿子孟昭惠领着一家老小，正准备发纸接神、下饺子、放鞭炮，大门"吱嘎"一响，走进了身披白雪的孟广俊。一家人别提多高兴了，迎了上来。老人却一言不发，默默地走回自己的房舍，"咣当"一声，关上了屋门。

从此不论更深人静，还是春夏秋冬，广俊一个人躲在后房里，苦炼接骨丹。

一天夜里，皓月当空。广俊在院后僻静的墙角处炼接骨丹，只听"嘣"的一声巨响，一股白气腾空而起，广俊仰面朝天摔在地上。

听到动静，家人们都跑了出来。

大家打开丹锅一看，只见里面有一片大小相同的颗粒，外表黄色，金鳍金鳞，抹去薄皮，里面是鲜红色。接骨丹，终于炼成了。

当下，大家把广俊扶到上房，又命家人安排酒席。孟昭惠说："爹，这回我们家可有医治红伤的续筋接骨的灵丹妙药啦！"

那一年，安徽、河南、山东一带"闹捻子"。捻军开到了永平府，捻军头领鲁王骑着一匹小黄马，十分雄健勇猛；不料在一次交手时，被清军的飞镖打断了小腿。这消息传到了孟广俊的耳朵里，他就去捻军队伍里给鲁王接骨；消息传到官府，官府派人追杀他家人。

孟广俊被打得口吐鲜血躺在床上。

"儿呀，当今官府不会容我等这些人留在世上的。你领着家里人快走吧，上东北，那里山高路远，人迹罕至，你可重整孟家业绩，爹就是死也放心啦！"

孟昭惠哭着说："爹！我不走！我不怕他们，我守着你！"

"不，从今后你不要再开设镖局和武场，隐名埋姓闯关东，开个整骨接骨小店，为天下断筋伤骨的人祛灾解难吧！"

孟昭惠在床前跪下来，拉住爹的手，含泪点点头。

当夜子时，老爹含恨离开了人世。

五

孟昭惠用一副扁担，一头挑着妻子，一头挑着儿子出了山海关。

风雪弥漫的关东土道。人迹罕至的荒原……

这天，他冒着风雪在荒路上走，冻得直打晃，眼看就要摔倒在寒雪中，突然听到身后传来"嗒嗒，嗒嗒"的马蹄声，他急忙挑着担子瑟缩在一边。这时，三挂大车从后边"哗啦啦"地奔了过来。孟昭惠实在走不动了，就招手拦车，老板子"吁"的一声，把马拉住了。

老板子挺生气地说："逃荒的，你有啥事呀？"

孟昭惠走上去说："掌柜的，行行好吧。我们想搭个车，实在走不动了……"

这三挂大车，是宽城子东天街义和大车店的车，在老板孙大鞭子的带领下，去洮安府西拉土豆栽子。现在这三挂车里都装满了，上边散扔一些草包。在孙大鞭子的吩咐下，孟昭惠领着家人，坐在了车的中间。孙大鞭子打了个响鞭，三挂大车又在土道上扬起了雪尘。

当年，从奉天（今沈阳）通往宽城子（今长春）的这条道很不太平。走着走着，大车已过了郭家店，前边的路上飞过来一匹单骑。近了才看出，正是探路掌包的。只见他从马上跳下来，气喘吁吁地说："孙大鞭子！范家屯西边不太平！咱们还是改道吧！"

可是改道走伊通要多走好几天，车上拉的土豆栽子不快点卖就该赔了，大伙都犯了愁。

坐在车上的孟昭惠看在眼里，心中深深地同情这些素不相识、老实巴交的赶车人。他忍不住说："关键时刻，俺助你一臂之力。咱们当真人不说假话，我是永平府的孟昭惠！"

老板子们一愣，他们多年走南闯北，早就听说过"神拳孟昭惠"的传闻，这会儿他就坐在车上，别提多高兴啦。谁知孙大鞭子的脸上却没有笑模样。说："孟师傅，你的好心，我们领啦。可是，我劝你还是离开吧，要知道，土匪们使的全是'铁门子洋炮'，这玩意厉害着呢！没等你靠前，先中了弹！还是别让更多人摊事。"

孟昭惠一见孙大鞭子心眼好使，感动得眼眶子全湿了。他一把拉住孙大鞭子的手，说："孙大把，咱俩是一见如故啦。既然你拉了我，也说明咱们有前世的交情，有缘分。这回，你撵我我也不走啦。万一有个闪失，我还是接骨先生呢！兴许就有用得着俺的地方。"孙大鞭子一想可也是，于是就直奔范家屯而去。

约莫走了两袋烟的工夫，前边出现一片黑松林，掌包的小声嘱咐孙大鞭子要睁大眼睛。就见黑影一闪，窜出一伙人。

掌包的说："不好了！是土匪，我们要闯过去！"

孙大鞭子说："快！前边十二里就是孙家油坊，那是'草上飞'的地盘了。我二舅他娘家哥哥在绺子里吃饭，他能救咱们！"说罢，三挂大车猛奔向孙家油坊。

就在这时，路上卷起一股雪尘，胡子老北风的马队在后边穷追不舍。眼瞅着越追越近，突然"砰"的一声，胡子开枪了。只听掌包的"哎哟"叫了一声，一个跟头从马上栽了下来。

掌包的肩头上中了一弹，大伙来不及多想，把他抬上车，又跑开了。

这时，孙大鞭子来到后车上，亲自还击，阻止胡子马队。眼瞅着就要到孙家油坊地界了，谁知路上有个崴子，后边那辆车的轮子一颠，一下子陷进暗雪坑里。

眼瞅着胡子马队越追越近了，孙大鞭子命令大家都来推，他一个人扛住前车辕板子，一手摇鞭，猛一吆喝，不料车上饮马的水桶滚了下来，那辕马受惊，猛地向前一蹿，胶轮蹦起老高，冲出了陷坑。可是，那重载的车轮一下子从孙大鞭子的小腿上轧了过去，他大叫了一声，栽倒在雪地上……

众人一时慌了神。孟昭惠来不及多想，一挥手把他抬上车，急忙奔孙家油坊逃命。

这时，孙大鞭子脸色铁青，痛吟不止。孟昭惠爬到他的身边，撸开棉裤一看，腿部和脚脖子已成粉碎性骨折。他急忙往手掌抹上药，在伤处一按一捏，只听腿骨"咔咔"作响，又从贴身的小包里取出一个小匣，摸出三粒红丹，让孙大鞭子服下去。

大车一进孙家油坊，孙大鞭子已能坐起来了。他拉着孟昭惠的手，说："真看不出，先生还有这两下子……"

可是，孟昭惠摇摇头，说：

"我心里难过……掌包的他摊上的却是'黑伤'①，可我无能为力……"

三天后，掌包的死了。这件事，就像一根钢针，深深刺进孟昭惠的心里……

六

这年春天，孟昭惠领着家小，在头道沟一条小街上落脚了。

当年，宽城子一带已是十分兴隆红火的集镇了，这里，西临进关的官马驿道，北通草原上的牛羊马市，东靠吉林船场码头，老白山放排的、打猎的、采药的、淘金的、挖煤的、放山的，五行八作的买卖都有。俗话说，三百六十行，医行应为首。吃五谷杂粮，谁还能不生病啊。

当时，西四马路一带已是商贾中心新民胡同里老侯家戏园子终日小曲声声，喧闹不绝。就在新民胡同对个孟昭惠也挂出个匾牌，叫"孟氏整骨专科"。

那时候，诊所房子小，门面也小，窄窄巴巴的，很不景气。可是，孟昭惠为人正直，好交结，结识了好多朋友。其中，行医出名的张三爷、大刀王坦王四爷、开宝丰当铺的赵五爷，这几个人最要好。因他排行老六，故人称孟昭惠为"孟六爷"。

人要出名也不难，难就难在有没有真本事。

那次，孟昭惠奇迹般地治好了孙大鞭子的小腿粉碎性骨折，这名声一下就传开了。你想啊，这孙大鞭子是个常年跑外的老车把式，除了每年必跑的辽东、辽南、通辽、通化、吉林、磐石、舒兰，还有亚布力和海参崴他也出过车。这人是个热心肠子，三杯酒下肚就滔滔不绝，他把孟昭惠给他接整折骨的事，都说神了。

话又说回来了。自古说：出头的椽子先烂。在旧时代，尤其如此。孟家刚刚在这儿站住脚，就遇上了许多稀奇古怪的事儿……

一年冬天，夜里来了一个拉人力车的工人，胳膊脱臼了，孟昭惠就

---

① 黑伤：指枪打的伤口。

命宪卿和宪明两个儿子动手给病人复位配药。孟昭惠已养成了一个习惯，无论逢年过节，还是半夜凌晨，只要有病人，他都和儿子一起起身相看，从不怠慢。这样做一是老爹生前的夙愿，二是他自己的性格。

有时，儿子实在心疼爹的身板，半夜来了病人，往往说："你就躺着吧，让我和宪明去。"

孟昭惠的脸立刻变了，说："往后不许你们这样劝我。咱们行医的，要以了解病人之心为本。来求你的病人，都是有急病在身。我等不能视为儿戏。再说，你们的医术和配药虽然已高出同行一筹，不过还远远不如我和你爷爷。我怎么能放心呢……还有，治'黑伤'的药，我们还没制出！"一提起"黑伤"，他就落泪。他是想起那个掌包的啦。

在孟昭惠指点下，两个儿子给人力车夫复位和按摩。突然，门"吱嘎"一响，有个人走进来，问："哪位是孟六爷？"

"有什么事吗？"孟昭惠头也不抬地说。

"哦，失敬！失敬！"来人客气地行了个礼。说："我是南关老王家杂货铺的，今儿个晚上，我家掌柜的出门不小心，把腿跌伤了……"

"要紧吗？"

"一个劲儿叫唤，看样子不轻。"

这时，孟昭惠已给人力车夫整复完毕，又指点两个儿子上药，然后转身披衣要走。

宪卿说："爹，我去吧！"

"不行，这头一诊还是我去。套车！"

当年，他为了看病方便，专门买了一辆车，用旧帆布和灰狗皮做棚子，一匹红马拉着。

当下，他随着那个人匆匆来到南关王家杂货铺。

一进院，却见掌柜的笑呵呵地迎出来。

孟昭惠说："你的腿……"

"哦，请里边谈。"

"不，我问你的腿！"

"不是我！是……"

"那么，病人呢？"

"在这儿！"掌柜的一指路北。

路北，一家挂着四个大幌的饭馆儿，正热气腾腾地飘着香气。孟昭惠猫腰走了进去，却见桌子上已摆满了酒菜。

孟昭惠说："把病人领出来吧！"

"啊，是这样！"杂货店掌柜指着酒桌旁站起的一位肥胖的像买卖人模样的人说，"我来介绍一下，这是我弟弟。从前在一个叫杏花村的地方开设一家小医铺。他也想开接骨专科，想和您认识一下。怕你不会来，我就撒了个谎！"

"真是乱弹琴！"孟昭惠生气地说，气呼呼地扭身就走。

掌柜的弟弟气坏了："他姓孟的看不起咱爷们！"

哥哥忙说："弟弟，他孟六爷的为人我是清楚的，你可不要乱说。"

"哼！我他妈要出这口气！"说完，一脚踹翻酒桌，扬长而去。

一天，"孟氏接骨专科"门前一连来了五个人，这时，不知从哪儿走出两个人，喊开了："你们别信姓孟的那一套！他那接骨全是骗术。还是上我家主人的接骨店吧！那儿不要钱……"一个捡破烂的老头听了，心就活了。

听到外面吵吵嚷嚷的，孟昭惠走出去，他一看那几个人的劲头，就明白是咋回事了。

他心里这个气呀，真想使出神拳教训这两个医行的败类。宪卿和宪明也说："爹，给他点厉害瞧瞧，敢蹲在咱头上拉屎啦！"孟昭惠摇摇头说："看病投医，随人自便，他们愿上哪儿就上哪儿！"说完，默默地把儿子领回了屋。

那两个人大吃一惊。他们以为孟家定会大动肝火，于是趁机败坏他的名声，不想孟昭惠却泰然处之。那两个人领着老头走了。

儿子们实在忍不住了。

"爹，咱们也太软弱了……"

孟昭惠说："孩子们，啥叫强，啥叫弱？记住，人生在世，要有一个善良的心地。我们如今行医啦，就要靠心地和技艺，世上良医越多，我们行医的更该乐，病人不是减少了痛苦吗？咱家的医术我心里有数，如有人超过咱，咱该学人家，如超不过，病人自己就会回来的。你们说说，是不是这个理儿！"

"不过，这是拿病人的性命开玩笑啊！"

"所以我想，过几天，你们到杏花村老吴家诊所看看，看他到底能不能治，别误了那老头的病。"

杏花村吴家接骨先生的医术确实不行，只是为了糊口，又因生了孟家的气，一怒之下，才想出和人家争夺患者的损招儿。不料，却没有查明那老者的病根，一下子把老人的胳膊给接反了背。

当年，整骨接骨方面的临床经验资料非常缺乏，常常闹出许多笑话，也使一些病造成了无法医治的后果，有的成了终生残疾。这位吴先生一看，急得火上房。那捡破烂的老人可受不了，他扬言要打官司。正在这时，孟昭惠推门走进来。

孟昭惠趁老汉不注意，把他的胳膊抱在怀里，快速往外一推，"咔吧"一声，老汉疼得大叫一声，孟昭惠这边又一端，接着给老汉喂了三粒红丹，老汉脸上顿时露出了笑容。

吴先生这边看傻啦，"扑通"一下跪在孟昭惠脚下，"六爷，你饶了我们吧……"

孟昭惠扶起吴先生，说："兄弟，快起来，我知道你日子过得挺紧巴。可是要记住，干咱们这一行，啥时也不能丧良心！病长在别人身上，苦啊！明天，你住到我家去，跟我学学。"说完，扔下几个钱，起身走了。

七

出了吴家门，已是小半夜了。

从杏花村进街里一共有两条路，孟昭惠只顾着想日后如何照应一下吴先生，一抬头才发现走到北边那条道上来了。

当年，杏花村北边这条道不怎么太平，每次押送死刑犯人都从此道过，老人们常说这条道上冤魂多，"上午人上街，下午鬼过街"。所以天刚擦黑，行人便不来这里了，一些胡子强盗也好在此作案。孟昭惠本想退回去走南边那条路，一想，已经走这么远了，干脆往前走吧。

前边，眼瞅着就过木板桥了。

月色朦朦胧胧。孟昭惠走上了木板桥。隐隐约约地他发现桥上有几个人影在晃动，走了几步一看，又什么也没有了。

他心中正在纳闷。突然，听后边有人说："来吧……"，接着"哗啦"一声，一条锁链套在他的脖子上。孟昭惠心里一急，大声喝问："你们干什么？"

其中一人说："就干这个。"

几个人不由分说，七手八脚把他推下桥去，原来桥下还拴着一头毛驴。有一个坐在地上的人站了起来，说："对不起，先吃个'福'！"说着，就把一团烂布塞进孟昭惠嘴里，又撩起他的大衫蒙住头，一顿乱绳把他捆在毛驴上。有人喊了一声"驾——"，小驴爬上桥坡跑开了。孟昭惠心里明白了，这是让胡子给绑票了。

再说，孟昭惠被这伙人挟持着，白天住店，夜间赶路，眼睛一直用布衫蒙着，吃完东西嘴再堵上，走了两三天来到一个地方，有人扯掉了孟昭惠头上的蒙布，口里的烂布也被掏出来。他这才发现，被一块绑来的还有一个小和尚。

这小和尚看上去二十二三岁，中等个，圆脸儿，细眉，大眼睛，很是清秀。有人把孟昭惠和那小和尚一块押进一间屋里。

孟昭惠问："小师傅，你是哪个寺院的？"

开始，小和尚不肯说话。

孟昭惠又说："我们落到这帮人手里，要设法活着出去才是。我是宽城子的孟昭惠！"

小和尚一听，惊叫道："阿弥陀佛，原来是孟先生，我师傅的腿病你还给治过呢！"

"这么说！你是吉林道清庵的人啦！"

"啊！不……"

不知为什么，小和尚脸色一红，急忙掩饰。孟昭惠也觉得说走了嘴，因吉林道清庵是尼姑庵，而眼前分明是一个小和尚嘛！

"孟先生！您一定要救我……"

小和尚恳求着孟昭惠，接着说了自己被绑的经过。

原来，宽城子二马路般若寺五月十五要给名商大贾办阴阳道场，特派两名和尚去请吉林道清庵竹禅法师前来做道场。这竹禅本是名门闺秀，从小聪颖过人，学得一手好字画，只因婚姻不得其愿，遂出家为尼。这次女扮男装前去赶道场，不想那两个接她的人走漏了风声，竹禅落到了歹人手里……

竹禅说到这里,已是泣不成声了。

这时,只听院子里吵嚷,有人喊:"大哥回来了!"

孟昭惠从窗子望出去,只见从大门口走进一个满脸连鬓胡子的中年汉子,后边跟着两个人为他牵着马,十分威风。

一个叫一撮毛的胡子说:"一个小和尚,去赶道场作画,叫我他妈弄来了。庙上出少了咱们可不干!"

大柜老三省说:"你小子这不是不懂规矩吗?干咱们这行的庙上的人不该抓。另一个呢?"

"另一个是先生——孟氏接骨!"

"这人有用。咱们经常出去打仗,免不了跌跌伤伤……"

孟昭惠听到这儿,心里打定了一个主意。

这天晚上,"老三省"因为一撮毛绑了"孟氏接骨",心里高兴,就在当院子摆上酒席,款待众位弟兄。

酒过三巡,老三省说:"老二,何不把那两位票也领出来,咱们一块开开心!"不一会儿,孟昭惠和小和尚被带到酒桌前,坐下了。

老三省说:"孟先生,早闻你的医术大名,今后你就留在我的身边。来,干一杯!"

老三省哈哈一阵大笑,又转头对"小和尚"说:"小师傅,听说你是个画画的,能不能让我也开开眼福?"

竹禅一言不发。

一撮毛说:"这秃驴是不愿意呀!看我撬开他的嘴!"说着,他走过去,一把捏开了竹禅的嘴,露出两排晶莹洁白的秀齿。

"哈哈……怪好看的小牙!好像个娘儿们!"一撮毛怪笑着。竹禅脸色深红。孟昭惠为她捏了一把汗。

这时老三省喝了一口酒,说:

"小师傅,别不愿意。只要你让我满意,我就放了你。我拿一张六尺长的纸,你能给我画一个九尺高的观音来,怎么样?"

六尺长的纸,怎能画出九尺长的人来?孟昭惠稍一动脑,突然想起给腿折的人打夹板缠腿带子的事来。若画一个弯腰的观音,不是在六尺画纸上可以画出九尺的人来吗?趁众胡子得意忘形之际,孟昭惠迅速在竹禅面前画了个弯腰的人形。那竹禅也是个聪明的姑娘，经孟昭惠一点，她立刻领会了。

竹禅说："这位大施主可一言为定？"

"哈哈，我老三省从来说话算数！"

不一会儿，有人拿来一张六尺长的画纸。竹禅却不忙着作画，而是在上边写了个字据，让老三省签名。一看事情到这个份上，老三省说："好！看得起我！"说完，真的写上了他的名字，又把笔扔给孟昭惠，说，"孟兄弟，当真人不说假话，今个这事儿，你也做个主！签个名。不过咱们丑话可说在前头，他若不能满足我的条件，可别怪我不客气……"

孟昭惠眉头一皱，说："老大！你们江湖之人，也吃五谷杂粮，没有不得个灾病的。如果你说话算数，我孟昭惠愿留在你的绺子里！"

老三省也是个十分爽快的人，当下拍案叫定。只见竹禅凝神静息片刻，操起画笔，一挥而就。大家等她画完都围上来观看，竹禅画的观音与一般人画的并无大区别，只是观音的净瓶放在地上，观音正弯腰去拿净瓶中的柳枝。如果观音直起身来，正好是九尺。众胡子看过，都惊叹这小和尚的画技，老三省也是叹服不已。谁知，这时一撮毛却端起一杯酒，走到竹禅面前说："小师傅，怪我是个粗人，没看出你有这么高的画技。来，我敬你一杯！"

竹禅心中着急，向后一扭身，一撮毛一把拉住了她的衣大襟，只听"扑哧"一声，竹禅的前襟被撕开，她的丰满的胸脯，一下子袒露了出来。一撮毛"啊呀"惊叫了一声，手中的杯子落在了地上。

众胡子一见，都大叫起来："她是个女的！"

院子里，顿时乱了套。

八

这天，"花舌子"① 已把信儿送到了。

宪卿和宪明听说老父亲被绑票，气得直跺脚，可是又没有办法。

---

① 花舌子：胡子绑票后专门送信儿的人。

那时节，孟家生计也是较清苦的，一下子拿出一大笔钱，真比上天还难。这天，孟昭惠的老娘从临榆来看儿子。

儿女们看着奶奶那布满皱纹、清癯的面孔，都不忍心把不幸的消息告诉她。

"孟昭惠上哪儿去了？"老人终于问上了。

由于宪卿他们心里有了准备，就缓缓说道："我爹见病人多，就在四平立了个分号。"

"孟昭惠没事，这就好！如今这兵荒马乱的年月，谁都欺负咱们背药箱的。"老人笑了。她定了定神，忙碌起来，把自己带来的东西用品又装了进去。

宪卿一见，心里早已明白，却故意问："奶奶，你要干啥？"

"给我开张车票，我要到四平看孟昭惠去！"老娘果断地说。

"那里刚开店，你去了他就干不了事啦！"

"怎么你们都在这，就让他一个人去！"

宪卿说："好！奶奶你歇着，我去派人接爹回来，还不行吗？"

出了屋，宪卿他们就急哭了。上哪儿去找爹？上哪儿去弄钱呢？

再说，老三省绺子里众土匪，一见竹禅是个黄花大闺女，就动了心，一撮毛借着酒劲，脱掉外衣，就奔竹禅走了过去。

竹禅吓得躲在孟昭惠身后，连连说："阿弥陀佛——"

孟昭惠忍不住了，说："兄弟，谁家都有父老姐妹，再说，她还是个出家人！"

一撮毛眼一眯，说："姓孟的，我看你少管闲事，小心我插①了你！"

竹禅已浑身发抖，双手紧紧抓着孟昭惠的胳膊，哀求的话都说不出来了……

孟昭惠冲着一撮毛大喝一声："住手！"一撮毛一愣，气得变了形的脸一扭，抡起拳头就照孟昭惠的脸上打去。孟昭惠向后一躲，往上一蹿，对方的拳头一下子落在他的肚子上，孟昭惠接着一运气，就把一撮毛的拳头给夹上了。

一撮毛忍着苦痛，又向孟昭惠打来一拳，孟昭惠又一运气，这只拳

---

① 插：用刀捅的意思。

头也被夹在他的肚子上了——这一招儿,还是爹爹亲自教他的呢,不过是这些年专心从医,没轻易使用罢了!

众胡子一见,呼啦一下摸刀动枪,要扑上去。就听老三省骂道:"他妈的,都给我好好待着!"骂完,他依旧坐在桌子旁,自斟自饮。

一撮毛疼得嗷嗷直叫,却不肯告饶,嘴里还在狂叫乱骂,孟昭惠怒火在胸,早已忘了自己是在土匪窝里。他运足气力,在宽敞的院子里打起了车轱辘把式。他每翻一下,一撮毛就摔得哭爹喊娘。老三省边看着,边喝着,自言自语地说:

"好武艺!姓孟的,你又会接骨又会武术!够交——"

十个把式下来,一撮毛已满脸开花,像死狗似的躺在地上不动了。

老三省乐得从桌子边蹦起来。

"孟氏接骨!咱兄弟拜个忘年交的哥儿们!小的们,上酒上菜——!"

他的话音刚落,一帮土匪又狂叫着忙活开了。有人把一撮毛抬到后屋去了。

酒席上,孟昭惠开言说道:"老大,咱当真人不说假话,当年我孟家在关内,也是数一数二的武林门户,江湖日子咱也闯荡过,像一撮毛兄弟这样的败类也见识过。这样的家伙,坏了你的名声啊!"

说实在的,当"老三省"发现竹禅原来是个女流之辈时,心里也是邪念顿生,可当他见一撮毛败在孟昭惠手下,不得不改变了主意,想先收下孟昭惠这条文武双全的好汉,再来对付竹禅。不想眼下早被对方的英气所慑服,连连说:"大丈夫一言出口,驷马难追,放人!"

"好!大兄弟够义气,我留下了。"

孟昭惠急忙给竹禅使个眼色。

竹禅走到老三省面前,弯腰施礼,说:

"谢大王不杀之恩。佛祖保佑,阿弥陀佛!"

"放人!放人!"老三省不耐烦地摆摆手。

孟昭惠领着竹禅走到门前,把她扶到一头毛驴前,扶她坐了上去,小声说:"快走!快逃!"

救出竹禅,孟昭惠才觉得心里一块石头落了地,他一个男子汉,可着身子在这帮贼人窝里晃荡呗,就是死了,也没啥闭不上眼的念想。农历四月十三,竹禅跑到了宽城子,她来不及去道场画像了,匆匆赶到孟昭惠家去送信，又拿出她在庙上凑的二百三十吊钱，让孟家快去"老三省"绺子赎人。

自从竹禅逃走后，孟昭惠在老三省的绺子里待下去了。当年，老三省的绺子里也有不少活不下去才走上江湖的人，老三省领着弟兄们收拾地面上有钱的主儿，也干了不少好事。队伍中的伤号不少，孟昭惠每天忙个不停，一待就是两个多月，和兄弟们处熟了。农历五月十二，宪卿、王坦和几个哥们带着一千吊钱来赎人啦。

花舌子一照面，老三省上去给了他左右开弓俩嘴巴，骂道："你他妈也不分个里外，和孟先生能用着这个吗？"然后回头又对孟昭惠说："孟昭惠兄弟，要走要留，你自个儿做主！"

沉思再三，孟昭惠还是要走，一是高堂老母惦记，二是世面上也有不少病人等他医治。最后，他说："老大，啥时候你绺子里有事，捎个信儿，我准来！但咱丑话说在前头，你要是浑绺子①，打死我也不来！"临走，老三省落泪了，说："老孟兄弟，我'老三省'心里装的是这三省的父老，我如做了见不得人的事，你挖下我的眼睛当泡踩！"

九

1913年秋，孟家在公主岭租着了五间大房子，他们决计要迁居公主岭，开设"孟氏接骨医院"。当时，孟昭惠的两个儿子和一个女儿，也成了接骨的成手。每逢出去给人看病，孟六爷或骑马或坐车，两个儿子或女儿跟随拿药包。有时家里看病的人多，宪卿和宪明两个人就单独去往诊。孟六爷在儿子和姑娘的相帮下，还收了吴茂斋做徒弟。

日子越来越红火，"孟氏接骨"的声名越来越响，可孟昭惠的身板越发不好起来，他想起前辈子的坎坷，终日忧心忡忡。

那年月，每逢街上枪声一起，各家买卖人纷纷上板闭店。孟家吩咐儿子说："打开大门，挂出幌子，准备药品，不收钱财！"

这日，孟昭惠正在翻读《伤科补要》脉诀歌："伤科之脉，须知确凿，蓄血之症，脉宜洪大。失血之脉，洪大难握。蓄血在中，牢大却

---

① 浑绺子：胡子分浑绺子、清绺子，浑绺子指不干好事的绺子。

宜。沉涩而微，速愈者稀。失血诸症，脉必现芤……"突然门开了，孩子们抬进一个被流弹击中的跑腿子，伤口在大腿根部已溃烂。

那人说："孟大夫，我没钱啊……"

孟昭惠说："有钱没钱都治病！"

这病人在孟家治了三七二十一天，终因医治无效死去了。临死前，他说："我在长春有个干妈，腿叫流弹打个眼儿。先生行行好，给看看去……"

孟昭惠心里苦透了，这"黑伤"，夺去多少人的命啊！

一次，他在路上遇到一个掌鞋的老汉，只见他脚上有一个圆眼儿。他假装修鞋，坐下去和他聊天。

老人操着山东口音说，"我和老爷子参加了洪大海的大刀会，和洋人在海岸交锋，碰上了枪子儿。"

"你用的啥药治好的？"

"哪有啥药，就用香油、黄蜡，熬开放凉灌进伤口里止痛。你还别说，后来好了……你是干啥的？"

"啊，我也有个亲戚，贪上了黑枪。我想打听个方子。"孟昭惠生平第一次撒谎。

"那好，我家里还留了疙瘩药丸子，明儿个给你拿来试一下！"

翌日，他用几瓶老酒，换来了掌鞋老汉的"宝贝"。可是，这香油黄蜡为啥能治"黑伤"呢？过去，为了掌握各种药的色、味、性，他曾尝药500多种。如《本草纲目》中讲，"细辛，味辛，祛风止痛"。这细辛的辛味是个什么味呢？它为什么能怯风止痛呢？他就用嘴细嚼着细辛，果然品出来了。"辛者，麻也。性热，所以怯风"。那么"黑伤"多指枪伤，子弹和沙丸上有铅粉和硫黄，治"黑伤"首先要净除人伤口上的铅粉之物，不然伤口易溃烂，而这香油、黄蜡的成分纯属拔干之物，又可消毒，可见治愈黑伤用得着啊！于是，他背着孩子，在自己腿上做试验，终于制出了一种治"黑伤"的"拔干粉"。可他心里还是没有多少底。

一听那跑腿子说他干妈也是"黑伤"，他决定要去趟长春。

当时，王坦和吴茂斋已经在长春另开了一家接骨诊所。这两人正好到公主岭过二月二，一听孟昭惠要去长春，死活不让。

"六爷，你不能去。眼下长春正闹霍乱，一家子一家子的死！"王坦说。

茂斋也说:"师傅,听说那跑腿子的干妈也正染着霍乱……"

"你们谁也别劝啦!"

孟昭惠和当年孟广俊一个脾气。他要办的事,一定得办;他想好的主意,十头老牛也拉不回。

临离开公主岭,一家人给他带了不少专防霍乱的药。

孟昭惠到长春后,找到了那跑腿子干妈家。当时,老太太家住在三义胡同"九圣祠"庙后身,这一带正是霍乱的高发地。孟六爷在老太太家待了四天四宿,总算把老太太的"黑伤"治愈了。他对自己的"拔干粉"也有了数。可是,大祸也临头了。

这天,他回到王坦的诊所,高兴地对他们讲述着"拔干粉"治"黑伤"的经过。晚上,只觉得头重脚轻,浑身发烫。王坦和吴茂斋脸都吓白了,这不是霍乱吗!立刻派人给公主岭送信。

孟昭惠大口地喘着粗气,到了半夜,突然脸色发青,他把王坦和吴茂斋叫到跟前说:"我恐怕挺不到天亮啦,你们知道我是咋死的吗?"他掏出有关治"黑伤"的医诀和药条,说,"告诉我儿子,一辈子按他爹的路走!"

这时,儿子、姑娘们赶到了。

孟昭惠见了自己的骨肉,突然睁大了眼睛,有气无力地说:"'黑伤'药的配制,你们要接着干……咱们孟家,从你爷爷那辈起,就习武弄医,终于制出了'接骨丹'。现在世态有变,将来的人'黑伤'会居多。所以,治这'黑伤''红伤'乃是我孟家的祖传。外姓的人家,绝不得外传……"

当天夜里,孟昭惠离开了人世。

十

参加葬礼的有赶车的孙大鞭子、大车店掌柜的、跑腿子的干妈、捡破烂的老汉,还有寺院的和尚。老爷子的死,对孟家打击不小。为了实现老人的临终所托,宪卿、宪明兄弟俩为扩大经营范围,决定各立门号。宪卿几经搬迁,最后在四道街老县政府对门挂上了"孟氏接骨药房"的牌子；宪明则迁至二马路口，挂上了"宪明整骨诊所"的牌匾。兄弟二人相距不远，经常在一起研讨治伤的手法和用药，他们的名声迅速在东北民间传开。

1924年，战火又起，直奉两军在山海关、塘沽口、锦州一线交起手来，战争的祸水也流淌到关东来了。

这年春天，宪卿出去往诊回来，火车从柳河往"大疙瘩"（辽源）开。

打一上车，他对面就坐着两个人。年纪约有30多岁，都戴着墨镜，叼着粗粗的卷烟，一边抽一边把浓烟喷到宪卿的脸上，还哈哈笑着！

宪卿心里这个气呀，他真想伸出铁掌教训这一对无赖。但一想到老爷子临终的嘱咐，就强咽下了这口恶气。不想，那两个家伙抽完了烟，把烟屁股嚼碎，"噗"的一声，一下子吐在宪卿的身上了。

惹不起，就躲。宪卿起身要离开这个座位，其中一个家伙伸手拉住宪卿的衣袖，说："唉，别走！别走！"

这时，旁边一个中年人猛地站起来说："住手！你们也太欺负人啦！"

那两个家伙一见是个孤身之人，就大骂起来："他妈的，少管我们的闲事，小心我们哥俩把你扔到车外边去！"说完，动手便打。那中年气得满脸通红，甩掉长衫便和那两个小子交起手来。说也奇怪，几个回合，中年人就把那两个小子打得趴在地上叫爹喊娘。

宪卿感激地上前询问对方尊姓。

"小弟姓韩，名军，是'大肚子川'（东丰）人。只因家中年迈老母弄猪菜时摔倒了，腿活活地弄折了。我这次去柳河请名医老张头，谁知他出诊不在家。刚才见这俩恶棍欺负你，我这人怎能看得下去呢！"

宪卿说："事情咋这么巧，我是宽城子的'孟氏接骨'哇！"

火车到了大肚子川，二人下了车，宪卿买了两包点心，说是初次见面，给老人家送个礼物。转眼间那人叫来了一辆华丽的马车，他在车夫耳边悄悄说了句什么，二人就坐进车中。

马车走了约三袋烟的工夫，停了下来。宪卿下车一看，吃了一惊。这是一座十分华丽的院落，青砖院墙，里面栽着树木花草，正前方一座小二楼，阳台上摆放着花盆，窗上挂着浅绿色的窗帘，显得很是别致淡雅。

屋里摆设十分讲究，宪卿纳闷地在一个沙发上坐下，忽听走廊里传来说话声。

"韩医官,我们还有事吗?"

"没了,回去休息吧。今天你俩的戏演得不错,孟氏接骨一点也没看出破绽!"

宪卿心下一愣,急忙从门上的钥匙孔向外张望,看见说话的原来是火车上和他纠缠的那两个人,这才知道是上了他们的圈套。可他们是什么人呢?是胡子?是土匪?为了他一个民间的郎中,犯得上弄这么大的阵势吗?

这时那人走进来,说:"孟先生,实话对你说了吧,我这次是奉张大帅之命把你'接'来给他当军医。"

当天夜里,韩军医官给宪卿送来不少大洋,还有针织绸缎,可宪卿不吃不喝,坐在那里一动不动。第二天,韩军医官火了,说:"姓孟的,你别不识抬举!"

宪卿失踪了,家里人急翻了天。

第四天头上,王坦在杨木林子听说了消息。王坦的一个亲舅母和张作霖的三姨太是表亲,王坦派人给北镇送信。你别说,还真起了点作用,张作霖听从了三姨太的劝说,给大肚子川的韩军医打电话说:"孟氏接骨这小子不服软没关系,咱们再给他一块奖牌。"

"啊!还给他送奖牌?"

张作霖骂道:"你懂个啥!这叫关系不成仁义在。外边一听孟氏接骨都给我服了医,说明我有民心,能成天下!"

"是!不过,奖牌上写什么?"

"就写'孟氏接骨助奉之役'几个大字!"

十一

过了仲秋,关外起了寒风。

风雪铺天盖地地刮起来,嗷嗷叫着,刮得人睁不开眼,吹得人出不了门。

在这样的日子里,宪卿就派人把宪明找来,哥俩在爷爷和父亲的像前点上古香,摊开家存的各类古今版本药书,一一研读。连续五春五冬,哥俩编撰了一个孟氏接骨家珍医本,辑录有孟家几辈人创制的民间接骨良方 500 例。

谁知，这个本子一传二、二传三，后来不知怎么传到了日本，在日本的民间也流传开了。本来妙药良方用以解除民之病苦，理应感谢创方之人的探索和追寻之恩，可世事往往总不如此。

1939 年春夏之交，伪皇帝要吃豆包，保姆秦嫂就命厨子下乡去搜罗。豆包弄好了，她端着来到伪皇帝的上房，说："请用！"

那时，伪皇帝刚刚睡醒，躺在床上不愿动，就让保姆再往前端端，这秦嫂毕竟是四五十岁的人啦，又端着个大盘子，她往前一伸腰，一下子扭了腰。

伪皇帝传下令，把城里最好的接骨整骨医生请来。这天下午，一个当差的就把孟宪卿给领进了"皇宫"。

孟先生长这么大，还是头一回进"皇宫"。"宫内"幽雅寂静，花红草绿，清水成池，彩蝶轻飞。当差的前边低头走，宪卿可眼神不够使了，东看看，西看看。

在离这不远的一条路上，"皇帝"正和一个戴着高度近视镜的日本人说话呢。

溥仪一见孟宪卿，说："孟先生，你的医术我是早有耳闻。这次我的保姆腰拧了，你可要精心医治。"

宪卿点点头，和差人匆匆地走过去了。

可是，溥仪旁边那个日本人却眼珠一转，用生硬的中国话问溥仪："他的，什么的干活？"

"孟氏接骨。"

"接骨？"

"对。这是我们中国有名的'孟氏接骨'的后人啊！"

宪卿在"皇宫"里一住就是三天，秦嫂的腰治好了。临走，秦嫂送给他一幅郑板桥的画。宪卿满怀欣喜地回到家里，却见宪明愁眉苦脸地坐在家里等他。

原来，日本关东军陆军医院院长家川渡边，那天去"皇宫"面见溥仪，正赶上宪卿去给保姆秦嫂看腰，心中顿开茅塞。前不久，日本军队在柳河与抗日联军打了一仗，伤亡甚大，特别是骨折的伤号很多，他正愁没处请医生呢。于是，日本人就分别给宪卿和宪明下了"请柬"，要任命他们为日本陆军医院的高级军医官，专治跌打损伤。

"长春我们待不了啦！"宪明把事情的经过一五一十说了一遍，"大哥，日本人没安好心！他们侵略咱们，还想让咱们给他治病！"

宪卿说："宁可背井离乡，也不能给日本人看病！"

宪明说："对。可我们啥时候动身？到哪儿去呢？"

"眼下，只有到公主岭躲一躲啦！"

日本人做梦也没有想到，第三天下午，当他们派人来接时，哥俩的老房已易主，孟家早已不知去向了。

渡边听了消息，大发雷霆，在屋里走来走去，说："他的房子，谁住的干活？统统抓来！向各地发报，有知孟氏接骨下落者，速速来报。"接着，宪卿的好友马太被日本人抓进了监狱。

消息传到了公主岭，孟宪卿坐卧不安，"日本人真狠毒哇！可怜马太大哥为我遭了罪……"

宪卿妻子也焦急地说："快想想办法吧！马大哥扔下一大帮孩子，没有他，不行啊！"

"我去找日本人。不然无法救出马大哥……"

妻子无论如何舍不得让丈夫去冒这个险。可是，又没有别的办法。这天，宪卿差人把弟弟宪明喊来商量救马大哥的办法。"大哥，你一去，日本人能放过你吗？"宪明也很担心。

"不救出马大哥，我于心不忍。我想，日本人也不会将我怎样，我见机行事罢了。咱们家一辈都没有过上几天平静的日子，没有静下心来安心地研究医学，世道真是太黑暗啦！"一家人担心也没办法，事情就这样定下来了。

第二天中午，宪卿从公主岭乘车，在孟家屯下车，又叫了黄包车，来到了日本关东军陆军医院，见到了渡边。

渡边哈哈大笑，说："孟，你逃不出我的手心！我不会再上你的当了！我不放你，也不放马太！"

日本人以为这一下孟氏接骨就会就范。其实，宪卿对日本人的这一手，早有准备，他也冷笑了起来。

渡边一愣，问："你的，笑什么？"

宪卿说："那么对不起，我不会看病！不会接骨！"

渡边狂叫着："给我关起来！"

宪卿一连蹲了八天监狱，还绝食。这一招儿，把渡边气得哇哇乱叫。宪卿看看火候已到，就说："本来我这次来，就是打算为皇军效劳的。不想渡边先生不信任我，连我的起码要求都不答应，这我怎么能安心为你们接骨呢！"

日本人实在没办法，前方太需要"孟氏接骨"啦，只好答应放掉马太。宪卿接到马大哥写来的信，他才答应渡边提出的要求。一天夜里，渡边接到急电，日军一名大尉在丰满电站监工，从大坝上跌下来，腿摔成粉碎性骨折，渡边立刻派两个宪兵带着宪卿连夜赶赴吉林。

十二

宪卿在两名日兵押送下来到"新京"车站。由于没有运客专列，只好坐进了一列货车的尾车。

这时，宪卿一眼瞅见后边那节车厢门口坐着的一个老汉，很是面熟，可一时又想不起在哪儿见过。想来想去，他打定了一个主意。

他从兜里掏出一些钱来，说："太君，我的出去一趟。酒的、肉的买来一些。路上我们三人，咪西咪西的有！"

一听有肉有酒，两个日本兵乐了，一个日本兵说："你的在这里，我的去买。"说着，拿过钱乐呵呵地走了。

宪卿对另一个日本兵说："太君，我的解手的干活！"

"那边的，快快的。"那人一摆手，很不耐烦。宪卿来到后边那节车厢旁。这时，那老汉正喝闷酒。他猛然间记起来了，这不是当年爹常念叨的关东大车匠孙大鞭子吗！

想到这儿，他轻轻地咳嗽了一声。老汉停下饮酒，向他瞅了一眼。

老头也认出了他，惊喜地说："哎呀！宪卿，你咋跑这儿来啦？从打你爹出殡以后，这两年我扔了车又去倒腾牲口，也没空去你家。你娘她可好吗？"

宪卿把事情的经过简单说了一遍，说："这回无论如何你得救我！"

老汉说："孩子，有骨气。大爷一定救你，就是豁上老命，也值呀！"

春夜，列车在寒冷的风雪中开着，雪花不时地从车厢的破木板缝里刮进来。两个日本兵冻得不停地喝着酒。

列车进了九台站，天已半夜了，机车停下加水。这时，尾车门口黑影一闪，孙大鞭子出现了。

这老汉，虽然已是七十岁左右的人了，可身子骨还是那么硬朗。他手提短鞭，领着一个三十多岁的小伙子，爬上了尾车。

日本兵一瞪眼睛："你们的，什么的干活？"

老汉说："太君，我们是邻居！"

老汉拿出运牲口的证明，又指指后边的车厢："那边太冷。我们的，这里来暖和暖和，顺便热热酒菜。"说着，已爬了上来。后边那年轻人已把一大盒子猪肉炖粉条放在了炉子上，说："太君，一块吃！"那两个日本兵本来想撵他们走，可看到好吃的，还有酒，不吱声了。

火车起动后，老汉招呼那两个日本兵："太君，热热的酒菜，一块的快活快活。"两个家伙笑眯眯地凑上来，吃开了，喝开了。

这时，火车直奔土门岭的大山开去。孙大鞭子站起来说："等一等，我去拿钱！"说着，从大衣后摸起了那把赶牛的鞭子，照准一个家伙的耳台子就是一鞭子。那家伙"哎呀"一声，眼珠子顺着鞭梢就耷拉下来了。

就在这个日本兵躺下的一瞬间，另一个家伙慌忙回身摸枪。孙大鞭子不慌不忙把鞭子在空中一抖，又猛地往下一带，那家伙也"啊呀"一声，眼珠子就冒了。

这工夫，两个日本兵在车厢里东摸西撞，痛叫不迭。孙大鞭子一使眼色，押车的工人、孟氏接骨先生、孙大鞭的儿子，几个人一齐动手，一顿拳打脚踢，结果了这两个家伙的性命。

孙大鞭子又喝了一口酒，说："前边是尚家车站，要过一个上坡，火车该减速啦，你跳下去走吧。我一个朋友的儿子家在九台沐石河子的桦树沟，绝对可靠。你到他那儿躲一躲。"

"孙大爷，你们呢？"

"不要管我。等过了孤甸子，我把日本人的尸体扔到臭水沟里喂野狗。小鬼子快倒台了，日本人长不了啦。这几年，我走南闯北，这样的话听得多了！"老人又喝了一口老酒。

那押车工人说："孙大叔，这下子，可把我的饭碗给砸了！"

"哪里话，你也干脆逃命吧。这一路的信号，我先给你打着。等靠近吉林我再回到牛车上去。鬼子就是神仙，也猜不到这是我干的。你知道，你今天救的是谁吗？是宽城子的孟先生！"

那押车工人走上来，紧紧拉住了宪卿的手，说："我有眼无珠，原来是您哪。前年，我爷爷在老山里放排，在闸口砸断了腿，就是你们家的人给接的，一个子儿都不收。真是好人啊！"

孙大鞭子捋着山羊胡子，哈哈地笑着，说："行了行了，等赶走了小鬼子，咱们和孟先生好好乐和乐和。现在，火车已上坡减速，你们快走吧。"

十三

押车工人扶着宪卿飞快地跳下火车，又把宪卿送到通往桦树林的道口，然后各奔西东了。

这时，尚家车站方向突然响起了枪声，又有手电光晃动，还有狗叫。宪卿心突突跳，他沿着乡间土道，拼命往东北跑。他喘着粗气，眼望着空中的星星，眼睛直冒火花……

多少年的坎坷人生路啊，父辈们几代人追寻的，就是为了保持做人的气节，无论如何也不能让日本人抓住。留着这一身的手艺，好给世人接骨治病呢！他奔着、跑着，昏倒在雪地上……等他醒来的时候，正趴在一个下夜班的老矿工的背上。这老人把他背到家，听说他是"孟氏接骨"，立刻把他藏在自家的地道里，生怕走漏了风声。

1945年秋天，苏联红军的大炮响了，在外颠沛流离了四年之久的孟宪卿终于回到了家，和亲人团聚了。他从公主岭找回了避难的弟弟，这时，儿子庆年已经能独立开诊治病了。这年冬天，他们又搬回长春挂上了"孟氏接骨"的牌匾。宪卿笑着说："长春城咱们是三进三出啊！"

当时，孟家住的是临街的房子，旁边一个大院。一天早上，庆年起早出去捡豆腐。一推门，见院子里睡了不少当兵的，吓得他转身回了屋。"爹，不好啦！当兵的把咱给包围啦！"听到儿子的喊声，宪卿急忙从窗户眼儿往外看。

当时正是早春，一场雨雪过后，地上还很潮湿。可是这些当兵的身下铺着谷草,一个个抱枪和衣而卧。老先生再仔细一看,满院子里都是八路军啊!孟宪卿感到过意不去,立刻喊醒全家烧水做饭。他又领着儿子庆年找到八路军连长。

"有没有需要接骨的伤号?"

连长笑着问:"你是……?"

"孟氏接骨哇!"

"太好了!太好了!"

"从今后,我和儿子就住在你们这里!"

庆年和老爹在八路军的队伍里住了二十多天,接治救护了五十多个伤号。一天,庆年偷偷叫住了连长:

"俺想参军……"

连长说:"好!走,我领你穿军装去!"连长太高兴了,因为军队里正缺这样的人呢。一听说真要走,庆年倒慌神了,家里人还不知道呢!

他一口气跑回家,对爹说出了自己的打算,谁知宪卿沉默了半天,说:"不行。"

"怎么,你不让我参加八路军?"

"八路军是好队伍,可你还是先不去。"

老爹打了个唉声,说:"庆年,现在快解放了,咱们也算赶上了好年头。可我们是手艺人,爹要把满肚子的接骨整骨的经验传给你。传给别人,我心里信不实……"

旧社会过来的手艺人,都有这个想法,甚至连自己的姑娘都不传。这咋能怪孟家呢!

"可是,连长还不知道呢。"

"我亲自跟连长说,他会理解的……"

从那天起,老爹就一天紧似一天地向他传授接骨整骨的家传秘方和配药的方法,庆年系统地接受了祖辈的血汗精华,终于成长起来了。

1955年的春天到来了。

有一天,有人捎信说有病人,宪卿领着儿子坐车就去了。汽车停在一个大院里,有人把他们领进一个明亮的屋里,只见桌子上摆满了酒菜。一看这个样子,孟宪卿说:"有病人就是有病人,少来这一套!"

儿子也说:"爹,咱们走吧。"说着,爷俩就往外走,可是,却被人拦住了。

"孟大夫，是市长请你。"

"市长？"

这时，长春市市长在几个人的陪同下走了进来，说："孟大夫，你不能走，今天是我请客。"

宪卿和庆年只好坐了下来。

市长端起酒壶，亲自给宪卿斟了一杯，问："你一天看几个病人？"

"二十个左右！"

"太少了！太少了！孟大夫，你要看得更多些。社会主义需要有几十个、几百个'孟氏接骨'……"

两滴泪珠从孟宪卿苍老的面颊上滚落下来。几十年来，他的家族遭受了多少苦难，挨过冻，受过罪，被人追杀，颠沛流离。今天，市长和他谈心时，他却禁不住流下了热泪。

"当然，这是你们孟家几辈人奋斗的成果。还是先听听你个人的意见！"

"市长，先听听政府的安排。这几年来，政府从来没忘了我，又照顾我家，又把我选为政协委员。不知政府有什么安排？"

"当然有！当然有！"市长滔滔不绝地说，"宪卿先生，接骨和整骨的技术，虽然是你们孟家几辈人辛勤摸索出来的，但这又是我们中华民族医药史上的宝贵财富，是我们中华民族聪明和智慧的象征，你说对不对呀！"

"对！对！"

"所以，你们要无私地把这些贡献给人民和社会主义。从今往后，你们领人开一个'接骨整骨'的专科医院——就叫南关区医院！"

"市长，不瞒你说，我也早有这么个打算了。教会了我的儿子，我还有满身的劲呢，有劲没处用怎么行。"宪卿抹了把老泪，兴奋地说，"市长，如何建院，培养人的计划我都写好了。你不来找我，我还想找你呢，给你看看……"说着，从贴身的衣袋里摸出几张写得工工整整的计划书，递了上去。

市长接过来，看了看，递给秘书说："按照上边的规划，立刻打印……"

市长看了一眼坐在一旁的庆年，说："这是你的儿子？"

"是，他是长子孟庆年。"

"医术一定不错。"

"从小跟着我，头脑也灵，有时不用我，也能独立往诊啦！关于'夹板固定'方面，人家还有个发明创造呢！"

"好哇！他们这代人，赶上了大好时光。要给他们一个读书深造的机会。你想不想念书？"

庆年高兴地点点头，笑了。

1955年夏天，南关区医院正式挂牌了。后来，长春市中医院成立，又聘请宪卿任骨科主任。宪卿便带着儿子庆年，每天起早去中医院上班。为了扩大和振兴骨科事业，他又收了春生、董德、景华三个徒弟，并命庆年把几辈人祖传的秘方献给了政府。

每天一开诊，人们就在二诊（宪卿和庆年所在的诊室）的门前排成一长队，人们一边等候就诊，一边自言自语地说："你看那眼神，你看那手势，这才是正宗——孟氏接骨！"

1963年冬，孟宪卿因患鼻咽癌过世了。他的弟弟孟宪明于1952年在南关区医院创建了中医骨科，带出了好几个徒弟，1970年秋天病逝。孟庆年继承父业，专攻整骨接骨；孟宪明的二儿子孟庆润读完医大专科，任职于汽车厂职工医院。

如今，"孟氏接骨"这个老字号，已牢牢地印在人们的心间。有首歌谣唱道：

> 天上日走月又转，
> 苦雨血风百多年。
> 五代追求今何在？
> 一手绝技留人间。
> 万民除痛人皆喜，
> 孟氏接骨遂心愿。
> 若问图的是什么？
> 朗朗乾坤大平安。

吴家剃头铺

在长春,提起剃头业的老字号,最出名的要数"河发堂"的吴家剃头铺了。

提起吴掌柜,他也是个"世家",老家在江苏无锡,父亲是浴池修脚的老手艺人,平时会剃头,别人就叫他"吴剃头"。

光绪十年(1884),吴家老掌柜的和几个朋友出关谋生,来到了奉天(今沈阳)。

落脚之后还是干老本行,吃"顶上饭"(剃头),于是,他投靠到一家叫"双胜堂"的剃头铺,在这儿带艺投师混口饭吃。

双胜堂的掌柜姓胡名亮,是奉天的"名人",一些有头有脸的人物都来找他剃头。据说当年胡亮的大铺子里一溜八个座位,座前齐刷刷挂着八面明晃晃的大镜子。大围巾是在宽城子王家袋子房定做的,剃头刀是在北京王麻子家定做的,而蚁毛刷子是"天津卫"侯家马刷铺定做的……

光绪二十五年(1899)春夏之交的一天上午,双胜堂的大门一响,从外面走进一个人来。

剃头匠都是辛苦人,日出卯时就干,两条腿和四条腿摽,刀尖子拌饭,头皮上取钱,打心眼里想要旁人恭敬他。

这人摘下破帽子叫道:"各位师傅,辛苦!辛苦!"

门口干杂活的小打回话:"你辛苦!师傅,从哪过来?"

"称不起师傅,从船厂(吉林)过来。"

吴剃头一看他手里托的包袱,就什么都明白了。这人叫古楼子,也是吃这口饭的。在从前,一行的到一块,互相都要有个照应。

在一旁抽着烟袋一言不发的胡亮,给吴剃头递了个眼色。于是吴剃头说:"是常站?还是路过?"

古楼子早已看出胡亮是掌柜的,又施了个大礼说:"从船厂到凤凰城子,走到这儿,马高了,凳短了,给碗饭吃。我是想常站!"

吴剃头说："请坐。"又给倒了一碗水，问，"贵姓？"

"姓师傅！"

胡亮叫古楼子的机灵和会说话给逗笑了，接口说："狗挑门帘子——嘴上的功夫不大离儿！"

古楼子忙说："掌柜的没别的，用人不？"

胡亮说："人是够用。等我给你查对查对还缺不缺人手！"

"好嘞。"

其实，古楼子早已探听好胡亮有一个徒弟私留小柜，掌柜的要裁人。"好，你明儿个来吧！"胡亮把古楼子打发走了。

这天，古楼子宿在了马家旅店。天刚擦黑，他买了几只烧鸡，两瓶白干儿，跑去和铺里的伙计们乐和乐和。别的伙计有点瞧不起他，而吴剃头却待他挺好。第三天头上，胡亮对古楼子说："不用往别处去了，你行李放哪了？"

"马家小店。"

"咱们柜上就用人，用你了！"

"谢掌柜的！"

"套车！跟人取行李去！"

吴剃头就和几个伙计乐颠颠地去了。回到铺里，古楼子打开包袱开始磨刀，大伙看古楼子磨刀。古楼子也真鬼，把上辈儿传下的杭州张小泉的、北京王麻子的、宽城子郑发的都抖了出来。把胡亮看得眼花缭乱，心里咯噔一下，这才觉得来者不善。但他不动声色。

收拾完了，胡亮说："看戏去吧！上街溜达溜达走一走，熟悉熟悉买卖人家。"至此，古楼子算是迈过了剃头铺掌柜的门槛儿。

过去挂单干活，头三天不兴讲价钱。第二天早上，吴剃头早上起来，古楼子也跟着起来了，他把水盆端来，先把自己拾掇停当，然后上桌前坐着等。

果然，大门一转，进来了头一名客人，古楼子麻溜地拉住第一位说："先生那边洗头！"

小打带客人洗头去了，不一会儿，客人坐在古楼子的椅子上，胡亮站在一旁，仔细观看。

行家一伸手，便知有没有。胡亮一心想在鸡蛋里挑骨头。古楼子心里想，绝不能栽在这个场上。

偏巧，这来剃头的是奉天丁知县的老太爷，给这种身份的人剃头，一要看手艺人的"刀"功，二要看手艺人的"编"功：前额头要刮得亮，小辫要编得均匀才行。古楼子多年不剃这种头了，心中未免有点打怵。可他毕竟是见过大世面的人，唰唰几下子，就把老太爷的前额头刮得溜平锃亮，然后问："先生，小辫编几股？"

老太爷眯着眼，问："你会编几股？"

"九股，十二股，都行。"

"看不出！编九股吧。"

"好嘞！您稍候。"

活儿要做得有模有样，这才叫活儿。古楼子不一会儿就把老太爷的头发编完了，把老人的衣领往起一叠，帽子递了过去。

谁知，这老爷子瞪了古楼子一眼，不去接自个儿的小帽头，却从兜里掏出一团纱布，轻轻地在头皮上揉了几下。他这是想试试头茬子刮得净不净。揣起纱布，他又从兜里摸出个晶莹发亮的小珠子来，一把拖过身后的大辫子，把小珠子放在辫子中间的小沟沟里。只见那小珠子稳稳当当地滚到辫梢。他这是试试辫子编得匀不匀。老爷子这才笑了，给了他不少的钱，把小帽头接过去戴上，乐呵呵地走了。

胡亮见老爷子满意地走了，又急忙寻摸古楼子的手底下、脚底下，看看干不干净、利不利索，结果令他折服。

古楼子在双胜堂干了两年，吴剃头天天和他学，一来二去就把各种技艺学到了手。

1912年，吴剃头离开双胜堂，领着家小来到了宽城子，在四马路开起了"河发堂"，也干起了这个买卖。

开业那天，他特意让人写了一副对联：

上联：进门黑面老者。

下联：出门白面书生。

横批：丹凤朝阳。

当年，长春一带不少江浙的手艺人、买卖人。这些人从小生在南方，特别是一些家眷，愿意梳"卷头""凤凰头"之类的头型，而吴剃头看准了这一来钱道，他的铺子不但剃头、刮脸、挖耳朵眼儿、按摩、点穴，而且还卷头、烫头、染头等等，一来二去的，就出了名啦。

长春的老百姓也不叫什么河发堂，而是叫"丹凤家"或"吴剃头家"，其实这都是尊称。

那时，他的剃头铺一进门，二十张大椅子亮堂堂地摆在那儿，门口有小打，一见来客，就高喊："来客！"

立刻有人接待，端茶送水。有空位的，立刻坐上去。没空位的，用袖子把旁边的"歇椅"一擦，安排人家坐下歇着。

如果客人给了点小费，门口的小打便会大喊："看赏！"

这时全体员工齐回："谢！"

吴剃头 82 岁时去世。他在长春也是老字号的名人啦。

刘家乌拉铺

在长春,从前最出名的鞋铺老字号要算刘家乌拉铺啦。

刘家乌拉铺在长春南关,掌柜的叫刘长贵。

光绪十九年(1893),刘长贵他爷爷随一个"珠丁"①来到吉林打牲乌拉衙门,给人家看院子。由于吉林天寒地冻,人们十分注重鞋帽保暖,老爷子慢慢学会了制乌拉的手艺。

宣统元年(1909),刘长贵的父亲就搬到了农安,开了一家鞋铺,专门做乌拉,取名"德盛永鞋铺",刘长贵十几岁时家又搬到了长春,在长春南关的头道街开起了鞋铺……

刘家鞋铺以做乌拉为主,所以百姓都称他家为乌拉铺,这主要是庄稼人的鞋店。店门口的杆子上,挂着一串乌拉,最后的一双上系着红缨,这就算是乌拉铺的幌子。

在东北民间,从前没有不穿乌拉的。民间有条谜语,说:

老头老头你别笑,

破个谜儿你不知道;

什么解下它不走,

绳子一绑它就跑?

谜底就是乌拉。

乌拉是用牛皮制作的,而且十分讲究。一张牛皮只能出4~5双乌拉,分一到四"排"乌拉。"排"指牛皮的位置。一张牛皮最好的出乌拉地方在屁股蛋和脊骨处,称为二排。而头排是在尾巴根那儿,称为"糟门"。三排是腰管处,皮质打横,不是优质的。只有二排乌拉称为"十字花骨",是最值钱的。

---

① 珠丁:松花江流域称为朝廷采珠子的人叫珠丁,指专门在江里捞蚌采珠子的人员。

据老鞋匠刘长贵讲，一进鞋铺学徒，先要拜铺子的祖师爷孙膑，然后开徒。学徒早上起来要先收拾铺子，然后学刮皮子。刮皮子用"大铲"，全靠使"手劲"，把皮里子上的肉刮去，拉平，然后是下剪皮。做乌拉要练手指和手脖子上的劲儿。

乌拉不分左右脚，但手活儿一定要好，用单线别褶，别一针，透一个。上脸别褶，都讲究工艺。

皮子熟完，叫"白皮桌"。白皮桌是指把牛皮熟白。熟完之后，还得用谷草来熏，这叫"走黑皮桌"。

东北的谷草，梗硬叶厚，点燃后烟大，用谷草熏后的牛皮干湿适度，抻拉得体，上针不抽不走，拿完褶，上完脸，还要在后跟上钉两个扁钉，以便走起路来往后"刹"，抓地稳。

关东乌拉分大褶乌拉和小褶乌拉。

大褶乌拉产于乌拉街一带，一般是八个褶；小褶乌拉产于辽宁海城的牛庄，人称小褶乌拉，一般是十个褶左右。

关东人还用狍皮、鹿皮来缝制乌拉，但这种是用狍子和鹿的腿部皮子拼缝而成的。而鱼皮乌拉绝大部分是用熟好的怀头、哲罗、细鳞、狗鱼等鱼皮制成的。这是因为北方的鱼生长在冰冷的环境里，皮质好。

鱼皮乌拉和牛皮乌拉一样，做法很是精细，由乌拉身、脸、靿三个部分组成，前端和脸抽褶缝成半圆形，再用较薄的鱼皮沿着乌拉口缝上高约 30 厘米的靿子，然后穿上绳或皮条做带，穿时絮上松软的乌拉草、猪鬃草，穿上狍皮袜子，把靿子裹在小腿上，用带扎好，既轻便又暖和。

由于乌拉的底软乎，所以冬天走在雪上，不起"丁脚"。所谓"丁脚"，是指鞋后跟上冻起的冰土疙瘩。

北方由于气候的关系，冬天在外作业的人，最怕鞋子下边起"丁脚"。一长了"丁脚"，走路发滑，抓不住路。而穿乌拉就不起丁脚，并且不累脚脖子，不勒脚趾头。由于楦上了足够的乌拉草，脚在里边既舒舒服服，又宽松，不长脚气。

东北的乌拉又叫"绑"。是指穿上后用很多股绳子绑在腿上，紧绷绷很保暖。

另外，东北的男子汉都会穿。外出上山，穿上绑很轻松。别看外形缝得粗糙，但随形就形，十分可体。

绑里装的也是乌拉草，只是绑的前边要留两个耳朵，后边留一个耳朵（也叫耳子），便于穿绳子绑住。它是皮子缝制的，进山外出走在冰雪上，既轻便又防滑，是北方老百姓很喜爱的物件。

乌拉是东北的鞋子，也是中国民间最古老的鞋子之一。关东地界十分寒冷，所以乌拉是生活在这里的人们的主要防寒用具之一。

1954年公私合营，刘家鞋铺归到了长春市第一制鞋厂。民间每当提起这一行，人们会不约而同地说刘长贵家的鞋铺是长春的老字号。

祁家棺材铺

在老长春,最大的棺材铺是位于西三道街路北的老祁家棺材铺。三间门市,中间是大门,后院是作坊。作坊里,堆着高高的烘干好的木板,靠西墙是一片席棚子,放着上百口做好的"料子"。门口放着一口"白茬"棺材,算是幌子。棺材的旁边立着一个和房檐平齐的杆子,牌子上面有一块长方形的牌子,上面画着一口紫红色的棺材,下写"棺材铺"三个大字。

这一条街有好几家棺材铺,但老祁家作坊大,气派大,他们家光伙计就有十多个,而且都是出名的好手。

祁家棺材铺的老掌柜叫祁玉林。祁玉林祖籍河北唐山。道光四年(1824),祁玉林随爷爷来到了吉林船厂(吉林市),后来爷爷故去,他和爹爹到长春落了脚。

父亲精通木工活,谁家打个立柜、桌子什么的都来请他,一点点的祁玉林也就学会了这个手艺。后来,他看开"寿木"(棺材)铺挣钱,干脆就开起了棺材铺。

从前开棺材铺,不但掌柜的要有"名望",而且一定要懂各种规矩才行,因为这一行是十分讲究规矩的。

熟人到棺材铺订购棺木,往往这样说:"掌柜的,给我盖个房子吧!"这往往是指自己。

对方立刻答应。木匠开始下料,先做一门四框。这一门四框,是棺材铺的规矩。

因为人家来定做棺材,往往叫"给我盖个房"吧,所以带一门四框,也是对这家老人的尊敬,死了要送一送,所以把棺材叫"房子"。但老人健在的,一定要先说,告诉棺材铺的木匠师傅,不然抬不出去(指门框做成死的了)。棺材的一门四框,要根据门口多高,窗台多高,照着门尺。大条桌叫"高桌",来啥人用啥料。棺材铺的棺材做得好与坏，明眼人一看就知道了。有时邻家店铺的人到一块儿，互相也问："小伙子，外投师还是祖传？"

你要答外投师，还得回答师傅是谁；你要说祖传，就更敬佩你了。如通化青云棺材铺的"祖堂"桌前，长年供奉着老祖家，那是一张"家谱图"，一代代地画着人像，写着名姓，整日的香火不断。

做棺材又叫"拢料子"。一拢就拢个十个八个的，摆在铺子的后头，然后"堵眼"。这主要是看木料上有没有虫眼，如有就用黄泥一堵，然后上色。

上色，需要先打一遍"粉土子"，这样容易挂色。祁家棺材铺的棺材颜色地道，做完后上色的大花头棺材，云卷翻着白边银花。接下来画花图。

花图大致有这样几种：

紫牛望月。这是魏晋南北朝时的故事。有一个老太太到寿了，告别家人，直奔九天，众仙人天上迎接，众官臣地上齐送。画这种花在前的图案，一般是老妇人故去专挑这个。

鞭打芦花。这是一则民间传说，讲的是后娘虐待先头的孩子，可是亲爹听信后娘的话，反而打自己的孩子。谁知用鞭子一抽，孩子的棉衣里飞出的不是棉絮，而是野甸子上的朵朵芦花。故事苦楚动人，劝人学好、善良，不做亏心之事，不然死后到了地狱也不会得好。

还有海马朝云。这是讲述我国南朝时期的"五老仙"的故事。五位老人各有功德，后来位列仙界。这则故事也告诫人们德行要正。画这个花在前的，一般指故去的是男性。

民间有青牛白马之说。牛为女人，和女人一起走向阴间，是为女人喝浑水；马为男人，和男人一起走向阴间，供男人骑着……

也有人专门来购买白茬棺材，回去自己上土子、上色、画花。这样的人家往往是内行。因为棺材上的虫眼子瞒不住人家，图案愿意要什么样的，又可随意作画，价格也便宜些；不过一般的人家都是买现成的。

来棺材铺买棺材有许多禁忌。一进铺子，来者往往说："掌柜的我来取寿材！"

掌柜的则说："拿吧。"

不能像一般的买卖那样说"欢迎你光临"或"挑挑吧"这样的话。因为买棺材同买寿衣、定做扎彩是一样的，不能买俩，同时不能挑，只能说出尺寸。掌柜的一指，那边是多大尺寸，这边是多大尺寸。

买时不能打开盖子挑，不然会失去"彩色"。

办丧事的人家买棺材，只能去一家棺材铺，不能出了这家进那家，挑来挑去没个完。因为棺材铺的门口摆着一个棺材，看样子就是这个，谁挑进屋，一屋里二十几口，都是一样的摆在那里。外面的样子，不往屋里拿。

买完走时，棺材铺的人不能说"再见"，也不能提"有事常来"等话，只能送到门口，说："走好！"

开棺材铺，虽然是人们较为忌讳的，但也得讲"德"。俗话说，人食五谷杂粮，没有不生老病死的，死是人生悲痛之事。民间常说：

人食土欢天喜地（指种庄稼，丰收时）。

土食人叫苦连天（指人死时入棺入土）。

棺材铺里非常讲究夜晚的响动，晚上静悄悄的，如果听到哪个棺材突然"咔嘣"响了，他们相信第二天准有人来买这口棺材。

祁老爷子的棺材做得好，而且他还能讲出"棺材的来历"。

棺材铺都供奉"曹秀才"的像。据说，从前江浙地面出了个姓曹的状元，这人从小苦学，大比之年进京赶考，一举得了个状元。

一天，皇帝听说他满腹文采，就设宴召见他。席间，皇上见他谈吐不凡，仪表堂堂，问起他的家境，曹状元随口答道：

启禀皇上，舍下千柱落脚，万马归槽，七十人煮饭，八十人挑水；白日千人叩首，夜里万盏明灯，三只盐船下河，如有一只不到，就要打淡！

曹状元回答轻松，皇上却暗暗吃惊。心想："到底是何方贵族，家业如此宏隆，竟八方归心，供养着千军万马。如今眼前的状元郎又才华盖世，功成名就，倘若日后生了异志，岂不后患无穷！"于是顿起杀意。

谈着谈着，皇上借故发怒，给曹状元扣上欺君之罪，推出去斩首示众。

皇上命御林军查访曹家，满门抄斩，以除后患。于是钦差一路来到状元的家。只见山清水秀，鸟语花香。却见半山腰一块平地，中间有个小村，并不像有大户人家的迹象。

向行人问曹状元的家，乡民指着山坡上一幢孤单的小土屋说："那就是曹秀才的家。"

钦差满腹疑云地顺着村人指引的山路一步步爬上山头，出现在眼前的是一间破土房，顶上盖着几层灰中带黑的黄茅草，土屋四周高高矮矮夹着高粱秆、苞米秆，只见屋檐下蚂蚁成群，来来往往。钦差已明白三分，状元说的"千柱落脚，万马归槽"，估计就是眼前这景象了。

进了屋，只见四壁空空荡荡，一位白发苍苍的老汉连连给客人让座，灶前坐着一个瞎老太太正在吹火煮饭。钦差见状，忙问老汉："老者可姓曹？"

"正是，正是。"

"家中几口人？"

"三口。"

"还有谁？"

"一个儿子，进京赶考去了。"

钦差还问："老人家今年高寿几何？"

"空长八十。"

"老妈妈呢？"

"七十出头。"

"那你家可有盐船？"

"穷人哪来什么盐船，只不过养着三只鸭子，靠鸭蛋换盐巴吃。若一只不下蛋就要打淡啊！"

一切都明白了。钦差望着门口外，只见山路上一步一躬登上山的人，和一步步弯腰走下山的人，明白这便是"白日千人叩首""夜里万盏明灯"的出处了，不必说，万盏明灯不正是满天星斗吗？

于是，钦差暗暗为状元叫屈。匆匆赶回皇宫向皇上禀报了实情。皇上听完禀报，深知自己错斩栋梁之材，并担心自己滥杀无辜会导致臣民不满，于是下了一道御令，将一副红棺赐予曹状元，双亲发送回乡大礼安葬，同时赐金银，厚待。

此事在民间广为流传，并以使用红漆棺材埋葬为荣，于是相沿成俗，棺材铺便供起曹秀才的像来。

中华人民共和国成立后，政府倡导火葬，取消了土葬，祁家棺材铺也就随之停业了。可是在民间，一提起这个老字号，人们记忆犹新。

柳家扎彩铺

从前,长春最出名的扎彩铺老字号是老柳家。

老柳家的老家在山东藤县,同治四年(1865),柳玉荫领着一家老小闯关东,后来在长春西二道街"九圣祠"胡同落脚,并开起了扎彩铺维持生活。

扎彩铺,就是给死去的人扎"纸活"的铺子。从前,民间很盛行这个生意。

扎彩,顾名思义,就是运用木头、柳条、植物秸秆、麻纸等来制作各种各样的形象,主要是纸人、纸马、纸车、纸房、纸兽,用以民间的红白事,主要是白事。因为扎彩铺多是为故去的人制作各种东西,所以人们往往以迷信的眼光来看待这门行业和这些"作品",这是不够科学和公平的。其实,这个行当虽然带有迷信色彩,但他们制造出的产品该归为"工艺品"行列,制作这些物件的人实际上已经成为"民间纸活匠人",即"纸活艺术家"。

扎彩铺每年主要为民间白事①、庙上道场、家庭糊裱(装潢)服务。

在民间,白事是一件大事。谁家摊上这件事,要早早地到扎彩铺"订件",扎彩行的人叫"领活"。往往是办白事人家的当家或说了算的人物去扎彩铺领活或请扎彩行的师傅来家,住在办白事的人家里,专门"扎活"。

由于活多,柳家不得不招收学徒。

从前进扎彩铺学徒,要先从"刻画"开始。一入师门,师傅先扔给你几块蜡板子、刻刀、笔什么的,先练腕子功。

有规矩的扎彩铺还要请来"描金匠"给开堂,专门讲"二十四孝"

---

① 白事:民间指丧事。

"四郎探母""目连救母"等古代民间故事的人物和画法，然后让徒弟练剪功。

棺材铺里的徒弟讲究做、画和描，而扎彩铺的徒弟则讲究贴、剪和扎。

贴就是运用各种色纸，讲究彩纸的搭配适度。

剪就是剪功，如灵幛、灵条上的"云"字花纹，"寿"字花纹，给死人撒的"买路钱"，还有做阴阳道场的"符"，都靠剪功，用的料也是各类彩纸。做出来的这些物品十分精致有趣。有不少扎彩铺的老艺人都是出名的民间剪纸艺术家。扎就是用竹子、柳条和秫秸来扎编动物和人物、房舍、轿车、生活用具什么的，然后用彩纸糊起来。

扎功更为复杂考究。一根高粱秆到了扎彩老艺人手里，转眼间他就可以扎出活灵活现的动物来。扎彩铺老艺人的拇指与食指，往往磨出了一层厚厚的茧子。他们用手夹着刀片，一撸就能把一根秫秸破成四条，而且这四条粗细均匀。扎功和破料的练习，常常使那些初来乍到的小徒弟哭鼻子，弄不好就会把手刺得血糊糊的。

贴、剪、扎是基本功，学会之后，就要见啥做啥了。当年，大户人家的人老了（死了），请扎彩铺的人去，人越多越好，坐在丧家扎，要啥扎啥。

扎的物品形形色色，只要生活中有的都要会，从房舍到穿戴、服饰、牲畜、家禽、野兽、飞鸟等等，最难扎的是"香香亭"。

这"香香亭"有三米多高，意思是人死后带到阴间装金银财物的"库"。"香香亭"除用彩纸外就是用香来插孔，亭的四周要出檐出翘，每个格上都画出祖宗的牌位。还有金山、银山、金桥、银桥，真是样样俱全。

男人死了扎马，是说大丈夫骑马走了；女人死了则扎牛，是说女人的一生弄水多，让牛帮她喝浑水。

请扎彩的人来到柳家铺子，柳掌柜都很客气，会问："扎全的？"

对方或说"扎全的"或说"看着扎"。

"扎全的"，就是大扎；"看着扎"，就是小扎。大扎就要耗金数万，往往是发送老人时才这样办。

除了白事还有庙上活也需要扎彩。

庙上活往往白干或收少许费用。主要是初八、十八、二十八庙会和一些节令的道场，和尚道士来化缘，让"扎彩铺"出纸活，主要是一些"替身""元宝"什么的。活不一定精，但数量大，往往费心劳神。

再就是一些住户往往请师傅去给裱糊居室。因扎彩铺的手艺人不光会"手活"，他们的裱工、画工、刻工、书法、绘画什么的，往往也很令人叫绝。有的还是当地民间出色的手工纸活艺人，特别是"剪工"。

这剪工在一些扎彩行的老师傅那往往能出奇制胜。那些贴在居室上的壁花、窗花，往往是他们的绝活。有的老艺人的上一代就是当地著名的剪纸家。一剪子剪出一群小孩，一剪子剪出几十只小燕。这种"一剪功"，简直叫人眼花缭乱。而那些贴在白事物品上的故事，往往是人物、山川、鸟兽，更是栩栩如生。

平时，他们的主要活动就是练功。柳掌柜的对新来的徒弟要求很严，有的人家为了孝敬老人，做出的纸人、纸马要求能走会动，这叫"活扎彩"。

学徒进扎彩铺，头一天要拜"老祖"。扎彩铺这一行的老祖是五道真君。五道，也叫"五趣"，这本是佛教名词。五道主要是指地狱、饿鬼、畜生、人和天。实际上五道就是指"鬼"道。"鬼"道，是一个绿脸的神仙，也有说"五道"是指"五瘟使者"。

《三教搜神大全》卷四载：

> 昔隋文帝开皇十一年六月内，有五力士现于凌空三五丈余，身披五色袍，各执一物。一人执勺子并罐子，一人执皮袋并剑；一人执扇，一人执锤，一人执火壶。帝问太史张居仁曰："此何神？主何灾福也？"张居仁奏曰："此是五方力士，在天为五鬼，在地为五瘟，名曰五瘟。春瘟张元伯，夏瘟刘元达，秋瘟赵公明，冬瘟钟仕贵，总管中瘟史文业。"帝乃立祠，诏封五方力士为将军。后匡阜真人游至此祠，即收服五瘟神为部将。

实际是祭奠阴间五鬼。大概因为这一行主要是给死去的人扎花扎物，所以这种行当崇拜的神灵也是阴间的神灵。

学徒拜见始祖是由师傅领着。来到祖师爷神像前，先跪下，师傅说："祖师，又有弟子入行。"这时，来学徒的人要报自己的名。如叫张三，就说："张三入扎彩铺学艺，还望神爷保佑指教！"然后烧香磕头，上供点蜡。这才算"学徒入门"。

在扎彩铺学手艺规矩多,平时不能瞎说乱动。主要是人们的一些"禁忌"。这和棺材铺的规矩大同小异。

传说一个说话不太得体的人当了棺材铺的学徒。一天,一个人来买棺材,那人不断和铺里讨价还价。这讨价还价本来是正常的,不过在别的场合,在集市上买东西,讲价就没说道,可在扎彩铺、棺材铺就不妥当了。

当时,这学徒一看对方一定要降价,就说:"这么的吧,这口大的给你,价格不变,你要觉得吃亏,再给你搭上一口小的!"

"什么?我要这么多棺材干啥?"

"等你儿子死时再装。"

这当然是笑话,但也分明看出民间对扎彩铺、棺材铺这一行当的一种要求,因此,扎彩铺、棺材铺的学徒不能乱说乱动。

比如平时有人来"领活",进门时要客气地点点头;走时往往嘱咐"慢走"就行了,千万不能冒出"常来呀"一类的话。

如被请到有事的人家,不能随便进人家的屋,要按人家指定的屋子进进出出。端碗吃饭喝水时也不能把剩下的水乱泼在地上,大伙要倒在一块儿。兜里带的烧饼、糖什么的,不能随便给人家的小孩。

穿戴上不能穿颜色太艳的衣裳,一律是黑、灰、蓝颜色,主要是"不显山不露水",不冲了人家的气氛。这也是这一行艺人朴实性格的体现。他们喜好自己默默无闻,而给人世间献上自己精湛的手艺。

老柳家的扎彩出名,他们家是娘领着闺女专门作扎彩,而儿子柳伟洲算卦算得好,所以不少人专门找他算卦。

有一回,老金家丢了一头猪,一早上金家老爷子就找到柳家,让给算算。

柳伟洲一算,说:"猪没丢!"

"在哪?"

"往西走,在一片苞米地里!"

老爷子不信。可到那儿一找,猪真在一片苞米地里。

老爷子又问是谁偷的。他说:"不是女,是男;不是你儿子,胜似你儿子!"

不是儿子胜似儿子,这是姑爷呀!

原来,这老头有一个姑爷,那天他输了钱,把老丈人的猪给偷了藏在人家的苞米地里,想玩完了好来取,没想到让柳伟洲给算出来了。

老汉一气之下,不要这个姑爷了。

于是,姑爷勾结了一些个平时偷偷摸摸的人,找到老柳家扎彩铺,说:"你还算不算啦?"

伟洲说:"你先别问我呀!"

"问谁?"

"问你自己。"

"问我自己干什么?"

"问你自己今后还偷不偷了!"

"什么意思?"

"只要你还偷,我就算!"

"好!我叫你算……"于是,几个小偷把柳伟洲好顿揍。

后来,他实在架不住一些坏人、小偷总"收拾"他,于是一个人远走他乡,投师学艺去了。

家里,留下了他娘和妹子,还是以开扎彩铺子为生。

一提起长春这个"扎彩铺",上岁数的老人都知道。

刘家木车铺

木车铺，就是指专门制作大车的作坊。

从前在长春，最出名的车铺是伊通河边上的刘长友家的木车铺了。刘长友是河北宣化县人，祖上就开木车铺。

光绪二十年（1894），刘长友随父亲进东北长白山伐木，老父不幸死于放排途中，把他一个人抛在了关东船厂（吉林市）谋生。那时，长春的宽城子已是一个较繁华的市镇了，于是他和兄弟来到了长春，在伊通河西岸开了一个大车作坊，以祖传的打制大车的手艺维持生活。

刘家车铺是三间大房子，一个大院套，院子正对着门口的大道。房子中间是一个"通门"，直通后院。后院有一个大场子和一个大水泡子。那泡子是从伊通河引来的水，灌在里边，专门"泡"木车用。

从前的车主要是"花轱辘子"车，民间又叫"耷拉罕"①。做车的手艺全在"叫铆"上。

这种车的架子和车轮全是木头相互"这样咬"在一起的，不用一根钉子。要用也是木头钉子，俗话叫"木铆"。当年，刘家车铺每做好一个车架子，就拖到后院，"咕咚"一声推进大泡子里，让水使木车的铆眼发胀，紧紧地捆住"铆"，使木车变结实。

等到第二年开春，再捞上来。捞上来时，要"叫铆"。

这"叫铆"，就是用锤子使劲往开了打榫，可是车架子牢牢的，一点也不活动。因为车早已让水泡得榫眼发胀，结实了。

如果打车架子，泡了半年，一锤子打开了，老车匠就会大骂："你个没用的！铆都打不紧！"

所以从前车铺的木匠，要先学"砸铆"，这是个硬功夫。

刘车匠从小跟人家学徒，因为学不会凿木轮车的铆眼，没少挨骂挨

---

① 耷拉罕：满语，是指大车的辕子向下弯，这样便于牛马驾驭。

打,但是他从小吃苦,长进很快。铺子里墙上供着"车神像",天天烧香。

另外,从前的大车匠不但要会"木活",还得会"铁件活"。这是指大车的车轴、车瓦都要自己来打。所以一路过大车铺,离老远就会看见车匠在带火打件,叮叮!当当!如果是晚上,那就更有趣了,就像天上的流星,火星子不时地划过夜空。

刘长友的儿子头上有个疤,是他小时学做车架子时留下的。

那年,刘长友的儿子13岁了,也和爹学着做大车的架子。

这年他做了三副大车的架子,推进泡子里泡上了。第二年春天捞上来了,爹亲自"叫铆"。老爹对车的技艺要求很严,一锤一个,一锤一个,车上的铆都被爹"叫"开了。

老爹气得骂道:"你什么时候能出息!我真恨不得一锤子砸死你——!"说着,用锤子向儿子的头上比量着。老爹越说越气,一下子把儿子的脑袋给砸出一个口子来!

看着儿子头上出了血,爹才心慌了,说:"上点马粪包①!"

于是,儿子含着眼泪用马粪包抹上了伤口。但是,儿子不恨爹,从此更加钻研打制大车的本领,使刘家的木车更加出名了。

买车的人们都说:"走哇!上刘长友家去看看吧……"

大伙说:"对呀!看看人家小嘎头上那疤痕就知道,人家不糊弄人,车的质量好着呢!"

刘长友的儿子呢,一年四季剃个光头,专门让他头上的伤疤露在外边。其实这是刘家车铺的最好的幌子。

光绪十五年(1889),长春得到了大面积的开发,那时,伊通河西岸、北岸一带已得到了更大的改进,一条条大道直通长春镇里,来往的大车也更多了。刘家车铺的生意也越来越红火。

刘长友收了三个木工徒弟,还在后院开了一处铁匠炉,日夜打制车瓦、马蹄铁、套扣之类的。来买车的人,顺手来一副牲口套,因这儿的车件质量第一,老板子和长途跑外掌包的,都信得实刘长友。

20世纪三四十年代,是刘家车铺最红火的时期,那时,老商埠地

---

① 马粪包:东北土地上生长的一种植物,长大后干了,里边是粉末,可以止血。

一带的用户都订刘家的大车。

刘家车铺做的大车,往往要提前一年订货,推进水泡子里泡的木车架子上都标上"李家""张家""马家"……以免弄混了。

提起刘家车铺,那真是长春一绝。当年不光宽城子长春,奉天的昌图、铁岭,黑龙江的一面坡、双鸭山、五常的用户,都上刘家车铺订车,因为刘车匠的手艺叫绝,人品好。后来,一个打"沙拉机"① 的乞丐,还给他的车铺编了一个顺口溜,在长春流行开了:

要买车,这边走,
长春有个刘长友;
大车好,不费油,
走远道,不磨轴,
拉重载,不累牛。
谁要有了刘家车,
发财挣钱不用愁……

刘长友过世后,他的子孙还开大车铺,但随着木车的减少,刘家木车铺开始经营木桌、木椅、木床、木柜之类的。后来合并到了南关区木器加工厂。

---

① 沙拉机:乞丐的用具。往往用木棍串上铜钱,用来讨饭时用,配合敲点唱小曲。

艾家大车店

在长春，一提起大车店老字号人们往往说艾家大车店是最出名的。就是现在，长春还有"艾家店胡同"这个地名。

河北盐山县老艾家，祖上开杂货铺，做小买卖，当家人叫艾云亭。这一年，家乡大旱，买卖倒闭，于是他携带家小闯关东，在宽城子落了脚。

在"永安门"边上，老艾家盖了一间草棚子。那时，永安门对着永安桥，从桥上出去就是南岭，再往南走就是通伊通的大道，所以交通十分便利。

每天，长春堡南岭一带拉脚运菜的大车络绎不绝。可是，由于常闹匪患，护城兵每天太阳一落山就关上了城门，所以进城办事的人眼看着来到城边却出不去，办买卖的大车不得不提早在大门外等着。这样，艾家的草棚子里常常睡满了老板子、马贩子等各色人等。

一来二去，艾云亭就想，不如在这儿开个车店，专门接待和安排那些来办事的人，于是就在河边挨着城墙盖起了一个大车店，专门接待车马人家。由于当家人姓艾，大伙就叫它为艾家店。

当年，艾家店有一个占地一千多平方米的大院套，靠城墙一溜马棚子，东边是客栈，西边是料房，人马都管。

大车一进院，早有小打热情地迎上来，喊："来——客——！拴——马——！"

于是立刻有人过来，帮着老板子卸车、拴马、喂料。还有人专门给老板子铺炕、打洗脚水、买白酒、切草料、泡豆饼、买戏票等。

艾家大车店最红火的时期是20世纪初的头二三十年，艾家大车店名扬关东。那时来艾家店的大车不用喊，到店门口一打"花鞭"，大车店护院的就说这是某某地方的车，谁谁的马，哪哪的客。

当年的"花鞭"，就是老板子们的"暗语"。一个车马队在某一个店住常了，人家一出鞭，店掌柜的就要迎出来，不能怠慢。所以要听鞭音儿，立刻迎出去。俗话说"车伙子进店，赛过知县"。是说老板子脾气大，你这个店待他不好，他立刻去别的店。

为了开好店，掌柜的艾云亭特意把侄儿招来，专门当"院心"和"账房"，他还从外地请来厨师高手，专门炒农家大菜，经济实惠，老板子们可爱吃了。而且，他和好几伙知名的东北民间戏班子有来往，有的戏班子常年就住在艾家店，这也是一些老板子愿意来的原因。

艾云亭讲究信义，把买卖做活了。有一回，德惠青山的赵老板子，带着120块大洋准备去范家屯马市买马，下晚就住在艾家大车店，结果早起一看，钱没了。这种事，在艾家店是头一回呀！

艾云亭细细盘问，谁和赵老板子接触过，却没有线索。

这时，艾云亭果断地喊："账房！"

"从柜上支出120块大洋，先给赵大把拿着去范家屯把马牵来……"

赵大把说："艾掌柜，这不妥吧！"

账房也说："大柜，这个钱我看咱们不能出……"

"为啥？"

"说不准他这钱就是在咱们这儿丢的，咱要是给他拿上，这事好听不好说！！"

艾云亭说："啥也别说了，给他拿上就给他拿上。因为人家住在咱的店，别处哪也没去呀！"

当时赵大把感动得无可无可的①，含着泪赶着车走了。临出院子，赵大把说："艾掌柜的请你放心，我一找到钱，立刻就还你！"

第二年夏天，艾家大车店翻修，在赵大把住过的房子的大炉子和火墙的缝里，找到了这包大洋。原来，赵大把进屋靠着火墙烤火，一解腰带子，把裹在里边的钱包掉在火墙和炉子的夹缝了。后来，这个事传到赵大把耳朵里，人们一时传为佳话，南来北往的人都夸艾云亭心眼好使，人品好。

艾家大车店掌柜的人缘好，买卖红火兴隆，旁边的几家车店就嫉妒上了。有一年，他家的草垛让人给点着好几次，房店也烧塌了架。

---

① 无可无可的：东北土语，指五体投地，没有任何可说的意思。

1933年，艾云亭把车店的一半出兑给一个叫孔怀三的人，大伙都叫他孔老怀，这人也是开店的买卖人出身。

当年，由于艾家车店出名，这条胡同就被南来北往的人喊成了"艾家店胡同"了，而它原先的名称"靠河街"反倒被人忘记了。

孔怀三接掌后，立刻改名为"海源栈"，意思是这儿的车马来客就像大海和涌泉一样，源源不断地涌来，他雇了不少的伙计，也请了几个"高手"（开店的能人），学着艾云亭的经营方式，从馆子里专门给车老板子送提盒，还找来民间出名的二人转班子来唱戏。可是，尽管孔怀三使出浑身解数，人们还是说上"艾家店"。

艾家店在这条胡同是最早的车店，一个又一个的车店接连在这儿相继开业。长春解放后，这条胡同仍是车店林立，以车马大店而闻名老长春。

振兴合杂货店

在长春，东北商场最早叫振兴合，是长春的老字号，专门经营各类小百货，被人称为"振兴合杂货店"。

说起振兴合的来历，还有个很有趣的故事。

从前，有这么爷俩，他们从河北唐山来到长春闯关东，当家的叫刘明远，领着13岁的儿子在长春落了脚。那时长春老商业街一带很是繁华热闹，爷俩就在二马路口北侧一带选了一个地方，开了个"刘记鞋铺"维持生活。

刘记鞋铺掌柜的不但手艺好，心眼也善，有时穷人来了，要饭的来了，他常常说："脱下来我给你收拾收拾……"弄好了，一分钱也不要。

有时，走路的鞋上掉个钉子或掉下一块掌，爷俩都捡起来，给人家留着。一来二去，刘明远的"人缘"越来越好，而"刘记鞋铺"也成了老长春人的"货务处"。

那时，街坊邻居上街买菜的、看戏的、揽活的朋友熟人都好到"刘记鞋铺"歇歇脚，喝口水，或把拿不动的东西寄放到鞋铺里，等逛完了大街再来取。刘家爷俩热情好客，不但不烦，还沏上"东发合"老茶庄的"铁观音"，专门招待南来北往的街坊邻居，一来二去的，大伙对他们爷俩越来越信任了。

在常来鞋铺存东西唠嗑的人当中，有一个人称关副官的人，据说是长春南大营一个将军的副官，他每次上街必到刘记鞋铺坐坐，有时买了东西拿不了或忘了，几天以后来取也照样保存得好好的。时间长了，刘明远和人家将军和副官还成了好朋友。

一天，半夜里下起大雨，刘明远鞋铺的门突然被人砸开，关副官领着一个络腮胡子的军人对刘明远说："刘鞋匠，我们要出远门，这位是刘将军，要求你个事儿！"

刘明远说："快到里边说吧！"

刘将军说："不啦，公务在身，不便久留。我把这些东西存放到你这儿！"一挥手，几个马弁抬进来四个皮箱子放在地上，然后将军和关副官就领人匆匆地走了。

刘明远不敢怠慢，赶紧把四个皮箱藏在鞋铺的房顶上，妥善保管起来。

这刘将军一走，毫无音信。这年夏天十分炎热，儿子突然提醒爹说："爹！他们留下的箱子也不来取，是衣裳也早都烂了！"

爹说："那你打开看看，给他们晾晾吧！"

儿子取下那四个皮箱，打开一看愣住了，哪里是什么衣裳，而是四箱子现大洋。

爹说："小子！别动。这钱是人家的！"

于是儿子又把箱子封好，继续给保管着。一晃又过去了几年，关副官和刘将军还是不见人影，儿子就和爹商量说，不如咱先用这钱开个买卖，不然钱也不能下崽。等他们有了"信"，咱再还人家也不迟。爹同意了儿子的这个打算。

正好当年"刘记鞋铺"对过有座小旧楼要出兑，爷俩一商量就买下来了，又用这些大洋四处购进小百货，开起了杂货店。从前都讲究个名正言顺，店铺叫什么字号呢？

那时，由于刘明远的心肠热，关里的一些乡亲屯邻都投奔他来了，在他的鞋铺旁开了数间小店，刘明远要开杂货店的消息让他们乐开了花，大伙都要上他的"铺子"里占一块地方卖"杂"货。刘明远对大伙说："干脆，就叫它振兴合！"

"此字号咋讲？"

"这'振'吗，是咱们要好好做买卖，振作骨气，发财发运，称为振运气；这'兴'吗，乃是说咱们的命运从此而'兴'，买卖兴，命兴，财也兴；而这'合'吗，是再清楚不过了，就是说咱们大家'合'在一起，图个真正的前程……"

大伙一听，都说："掌柜的，你解得好哇，咱们就叫'振兴合'！"

于是，立刻请人写了字，刻了匾挂出去。大家一致推举刘明远为大掌柜的，他儿子是二掌柜的，各摊买卖是分摊掌柜的。在长春专门经营小百货的大买卖"振兴合"就这样"立"起来了。

振兴合卖小百货"小"到什么程度呢？这么说吧，什么针头线脑、火柴、抠耳勺，东西多小多碎，在振兴合都能找着。刘掌柜的告诉大伙，挣一厘钱也是挣，再者说了，开买卖不能光图挣钱，也得让长春地面上的父老方便。于是杂货店在老宽城子一下子出了名，而且很有特色。

从前，振兴合啥细小的事都干，谁丢了个眼镜腿，少了个小螺丝，鞋上少了两个"鸟眼"，小孩丢了奶嘴，衣裳丢了个扣，大小、颜色、规格，都能在振兴合配上。经营讲究的是童叟无欺，而且"柜上"（售货的服务人员）讲究买卖的职业道德和熟练的业务技能，只要往柜台前一站，来者买东西，哪怕是一分钱的货，也百问不烦。

掌柜的经常领着各摊的业主练"手劲"，也就是接钱付货的功夫。你想，这儿经营的都是小百货，来买的人特别多，而且都是着急的主，付货一定要快。于是，刘明远练就了"一把抓"的功夫。比如买扣，人家要20个，伸手一抓一包，保证20个不多不少。有一回，赶上春天换季，小打忙不过来，刘明远就上了柜台。

随着喊声，刘明远一抓一包，递上去，买主都看花了眼。

有不信的主儿，站在柜台外边打开纸包一数，一个不多，一个不少，佩服得五体投地。

刘明远还会"袖里吞金"的计算术，别人无论买什么，买多少，只要一叨咕，他两手抄袖站在柜台那儿，只是"嗯嗯"地点头，当你说完了，账也出来了。这是他在袖子里手指头"掐"算的。

那时，振兴合是木制的二层小楼，楼上楼下有几百个摊位，全是小百货，每个摊有"摊掌柜的"，全权负责当天的业务，整个买卖的员工都由振兴合管饭。每当大伙房的人喊吃饭啦，大伙往往问什么饭，只要应答"肉馅大包子！"那保准是振兴合昨儿个买卖挣着了。

从前，在老长春一提起振兴合杂货店，没有不知道的。1954年公私合营，长春市里的各种小买卖合并到一处成立了"东北商场"。这是那时长春最大的百货商店。

就是今天，老长春的人们还留恋地说，还是当年"振兴合"杂货全啊！对刘明远的人品赞不绝口：

买的买，捎的捎，

振兴合里随便挑；

买到家里不可心，

还可回头把他找，

路费宿费全报销！

这是人们发自内心对这个老字号的赞誉。

田家当铺

当铺是从前以物易钱的一种金融业，是民间很盛行的买卖，老长春的商埠地有许多家当铺，其中有一家叫"大兴当"的当铺，就是老长春的一家有名而又独特的当铺。

大兴当的掌柜叫田丰秋，河北杨柳青人，清咸丰七年（1857）田丰秋和父亲一块闯关东，从家乡来到了范家屯。田家父子俩人精手巧，不久便开起了烧锅和麻袋作坊，到秋冬还榨油。

同治四年（1865），田家由范家屯迁到长春三道街东口，开了一家当铺，起名为大兴当。"大"是指当铺买卖范围宽广，无所不纳；"兴"是指兴旺发达，有啥来啥，财源广泛。

当年，田家当铺二间门市，四间货库，雇有小打七人，生意红火兴隆。

开当铺讲究事情的奇异和存物的价值，而田家当铺的发迹，得益于田老爷子的眼光和气度。据说有一年春天某日的黄昏，当铺快上板关铺了，老爷子田丰秋正准备和家人吃饭，忽听柜上的小打和谁吵吵。

小打说："不收就是不收！"

当客说："还是收下吧！"

"走吧！走吧！"

"你再看看……"

听到吵声，田丰秋放下饭碗走到前屋的柜台前一看，只见外面的当客将一包衣服推进递货的小窗口，小打正往外推，说："这么破的衣服，谁还收当！"

掌柜的田丰秋觉得奇怪，就对小打说："别推了，拿过来我看看！"

小打把那一卷子衣服捧过来，递给了田丰秋。

掌柜的接过来一看，这真是一件破衣裳，但洗得干干净净，奇怪的是，衣裳的里子上写着"良心"二字。于是掌柜的对小打说："收下吧！"

小打不敢拒绝，问："开多少？"

田丰秋从小窗口向外一看,只见外面的当客是一个20多岁的年轻人,长得很是精灵,只是衣着破旧,显得风尘仆仆的样子。于是说:"给他十两银子吧……"

那人捧上十两银子,千恩万谢地走了。

望着客人的背影,小打不解地说:"老爷,这件衣裳连半个铜子都不值,你怎么还收?还给他十两银子?"

田丰秋打个唉声说:"这人在外准是碰上了难心之事,不然谁肯当'良心'呢?"

这一说,小打明白了,也服气了。

果然,这事让田丰秋言中了。原来,这人是德惠老马家的一个小伙,十年寒窗苦读,如今是去京城赶考,因盘缠不足,便想了这么个招,把衣服上写了"良心"二字当在当铺,日后再做打算。你还别说,这小伙后来考上了功名,在扬州做府尹,回乡省亲时,他知恩必报,给了田丰秋一笔银钱。这事在当年的老长春一时传为佳话。

田丰秋开当铺,奇事怪事都让他遇上了。有一年秋天某日的上午,天下着小雨还夹着小雪,当客很少。这时来了一个人。这人穿着一身破军装,浑身是泥水,用绳子拉着一个东西站在门口,喊:"有当!有当!"

小打问:"当什么?"

那人说:"自己看……"

田丰秋伸出头一看,只见那人拖的东西,又大又长,用一块破布遮盖着。再一看那个人,穿一身破军衣,衣服上尽是弹孔。他走过去揭开破布一看,那人拉来的是一门火炮。

"这……"田丰秋说,"老总,炮不当!"

那人扬起胡子拉碴的脸,瞪着眼说:"谁说不当?你们哪写着不当啦?"

这一问,倒把田丰秋给问住了。是啊,当板的条款上没写大炮不当啊……

那人不理田丰秋,掏出烟袋,抽了一口说:"我这门炮,是从二十里外的战场上拖来的,你看着办吧!"

田丰秋知道,碰上"苍子"① 啦,于是手一扬说:"老总别急!到屋!"

---

① 苍子:民间指有来头,有来历的人物。

那人和田丰秋进了屋。田丰秋命人茶饭酒菜一顿好生招待，临走，还给他拿了十块大洋。这件事也提醒了田丰秋，他在那事之后命人在当铺的条款上写上"兵器不当"的字样，于是这类事再没发生。

在从前，一般的当铺除了写上"兵器不当"外，还要写上更细的内容，如"珠宝不当"等字样。这是因为，如果当铺里没有识珠宝的高手，容易出事，因此许多当铺都有这一条。可是"大兴当"却没有这一条。

当年，大兴当特意从京城请来了一位珠宝鉴定家坐柜，人称"琉璃眼"。这人当年也就四十多岁，据说是五辈的识珠宝世家了，连吉林乌拉街打牲乌拉衙门给朝廷送的"贡珠"[①] 也要由他先过目才行。一时间，大兴当的名声更加兴盛起来。清宣统元年（1909）时，大兴当已由五间门市扩展到十间，当铺的分号分别在农安、德惠、范家屯、船厂（吉林）设立起来，成为老长春很有名的当铺。

大兴当的出名，与田丰秋的眼灵、头脑活不无关系。他为人善良，喜欢参与社会上的种种善举。

民国十四年（1925）一月十九日，枪毙驼龙。这驼龙是个出名的女匪，辽阳太子河畔人，早年也是良家妇女，后来被一个叫于大神的诱拐，卖给了长春"玉春堂"窑子当了妓女，再后来被土匪大龙赎出入绺当了压寨夫人。以后大龙战死，她出任匪首，后被官府所捉。由于她年轻漂亮，行事仁义，人缘好，刑车每到一处，各买卖家都给她送吃的，送这送那。当刑车来到大兴当门前时，田丰秋命人翻出一副"死号"[②]的玉镯子，亲自送给驼龙，说："姑娘，戴上！"

驼龙说："什么呀？"

田丰秋说："大兴当送你的镯子！"

……

在长春民间，提起有名、有故事的当铺，还是首推大兴当，因为这里发生过讲也讲不完的故事。

---

① 贡珠：当年，松花江盛产珠子，称为"东珠"。打牲乌拉衙门专门负责采办这种珠子送给朝廷，称为"贡珠"。

② 死号：指当铺里的当物过期，主人失踪或死亡，又无其他人代为赎回的物件，称为"死号"。

王家鼓乐班

在鼓乐班老字号当中，王名君家鼓乐班最出名。那时，王名君家住在长春二马路东，"望火楼子"一带。说起王名君的出名，不能不提到他的师傅施连贵。施连贵何许人也？

河北省乐亭县有一户人家姓施，几辈子都是吹鼓手艺人。有一年，关内大旱，施老爷子就领着全家老小来到东北，在长春落了脚。当家人施连贵没有别的手艺，就开起了鼓乐班，又叫鼓乐铺。

鼓乐铺属喷字行。喷字，实际应为"喷子"，喷子就是"喇叭"。吹喇叭时要用气，所以叫"喷"。专门以"喷"为职业，并通过喇叭奏出的调来表达内容的行当就是"喷字行"——鼓乐班。

鼓乐班的主要活动就是在民间的红白事时到雇主家里去做吹鼓事项，俗称"上买卖"。

一种是谁家有了红白事，派人来邀请鼓乐班。虽然认为吹鼓手是"下九流"，但来邀请的人也要客客气气的。一般是进屋（鼓乐班有固定地点，门口往往挂个鼓，下边系条红缨；还有的挂个喇叭或钹，下边系着红穗做幌子），先施礼，然后说"烦请师傅出趟买卖"，鼓乐班的人也就明白了。红事，来的人喜气洋洋；白事，来的人往往愁眉不展。所以不用问，只是说"好，不麻烦。要几个人手？"对方会说四个、六个或八个。

这四个人是一般的队，六个人或八个人就是"大买卖"，价钱高，要求吹啥就得来啥。于是双方讲好价，当时背上家伙就跟着来人走了。

还有一种是办事的人家事先请，提前到鼓乐班"下请"。

"请"，是一种类似现在请柬的东西，上写办事的日子和客气话。"下请"的人家一般都是大户人家，"请"写得地道，文清字秀，光耀威风。被下过"请"的鼓乐班是感到非常荣耀的。

还有的提早到班上来写"请"。鼓乐班的墙上挂着数片"请牌"，上面写着某年某月某日，谁事先定了"请"。如果哪一天的小牌翻过去了，后来请的人，若见墙上的小牌都翻完了，只好另找人家。

从前，有名的鼓乐班，特别是班里有"高手"的，墙上的"请牌"往往一直翻着，根本腾不出空。

"下请"，要先下定钱，一般是先付三分之一的费用，以免被别人拉去。提前下"请"的一般都是红事，到时候准来人接。

还有一种就是鼓乐班"上买卖"。这样的班往往是活计一般，买卖太少；也有的是知道对方大肆操办红白事。若能去上，既可扬名，又可赚大钱。

那时，鼓乐班的主要活动是每天在"请"中奔波、周旋，以便在地面上站住脚，使地方上承认，民间认可。

鼓乐班信奉的祖师是"大耳金光仙"，黄色的脸膛，灰色的帽子，帽翅竖在头上。

这张"班谱"挂在掌柜（师傅）屋里的西墙或北墙上，路过的同行或新入班的小徒弟都要来祭拜。

路过的同行如果想在班里弄碗饭吃，见过掌柜后把喇叭套子（棉布做的兜）摆在"大耳金光仙"的供桌上，然后跪下磕头。

"弟子路过这儿，想站几天。"

这时掌柜的往往说："起来吧。咱们是有福同享，有难同当，大伙儿一块闹吧……"

来人又对掌柜的施礼，说声："报谢！"

有时人手够了，掌柜的要说："啊呀师兄，我给你安顿好了，下个买卖有你。"

一听这话，来者就明白了。来者就要说"行！我别处还有个买卖"于是起身告辞。这个班要送给来人一点盘缠，多少不说，略表心意。但千万不能说"够了！我们这儿喇叭还多余呢"这样的话。

这"够"和"多余"都是不吉利的话儿。

新来的小徒弟，在师傅的引领下拜跪大耳金光仙祖师，磕头、上香、认祖。

然后，新徒弟就跟着师傅或鼓头练"套子"。这套子就是出买卖要吹奏的全部套路。红白事套路略有不同，但大同小异，必须学会一套路数，然后根据红白事的具体要求再加玩意。

套路一般是这样的：

开场报门曲，一般是《工尺上》，吹打三通。第一通《工尺上》，先吹号，大约半袋烟工夫；再奏《工尺上》，还是先吹号，还是半袋烟工夫；第三通要变吹《柳河音》，连续吹几个反复，半袋烟工夫多一点儿。最后收尾，还是《工尺上》，但要吹得火爆、热烈。

出徒以后，年节给师傅送礼，再往下学，主要是"牌子曲"。牌子曲有《燕落》、《四破》、《过江》（大曲牌）、《四来》、《折鼓》、《一条龙》；还有汉曲子《上山》《下山》《游山》《花山》《赶山》《五音歌》。这汉曲子是南方的，比牌子曲长而且难记，极易走板跑调。

曲牌学得差不多时，就该练"卡"了。卡是鼓乐班里的绝活，也叫"小活"。给谁家上买卖，看热闹的都等"小活"。这小活是班里的拿手活，只有掌柜的或少数几个"能人""高手"玩得来。小学徒以后有没有出息，关键在于他敢不敢照量"卡"。卡的风俗和规矩有很多：

开始，鼓先叫点。鼓打的是花点，热烈火爆。这叫给卡"铺道"。然后锣鼓齐鸣，小喇叭、笛、胡琴、二胡、京胡、笙、大管等齐响。渐渐地，这一切调门小了、远了，突然，"卡"开始了。这叫给卡"让道"。

卡调在众调远去的时候，以清脆悦耳的声音突然奏响，立刻使人振奋起来，仿佛世界大了，天高远了。

开卡往往是《海青歌》。海青，是指海东青。这是一种猛禽，从前北方民族用它来狩猎。这也是对英雄历史的歌颂与怀念。曲调动听无比。小喇叭碗子卡一遍，大喇叭碗子扣在小喇叭碗子上再卡一遍，然后换卡。

换卡，就是用别的家什替换，如葫芦瓢、大海碗、小酒盅、烟袋锅等等。曲调也不断地更换，什么京剧、评剧、坠子、落子……

然后是生活"卡"。如鸡出窝，下蛋的叫唤，别人抓鸡，老抱子追小鸡。再后是嗓子眼里含一个哨子，单用嘴卡。

最后，锣鼓如初，热烈火爆，卡音在锣鼓中渐渐远去……

光绪二十七年（1901），王名君家从河北盐城县逃荒来到了长春。因他聪明，看看别的手艺不行，干脆就自悟出了吹鼓的手艺，也搭起了一处鼓乐棚，人称"王家鼓乐班"，而且他的进步很快，不久便在长春地面上出了名。

当年,王名君有了名气,人也年轻,买卖好,气也盛,他就给自己起了个绰号,叫"天下第一吹",并把这几个字写在钱褡子上,四处去"上买卖"。

这一年,长春有一家大买卖人家的儿子结婚,王名君背着钱褡子就去了。当时,有四伙鼓乐班已被人家邀请去了,王名君也没问一问对方,坐下就开板,光听观众叫好,不问同行满意,这多少有违江湖上的规矩了。也难怪,因为他当时正"红"啊。

这时,坐在旁边的一个老爷子问话了:"小伙,你是天下第一吹吗?"

王名君说:"不敢当,是我!"

王名君又问:"您是?"

那人说:"在下是乐亭施老幺……"

王名君一听,心下一惊。因为吃这碗饭的,彼此都知道。但在一个地面上,平时没见过面。王名君当时名气正盛,于是说话就过了头。他说:"啊!学生想'请教'一下!"

这人正是河北鼓乐手艺五代传人施连贵。今天是太让他生气了,因为王名君办事不地道,坏了规矩。

在上买卖时较上劲,就是"对棚"。

对棚是鼓乐班的行话,就是两伙人比真功夫。比的人挨累,看热闹的人高兴,因为要有真本事露面了。当下,施连贵说:"先生,您先来!"

王名君说:"好吧!那我就献丑了!"

于是,王名君开板先来。他的功夫也叫绝,一口气吹了九个曲,音不走,调不哑,而且尽是花点,吹得百姓连连叫好:"真是天下第一吹呀!"

轮到施连贵了。只见施连贵把小棉袄轻轻脱下去,大冬天他光着膀子吹开了"山峰"。这山峰是民间的名调,最易走音,全是花舌,而且吐气走气不能有丝毫含糊,一般的吹鼓艺人不敢照量。可是施连贵不但敢吹这个曲,他还把喇叭杆和喇叭碗子分别拔下来吹,又叫"小打"端来两碗水,一个肩头上放一碗,他在地上转圈地吹,水却一点也不洒……

接着,施连贵又把喇叭插在左右耳朵里吹,而且十分动听。王名君听傻了、看愣了。

等施连贵结束山峰调，王名君知道败了。于是，王名君上前一抱拳说："前辈，我服了……"说完，他摘下了"天下第一吹"的褡子，递给了施连贵。

施连贵也是很讲究的人，他说："兄弟，谁还没个马高了镫短了的时候！这个字，你还戴着，今后咱们也算有了缘分……"

王名君含泪收回那褡子，要拜施连贵为师。可是，施家有规矩，不收外姓人为徒。可是王名君铁了心，从此跟着施连贵，靠"硬听"（偷艺）"拜"了师，吹鼓技艺大有长进。

1948年，施连贵一家到四平范家屯落了脚，领着儿子施瑞普和孙子施凤桐继续干吹鼓买卖。

王名君的鼓乐班一直传承至今，成了长春鼓乐界的老字号。

侯家戏园子

在长春，提起出名的戏园子，众人往往异口同声地公推新民胡同的老侯家戏园子。

侯老爷子是河北滦县人。清咸丰七年（1857）滦河发洪水，淹死了成千上万的穷苦百姓。侯老爷子一看日子过不下去了，就领着一家人闯关东。

侯老爷子的二儿子叫侯景宣，从小聪明伶俐，每到一处，爹娘一住下，他就上集市去要饭。他看到一个民间艺人边唱小曲边要饭，于是就和那人学上了。一来二去的，他就学会了一些段子，而且口才又好，记性又好，于是靠唱曲讨饭养活爹娘了。

清同治四年（1865），侯家在长春落了脚。

侯家落脚地已是老长春的一处"热闹街"了，每天晚上，四面八方的游人络绎不绝地集中到这儿来，许多摆地摊、变戏法、相面、算卦、唱小曲的也都聚集于此。侯景宣头脑灵活，他在外边转悠了一圈，回家细细一想，干脆自己弄个场子。一是可以挣钱，养家糊口；二是也成全了那些露天卖艺的。

景宣和父亲一商量就在自家的房场上经过扩展，逐渐扩展成三间房子，占地面积约二百平方米，变成了挺像样的一个戏园子。

戏园子一开张，便受到长春百姓的喜爱。一是，这里是居民区，每天晚上闲下来可以来这儿听听戏，放松放松；二是，票价便宜，来的很多人都是平民阶层的戏迷。

还有一个重要的原因是花样多，除了京戏、评剧外，还有长春民间出名的"角儿"表演坠子、"东北大鼓"、"二人转"、"变戏法"等等。

当年，来新民戏园子"赶场子"的就有出名的变戏法大师张耀庭。

张耀庭祖籍热河（现内蒙古的宁城），6岁便和一个流浪的戏法艺人学变戏法。当时，侯景宣看张耀庭在街头上"摆地摊"变戏法，风吹日晒挺辛苦，就说："耀庭呀，你别在外边跑啦!"

"上哪儿?"

"进我的园子吧。"

"那太谢谢你啦!"耀庭千恩万谢。

"可您，得拿出绝活儿!"

"掌柜的您放心吧。"

从此，侯家戏园子就多了一个节目——张耀庭戏法。

张耀庭的戏法十分新奇，拿手的有"九连环""仙人摘豆""空碗取金""大变活人"等。

九连环真叫人佩服。只见九个环套来套去，轻轻一抖，"哗"的一声全开了。有不服气的在台上累得满头大汗也解不开。

仙人摘豆更奇。几颗黑豆眼瞅着他吃进了嘴里，一晃头，那些豆从耳朵眼儿里出来了。观众刚叫声好，突然，豆却在观众的兜里了!

有时来看戏的喊："先让耀庭出来!"

于是，人们"点"戏，"点"节目。点，就是来的人点某某上场，在一般"场子"（戏园子）是办不到的。当年出名的"武生"孙玉楼、"三花脸"孙玉昌都是新民戏园子的名角。每天下晌戏园子门口就挂出牌子，上写晚上某某登场子。

这里已成了长春老商埠区一个"热闹"去处。

在戏园子里还有"飘手巾把"的师傅，手把活极佳。此人姓常，名汉邦，河北昌黎人。闯关东在新民胡同落了脚，后来在侯家戏园子"跑园子"，侍候场子。

跑园子，就是在戏园子里从事服务的。

那时，戏园子前几排是"茶围"，一桌一桌的，上茶水、瓜子、糖果、老烟（民间土烟）、卷烟（洋烟）等，后边则是散座。但来的都是客，都要热情招待。

一开场子，常汉邦就忙个不停。

这边喊："汉邦!来盒老刀牌香烟!"

那边喊："喂!来个手巾把!"

"好嘞——!您稍候——!""就来——!接住——!"随着喊声，一条条手巾把在空中"飘"过去了。

这飘手巾把是绝活。在戏园子，你不会飘手巾把是吃不了这碗饭的。只见常汉邦站在一侧（如果站在中间过道上，往往挡住后边人的视线，也显不出自己的水平），只要听有人吆喝，他立刻飘出手巾把。你看吧，那手巾把在戏园子空中走"花"线。有的时候，两三个人同时要，他会同时抛出去。他抛的手巾把，在空中各走各的路线，上下不碰，前后穿行，会拐弯掉头，真是绝了。许多人不是为了来看戏，倒是想欣赏常汉邦的绝活。

几年下来，他有了一些积蓄，把老人也从关里接来了，还娶了媳妇成了家。

当年，新民胡同就像北京的"天桥"，手艺人、卖艺的，都要上新民胡同来亮亮底，如果在这儿站不住脚，在长春就别想混到饭吃。因为这儿的手艺都讲真功夫。

出了这儿往北，就是附属地了，什么"新京会馆"、扇芳会馆、你的家，还有俄国人歌厅露西亚屋，但中国人就爱到新民胡同来，因为这儿有自己的娱乐乐园——新民戏园子。

侯家戏园子是名副其实的老长春人的乐园，1931年九一八事变后，日本人在长春兴建了不少娱乐场所，可是中国人还是喜欢新民胡同的老侯家戏园子。

1945年6月，新民胡同老侯家戏园子着了一场大火，把戏园子烧塌了。有人说是看园子的老更官烤地瓜时燎着了台布，还有人说是日本人放的火……到底怎么回事，谁也没搞清。后来，侯景宣又重建了戏园子。

长春解放后，侯家戏园子仍是老长春的重要娱乐场所，一些"名角"来长春都想在这儿露露脸，并以能在这儿登台演出为荣。

兴隆山陶瓷

提起兴隆山，人人都知道这个地方出陶瓷，而且有著名的老字号兴隆山陶瓷作坊。是谁最早开的这个陶瓷老字号作坊呢？

兴隆山陶瓷作坊的历史和长春建城的时间差不多。

清嘉庆四年（1799），有两户闯关东的人家从山东临清走到这儿，觉得这里是风水宝地，就决定在这儿安家。这两户人家，一家姓裴，选定了岭前，取名"前隆山"；另一家姓张，选在岭后居住，取名"后隆山"。

此后老裴家越过越富，人财两旺，成了"前隆山"的大户人家；而张家呢，日子总是不见什么起色。

一天，张家当家的一大早就起来捡粪，远远地看见一个人在"后隆山"周围转悠。张家当家的感到奇怪，就走过去请教。这人自称南方来的，说此地有宝。

当下，张家当家的就把南方人领回了家。酒过三巡，菜下五味，南方人对张家人说："实不相瞒，你家门前这条土岭可不寻常，这是一块风水宝地呀。可人家裴家占了龙头，所以他们家族兴旺，日子越过越好；而你们家住了龙尾，所以日子平平，不见什么起色……"

张家当家人一听，忙问："可有什么方法改变吗？"

"有啊。"

第三天夜里，当天上的星星出齐了，月亮也开始圆了，南方人在山岭上烧上香，念念有词地作起法来。这时，张家二三十个年轻人，手拿铁锹和镐头，按南方人的指点，在岭上的一个地方挖开了。

没有不透风的墙。张家挖龙脉的消息传到了裴家耳朵里，裴家的年轻人一听，这还了得，就拿着家伙赶来了，双方眼瞅着就要发生一场械斗，这时裴家的老人赶来了。

裴家老人向张家当家的细说了裴家和南方人的过节经过。张家当家的才知道上了南方人的当。

于是赶紧把裴家当家人叫过来说："老裴大哥，你看这是挖出什么啦？"

裴家当家人见识广，他一看说："啊呀！这是陶料！"

"什么是陶料？"

"这是烧窑制陶的好土！"

"有什么用呢？"

"可以开窑，烧陶啊……"

两家一商量，在此地开窑烧炉制陶，这是老天赐给的生财之道啊。既然这龙山出了陶料宝土，也是隆兴之地，就叫它"兴隆山"吧。

从此，兴隆山这个名字就叫开了。

兴隆山陶窑作坊从前主要出大小碗和杯子什么的，这是因为北方人吃饭用大海碗，这种碗有盆那么大，边上画上蓝道道，很厚实。

一到大年跟前，各乡屯的大车一车一车地上兴隆山陶瓷作坊来拉碗。

提起兴隆山的陶瓷生产，那还是很有趣很复杂的一件事呢。

陶窑的生产首先是取土。取土又叫选料。选料主要是把各种"陶料土"分解出来，按不同的品种选定。如"观音土"、妙岭黏土、庙土子（又叫观音泥）、"水曲柳黏土"，吉林永吉出的"烟筒山黏土"，都适合做陶瓷。

最贵的是一种叫"苏白土"的黏陶土，这种土从前是在有大海的地方，后来海干了，露出的土，又叫"海底子"。据说只有海南岛有，里边含有水晶，十分的珍贵。

河北唐山出一种"子目节"土，也很珍贵，但产量低。

所谓的取土，就是把各种"土子"集中在一块，然后分门别类，决定取舍。

土取来后，接着是粉碎。

粉碎又叫上砣子，是指把泥土中的杂质压碎，筛选出来，剩下的是细细的土粉。

粉碎包括掺和，是指把各种土料掺在一起，然后粉碎混合在一起。使用的工具叫大碾子。这种碾子双轮，料放在深深的碾槽里，然后将掺合好的料压碎。所以称"上砣子"。

干砣子活的人往往是出名的石匠。砣是有弯度的，最大的一半长约两米，石头呈直形，对在一块儿是弯形。这活由石匠出身的"砣匠"干，他先用水泥把碾子贴上，掉一块也不行。然后里边贴上石头蛋子（主要是江边鹅卵石）。通过上碾，大砣子把料里的铁吸去。

接下来就是洗泥，又叫"练泥"，是指把砣子压好的陶料泥土放入一个个大缸之中，用碱水来浸泡。泡到一定时辰，泥的不同质地便混在了一定的层次上，这时陶工将泥用泥刀一片片起出，放在案子上，用脚去踩。踩泥像揉面一样，当泥变得十分柔软时，再投放到缸中，像前面的过程一样再浸泡一定的时辰，然后再取出，再踩。这种反复揉制的过程，称为练泥，顾名思义，把泥不断地揉练。

这种练泥的活很累，一般都是刚来窑上的小打干，不学会练泥，是当不了陶匠的。这是和泥土打交道的陶窑作坊中的一个重要环节。

练好的泥，要装入镀匣内。镀匣是一个一个的木坯子，各种形状或方或长，每个匣里所装的泥，要和分别制作相应用品的比例相同，以便掌握泥的使用情况。

当练好的泥从土缸中取出时，要先放入一个叫"泥虎"的机器里边。泥虎有一个口，当人在外一送压力，那绞好的泥便从泥虎嘴里喷出来，这时，装镀匣的人手拿一把泥刀，对准从泥虎口中飞出的泥龙，一刀一刀切下去，每一刀切下正好够装一个镀匣。然后再把镀匣中的陶泥一匣匣取出，往陶车子上放，陶窑作坊工人便可以开始造型了。

造型是把陶泥做成各种泥坯成品。如碗，当陶车子一转，陶匠把一团泥在中间打个眼，然后一点点加力，于是泥越来越薄，渐渐的碗便形成了。如果制作圆的东西，陶车子可以不转，陶车子面就成了一个工作案面。

如果陶作坊是做白瓷大碗，就一律用白釉。把一大缸白釉盛满，陶匠手拿一只泥坯碗，往白釉里一沾，然后在里边一转，使白釉均匀地挂在碗上。如果是别的颜色，就分别放在盛不同颜色釉的缸里。

釉分多种，如白釉又分水白釉和油白釉等，但大抵用水白釉，水白釉晶莹、发亮，很是精神。

最难的是荡釉阶段的挂彩釉，就是在白或别的釉色之上再添其他的颜色，这需要经过多次回炉挂釉（或叫彩绘挂釉）才能最后完成。这往往是挂完底釉后，在炉中把底釉烧定，然后取出，再在上面绘上主人所需要的各种彩釉，再上炉烧。这时，烧窑之人要特别有技术，火候不能大也不能小。火大了，釉彩便"飞"了，白绘了；如果火劲小了，釉彩烧不住，等于白烧白绘。

关于荡釉和烧窑，民间流传着许许多多凄苦而动人的故事。

就说"祭红"吧。有这么父女俩烧窑，老父手艺超群，惊动了朝廷，皇帝限期让老人家烧制出一种和血一样红颜色的器皿。时间一天天过去，窑中的器皿就是不变红色，女儿为父亲着急，于是在一天深夜，一个人在窑外默默地祈求上苍，保佑爹爹能活下来，哪怕自己献身。她想着想着，于是自己一头扎进窑中。说也奇怪，窑里的器皿顿时变得鲜红一片，而且闪闪发亮，是任何颜色也不能代替的。

父亲知道，这是女儿的心哪。从此这个动人的故事就在民间传开了。

再谈谈码窑。码窑又叫满窑。满窑时，地上要放龟石粉，防止坯模之间贴上，因码窑时间长，坯本身有压力，时间长了不开炉，坯易走形。码窑时讲究隔烟、隔火，不让火过强地刺"釉子"，这叫匣波。匣波离窑顶的高度有一定的数，不能高，也不能低，一般是在一米高左右。如有"坏波"，不能充分达到走烟过火的地方和角度，碗具便会出现"黑点"。这叫"带火匣"了。指"波"没码好。

满窑时还要分不同类型的窑来"摆波"。如是倒烟窑，摆波就要高低适当，粗细适当，留足充分的烟火走向空间，这样烧上火后，火一上去，不一会儿就会返回来，然后再走大烟囱。如是"面头窑"，摆波要外齐、里立，便于烟火先大燃，再向里冲送。满窑是累活，又是技术活。一般的窑，泥坯得摆三米多高，如果底下的第一层基础不摆好，容易"倒窑"。

出窑时虽然经过了冷却阶段，但里面的温度还在七八十摄氏度以上。出窑工通常在棉袄上浇上凉水，一披就钻进去。取一趟货出来，就像病了一场。

满窑时，窑工要用梯子往上找"波"摆放，而开窑时同样要用梯子往下取货。

从前，兴隆山陶作坊还烧过大缸，又沉又重，一个人上肩根本扛不动，得两三个人一起搬。

20世纪50年代，兴隆山陶瓷厂（从前的作坊后来公私合营了）生产出一种"竹节杯"，一下子在长春市场上走俏，几乎成了家喻户晓的陶瓷艺术品。设计这种竹节杯的就是大名鼎鼎的老陶匠王治国师傅。竹节杯在庆祝中华人民共和国成立十周年时还被送到北京人民大会堂的"吉林厅"展出过呢。

如今，兴隆山陶瓷厂仍是长春著名的老字号企业，在长春人民心中占着重要的位置。

谷家染缸坊

染缸坊又叫染坊，是中国民间一种古老的印染作坊，主要是把家织的白布染成需要的颜色。在长春最出名的染缸坊是德惠菜园子的老谷家染缸坊，当家人叫谷运田。

谷运田，山东济宁府人，光绪二十五年（1899），随爹闯关东来到德惠菜园子落了脚，从此以种地为生。

谷运田天生聪明、心灵手巧，在种庄稼的同时，也开始种靛。靛，是一种染料。从前，染缸坊要印染就必须有染料，染料是从这种叫靛的植物中提炼出来的。这要靠染坊的东家自己去种，或者到民间去收。靛的播种、收割、制作（民间又叫打靛）是一种十分复杂的工艺，稍不注意靛就出不来，染坊就无法开业。而德惠菜园子是历史上有名的"靛"的产区。这儿有一座被百姓叫作"染料山"的地方，特别适合靛的生长。

靛往往长在泡子沿上，样子有点像北方平原上的荞麦，结小黑籽。靛草的叶子像一种叫"酸巴浆"的植物。后来许多农人就把野生的靛移植回地里或园子中加以耕播，一家种上十几条垄，足够染衣染被面儿用了。

靛往往是在春天芒种前后开始播种，夏末秋初靛垂花出穗，这时就要割，不能等靛成熟，因为一成熟，靛秆发硬，就出不来靛染色了。割靛时要注意留两垄，这是等籽成熟了明年再播。

在从前的二十四节气歌中就有这样的句子：

> 立秋忙打靛，处暑沤麻田。

打靛，就是指割靛后的技术处理。割完后，把靛捆成碗口粗的捆子，然后拉回家，一排排地装进事先垒好的靛池子里，上面用石头一压，使其不漂起来，接着放水沤泡。

这些日子里，农家的屋前房后、空气中到处飘荡着浓浓的苦香味儿。小孩们会跑着喊"打靛啦"。

沤泡几天后，靛的叶子、外皮都沤烂了，这时就开始搓靛。搓靛是要进到池子里揉搓靛秆，完全用手工，把靛皮搓下。这时，就像豆腐坊做豆腐一样，先从池子里把靛舀到包上，往大缸里过包。只把靛水舀进去，把杂质滤出来。流进缸里的水是灰蓝色的，这就是靛浆。接着开始打靛。

打靛要用一种靛耙子，就像农村下大酱时用的打酱耙子一样。打靛的缸水里放进去一种"灰水"，然后上下打动。放灰水是民间的发明。那种灰又叫小灰，是农家灶坑里的柴灰，又细又沉，放在盆子里泡成水就形成了灰水。把这种灰水不断地往靛缸里加，经过上下打动，使灰水起到澄清作用，这才能把靛沥出来。

经过打的靛，渐渐沉入缸底，而缸上边的水清清亮亮的，这时开始撇缸，也就是把靛缸上边的清水撇出去。所说的靛，其实就是沉在缸底的那一层东西。

经过"打"后的"靛"，还要进行"发"，民间俗称"发靛"。

发靛是染布前必做的事。把靛倒进一口缸里，开始加热，每天搅动三到五次，半月后，当发现缸里的靛上的沫有花浆了，靛就发好了。

染坊的掌柜必须会看靛花，靛花出不齐，不行。染出的布不挂色或挂不匀。染时染一遍不行，得染好几遍。

从前染三匹布要用五十公斤靛。一匹大布能做四床大被，两床褥子，一个门帘。

土法打靛是用杨铁叶子的根来熬。靛放进石头凹子里，三天一搅，靛像粥似的。打靛和染布都得赶好天。天空晴朗朗的，万里无云，农家就可以打靛染布了。妇女和孩子们在各家院子里穿梭来去，议论着染出布匹的质量，这是一道独特的农家风景。

每到秋天，谷家染缸坊就开始运作染坊事了。谷老爷子先在染坊里供上"染神"（葛洪）的像，然后挑来一缸清水，开始打靛，染布。

染布的日子在农村就像是盛大节日一样，上面说到除了姑娘媳妇相互走动、探讨染布的技艺外，就是互相串门，接触人。

宣统二年（1910），谷家染坊是一年四季都开着的。他家的大染缸温度很高，染池子里的料水总是翻开着的。从池子里捞出的布，直接挂在作坊的挂绳上，并不断有人拉动挂绳，使染好的布料不停地调动位置,这样既干得快,又染得均匀。

把白布染成黑色或蓝色并不是最终目的,巧手的女人还要把布印成花,这就要人们有"版"了。

版就是一种模子,往往是用牛皮、纸壳或薄木板刻的。染坊里有时有现成的版,用时要去租,但有些农家租不起这种版,她们往往自己来做。

农村家家有的麻花被褥,就是巧手的女人们自己刻版印制的。她们仿造麻花的样子,用硬纸剪出一些花,然后把印花贴在布上面,再把家家都有的豆面撒在上面,让细细的豆面顺着印花的图案漏下去,于是布上就形成了"花"。

这些豆面贴在"花"上,然后撤去版,便开始"洗花"。

洗花就是洗去豆面。这是一种细致活儿,往往是一些心灵手巧的姑娘媳妇们干的。那些贴在"花"上的豆面洗掉后,布上的花就十分漂亮地出现了,于是一床农家麻花被就印成了。

谷家染坊虽然有名,但当家人谷运田为了染出更多的花样,他每年都及时从"云盛德"字号里借版。

借版,民间又称为租版,这也是印染的一个重要过程。

这时,村里的男女老少像送亲人远征一样,在村口送他。两天之后,当家的准从松花江镇子回来,身上背着借来的版。姑娘媳妇们整天挤在谷家染坊的炕上,翻看那些版,挑选着云字版、麻花被版、菊花版、喇叭花版……这些制版人,大多来自江浙或天津的杨柳青。他们卖版、租版、借版挣了大钱。

1951年,谷运田老爷子过世。他的儿子接手开染缸坊,每年秋季,生意十分红火,在德惠一带一提起来,人人皆知。

今天提起来,人们还会说,长春一带的染坊还得说人家老谷家呀。

一首东北民谣唱道:

> 秫秸叶,哗啦啦,
> 小孩睡觉想他妈;
> 乖乖宝贝快睡吧,
> 醒来领你上老谷家;
> 包上一条麻花被,
> 喜得全家笑哈哈。

张家纸坊

从前,长春著名的纸匠是张友,他在老宽城子那是大名鼎鼎的了。

张友是山东掖县人,清宣统元年(1909),他爷爷领着一家子闯关东来到农安落了脚,后来开起了张家纸坊。

做纸,先要把原料粉碎。原料往往是蒲棒草、苇子、绳头子等东西。这些原料或用刀切碎,或用碾压烂,或用石锤砸烂,然后收到一个大石碾子里。

这种大石碾子是一个立起来的碾轮,轮子立起来可以使碾子压力大。

往碾盘里放原料前,先要把原料洗净了。

放进去后,再加水。边压也是边洗的过程。当水漫过原料后,往碾槽子里放白灰(生石灰)。生石灰要是块状的,要一大块一大块地摆在碾槽里,一般一百斤料末子放十四斤石灰,这叫"洗碾子"。要用石灰把料洗净,捞出来后,再放到另一个碾子里。不然纸里有了灰,就再也去不掉。

倒进凉水后,用二齿钩子将料摊开。然后用马拉碾子碾压。大约十分钟,打开碾槽眼,料麻的浑水就会顺着碾盘的槽眼淌出去。麻不许捞,只能"淌"。

从碾槽里淌出的麻水,流进一个池子里,然后纸匠开捞。

开捞,就是把淌进池子里的麻捞出来,装进一个个大耳朵筐里,让水空尽,形成一个一个的"坨子"。

然后把"坨子"抬到锅里,上火蒸。

蒸纸用的是一个大锅台,灶坑里烧着旺旺的火,灶上的锅里烧着翻花的开水,一条大铁链子吊着一个转圈箩,纸匠开始把"麻坨子"往转圈箩上垛。从第一层开始,一直垛到一人多高。这时要开压。

开压,是把纸垛子码齐,不要有缝儿,然后使两根大棍子,四个人上下左右地压，再用杠子来砸，使其不透气。

这时扣上屉罩，开蒸。

开蒸后，一定要保持全上气。每当全上气时，麻锅就会飘出一股味道，有些酸，有些甜丝丝的，十分诱人，这时才能算是"蒸好"了。

麻纸蒸没蒸好，全靠鼻子去嗅。

这时，管蒸纸的老纸匠早把自己抽的烟掐掉了，他猫着腰，在锅台前走来走去，鼻子不停地嗅着。这种锅台在地中央，往往两三个大锅同时蒸。为了调整灶里的火势，他不停地喊：

"加桦子！"

"撤桦子！"

什么时候算蒸到份儿，全靠纸坊技术大柜一句话，全凭他多年的经验。他说一不二，小初打[①]不敢插言。

张家纸坊、齐家纸坊的大柜，还有鲍家纸坊的傅胜春大柜都有一套判断蒸麻的绝招，就是靠"嗅"。

蒸麻时，小初打们准备好木料桦子，堆在灶坑前，低头烧，大柜不说停，就得加火。

直到大柜从飘出的味儿里嗅出了酸酸的、甜甜的味儿时，他才发出最后的命令："好！不用烧了！"

"撤火吗？"

"撤！"

于是，小初打们立刻把没烧完的大木桦子拖出来，如果火还不熄，就往灶里洒凉水，把火浸灭。

蒸一锅麻，往往是一千五六百斤的料，而烧的桦子有一百四五十斤；如果烧煤，得用一百一二十斤。

蒸完后还要压。每一个纸匠都知道，这是一项极细的活计。从锅里抬出的麻要送到另一台碾子里。碾子也是带立槽的，立着走，边压边放水搅。

那种大碾子槽又宽又深，一碾沟子麻能有两百多斤。这是很费水的活计，边压边洗。几个"小初打"轮流挑水，大桶半人多高，紧赶慢赶

---

① 小初打：东北民间指干活时年龄小，刚开始干的小伙计。

还不够使。

纸作坊必须离水源近。因为边洗边换水,直到使麻水的白度像新棉花一样才行。洗好的麻水,要让其流进"线"里。

"线",就是一个池子,也叫"打线池",一般的纸作坊都称这种池子为"线"。

接下来的工序是"打线"。这是从前留下的一种造纸的生产方法。"打线"这个活别有特色。打线的人,手拿一个二尺半长,顶上带有半个弯,还带个磨茬的东西,也有叫"沙拉子"或"沙拉刺"的,开始打线。打线是累活,固定要打 3600 下。

纸匠们围在"线"(池子)旁,挥动手中的工具"唰唰""沙沙"地打线。

那是一种奇妙的音乐。齐整的声音飘荡在北方无垠的原野上,给东北的天地增添了无限的美感。

经过打线沉淀一夜的水,第二天开始捞。捞纸是技术活儿,讲究计件。俗话说,晒纸容易捞纸难。捞纸讲究手劲儿、心劲儿,还要有好体力。在池子旁,一站就是一天。所以有歌谣唱道:

纸匠纸匠真够呛,
寒冬腊月睡不上热乎炕。
一年到头水里泡,
到老啥病都作上。

纸从池子里捞出来,在帘子上一张一张揭下,然后码在池子旁,当够一定数,就用"压码"压上。

压码是一种利用杠杆原理制成的一种挤压工具,一头拴上大石头,使另一头增加压力,利用压力尽量压干。第二天早上略微有些潮湿。于是,小打用车把纸推到"风墙"里去晒。

风墙,是用立砖砌成的四尺宽的墙过道,上边秫秸苫着,晾晒纸时,揭开上方的秫秸,使风和阳光透进来。小打把纸一张一张贴在风墙上,让纸自然风干。如果天气好,几袋烟的工夫纸就可以干了。

"捞纸匠"组成的生产劳动集体,有极严格的规俗。

从前纸匠行有句俗话,"纸匠关里关外走,只带着自己两只手"。意思是有这个手艺,走到哪儿,一提就能吃饭。对于纸匠,要有规矩,师傅说师傅话，徒弟说徒弟话，不能不分里外、大小、上下、尊卑，这叫"开事"。

比如一个纸匠来到一个地方，先问懂行的人：

"这街哪儿有纸坊？"

"南街有。"

"我上南街。"

他不能和别人多说什么。这叫不知者不言艺，要拔腿往南街纸坊走。

到了那儿，一看纸坊的哥几个都干活呢，就要"报身份"。报身份，不能自己公开说自己，要"艺"说。艺说，是指说得巧，说得谦虚和地道，说得在行、在伙。

如果曾在别的纸坊当"大纸匠"（师傅）的，开口要问："哥几个，师傅好！"这就报明了自己是"大纸匠"。如果是当"小伙计"（徒弟）的，开口要问："师傅都好！"这样，大伙也就明白了，你是小徒弟。

接下来要介绍职业。

别人问："在哪儿发财？"

回答说："水中取财"（指造纸）或说"水中捞财"。别人会说："坐坐！快快！烧水倒水。"这是承认来者是一伙人、一行人、一帮人，也是在考虑帮你了。

在纸作坊，对于来打活的人，这行的规矩是有活也不让你第二天就干，而是先"拿拿威"，就是压压来者的威风，其实也是讲述自己这一行的不容易。然后开始细盘。

细盘，就是详细盘问，往往由大纸匠来问几个问题。比如，从哪儿过来的，贵姓，在哪儿出徒，等等。都要如实回答。然后大纸匠会说"你先歇口气，然后吃饭吧"，这让"吃饭吧"，就是初步允许你可以在这儿留下来了。然后告诉伙房来客了。

从前纸坊分大伙房、小伙房。大伙房是纸匠们吃饭的地方，伙食一般。而小伙房往往是大纸匠、二纸匠、大捞匠、老客、账房、掌柜的吃饭的地方。每当有来投靠的纸匠时，大家往往一起在大伙房里吃。

饭做好后，来者要先进纸坊去喊人："师傅哥哥，吃饭了！"这时大纸匠说："兄弟，一块过去吃吧。"饭前，要等每一个师傅、徒弟都洗完手了，坐上炕了才行。这时，来人要先说："哥几个吃饭！"大伙说："吃吃。"这才能动筷。吃完了，人有走的，有不走的。来者则不要动。来者要问："哥几个吃好了？"

如果这个纸坊掌柜的要留你，他往往指使小打说："把这位兄弟的行李搬下屋去！"这样来者就知道是有门，先歇着，明天上坊。于是他会谢师傅，扛上行李卷下炕去。

如果师傅不想留你，他往往会问："你还想待几天？"

这时你要知趣，可回答："不待了，我出来已有些日子，道上钱花短了，求哥几个帮帮看，我上……"

这种钱不用掌柜拿，必须是师傅拿。师傅会问："你说，拿多少？"来者会说："多少是师傅的情意……"

于是，纸坊的师傅（大纸匠、二纸匠、大捞匠、二捞匠）每人五块，打发来者走了。

这钱最后还是由柜上来出，这是作坊里的老规矩和风俗。

有一年，张家纸坊就发生这样一回事。一天，从外边进来个人，是宽城子的一个大纸匠。于是张家纸坊的大纸匠问："兄弟，宽城子的纸价涨没涨？"

"涨了。"

"一匹多少钱？"

"一匹涨三毛。"

"那行，你先到下屋喝口水，一会儿咱们到东门外的饭馆，大伙会齐。"这叫"行家对行家"，不捧你也得捧你个钱，捧成了"规矩"。

宽城子纸匠说："好！我先下去。"

张家纸匠又对大伙说："今儿下黑到东门外饭馆。"

当天晚上，大家在东门外的饭馆聚齐了。每人先上一碗茶水，大伙坐下"通鼻子"（研究），并派人把东家也叫来了。

张掌柜一进屋，就见纸匠们一人端一碗茶水。见他进来后，一个人用手指在水里点一下，然后往外一甩，就知道这是要"吃犒劳"啦。

吃犒劳，是指纸作坊的纸匠们要改变一下生产或生活的意思，而且是"逼"掌柜的必须这样做的一种集体的举动。

于是，大纸匠对张掌柜的发话了。

"掌柜的，油、粮都涨了……"

"是涨了，但咱们过去给你们的也不少哇。"

这时，大纸匠给宽城子纸匠使个眼色，说："有远有近的，比比也中！到底咱们该多少……"

于是，宽城子大纸匠立刻站起来说："涨个三四毛的都行。你掌柜的不易，纸匠们也不易。大家多点少点不挑，哥几个再看看吧！"

这时，所有纸匠都喝着水，不动声色，单等张掌柜发话。沉默就是一种逼迫。等了几秒钟，掌柜的说："那么，你们哥几个对对光，看看涨多少，要不一张纸涨三毛吧！"

这时，宽城子纸匠看一眼农安纸匠："掌柜的你看呢？"

"中啊，就那么地吧。"

于是，所有的纸匠们都端起碗，一口把茶水喝净了。立刻通知饭馆子"吃犒劳"。

如果这一天是5月3号，那么第二年的5月3号，这个纸坊也要"吃犒劳"。而且吃的东西要一模一样，并且一样不差。如果赶上了馆子有驴肉，别的可以没有，驴肉不能没有。这是吃犒劳的规矩。

而且，这种靠宽城子纸匠来给大伙涨的劳金，开头一个月，大伙要给宽城子纸匠和农安纸匠一半收入，这叫"吃犒钱"。也是涨工钱的辛苦钱。

在纸作坊，纸匠们非常讲究年节或平时吃犒时饮食的改变，年节初一和十五必须改善伙食。往往是初一十五馒头、花卷，炒两个菜；过年时要八六二席，就是八个碟子、六个碗、两个大件是指鸡和鱼，有一点改变都得征求大伙的意见。

关于加犒劳，改善伙食，在每次蒸麻时也这样做。蒸麻的时节一到，纸匠们对掌柜的说："明儿个蒸麻了！"

掌柜的立刻通知伙房："明儿个蒸馒头，炖粉！"

但只能吃四回，多一回也不行。这叫"再一、再二、没有再三、再四"。如果多一回那得说明白了。因为纸匠的规矩是一日加今后永远加，而且只加不减。这个规俗谁也受不了。

纸坊的规矩是开工的头一天，不干活也挣钱，因为这种活是季节性的，通知谁来，人家得先把自家的活计处理处理，还要到纸坊收拾一下场地，等等，所以虽然没开工，也等于生产了。

纸匠往往只干三个月的活，如果这期间你有事或家有事，想歇一歇，必须打"替工"。因为你歇，"线"不能歇。

从前张家纸坊生产的老窗户纸畅销长春，就连大户人家的窗纸，也从张家纸坊进货。而且，长春出名的老烧锅的酒篓子用纸，酱菜篓子的用纸，也都从他这儿买。现在每到秋天，农安的张家纸作坊还是如期开业，是为了继承和弘扬这种古老的民间生产工艺。

郑发菜刀

一

光绪二十六年（1901）大年夜，在离关东重镇——宽城子35里的刘房子屯，关帝庙旁边那破旧的席棚子里，一帮要饭花子瑟缩在风雪中。

世上既然有"年"，那就是穷人富人都过年。

花子房门口，花子们各人烧各人的柴火把，没有柴火把的就烧乱草。大家齐刷刷地来到门口跪着，接神的时刻到了。大家一齐磕头。有人低一声高一声地念着：

> 张二哥，李二哥来呀，
> 一块接神哪，
> 好保佑咱们顺顺当当的。
> 东干，东着；
> 西干，西着；
> 出门捡着。
> ……

磕完了头，大家争先恐后地挤回棚子里互相作揖，问好。

东北老习俗——过年一宿不睡觉，花子们也一宿不睡觉。有几个人闷坐在那里发呆、发愁。有的人就劝道："过年啦！乐呵点儿！穷不生芽，富不扎根，兴许来年就得好啦！"北风卷着雪花，从席棚子的大窟窿、小眼子里灌进来，又落在花子们七窟窿八眼子的破麻袋片、破衣裤上。大家冻得张不开嘴，说话都结巴起来，可还是一个劲儿地寻欢作乐。不知谁从哪儿淘弄来两副对联。一副是：

鼠盗无粮含泪去，
　　看家狗儿放胆眠。
　　横批：清锅冷灶。

另一副是：

　　进腊月勾魂索命，
　　过大年死里逃生。
　　横批：来年再见。

大伙就喊："贴吧！贴吧！贴哪副都行。"有人就舀来一碗凉水，"哗"一声泼在门旁的破席子上，转眼间就把对葵儿"冻"上了。这花子房里，挤着十多个人，干什么的都有。江湖艺人，出家的僧道，还有躲债和被官家追捕的背案的人，更多的是伤老病残无家可归的人。在棚子的西北角坐着一个小伙，浓眉大眼，双眸中却流露出仇恨的光芒。他呆呆地盯着眼前这些收留了他，而他还不太熟悉的伙伴们，这些南腔北调的老老少少，感叹人和人命运为啥不一样啊！

"大兄弟，快来烤烤火吧……"他正发愣，一个老花子喊他了，他感激地从地上爬起来。

就在他要往前凑凑烤火的时候，外面突然传来"啪——！啪——！"两声枪响，接着有人喊："不好了！警察来搜花子房啦！"

小伙子一听警察要来搜，急忙跳起来，一猫腰从席棚子后边的一个大窟窿钻出去，撒腿就跑。后边有人喊："抓呀——！跑啦——！"

二

小伙子一口气跑出十多里地。

回头一瞅，后边还有一个人在追他，于是拔腿又跑。后边那人可就喊上了："别跑了！等等我……"

他也实在跑不动了，站在那儿直喘。那人追上来，也直喘气，说："警察没来，我也是逃抓的。我输了钱躲出来。和你住在一个花子房。"说着坐下来，擦着头上的汗，那人眼里闪着兴奋的光。

"你想干点活不？"

"想找个落脚的地方。"

"跟我走吧。"

两人插草为香，在寒风中磕起头来。

当年，长春的四马路铁行街一带已相当红火热闹。白日里叫卖声不绝于耳，夜里，各家铁匠炉的炉火一闪一亮，空中终日飘刮着老煤烟子味儿。

王荣领着郑茂盛左拐右拐，在黎明时分，摸到了铁行胡同的一个角落。

这是一条临街的门市房，正房二间，房山头一个土炉，砖泥结构，烟囱高过房檐，在夜里也喷出浓浓的黑烟。

"爹！爹！"

王荣敲打着木板门，急切地向里边喊了两声。

许久，里面传出一阵咳嗽声，一个苍老的声音问："谁呀？深更半夜的……"

"是我！"

小油灯一闪，亮了。老爹披着破棉袄出来开门。

老汉"吱嘎"一声开了门，一见王荣，气得骂道："你个畜生！你扔下活不干，还有脸回来？"

"你也别生气，你也别骂我。爹，我给你领来个打锤的下手！"王荣笑嘻嘻地说着，又推了把茂盛说，"还站着干啥？快拜认师傅呀！"

茂盛一听，来不及细想，赶紧跪下，叫了声："师傅受徒弟一拜！"

王老汉一愣，半天才醒过神来。急忙上前扶起茂盛说："哎呀！别听他瞎说。你是哪儿的孩子？怪可怜的。快上屋里暖和暖和吧，明日我给你安排个活干！"说完狠狠地瞪了儿子一眼。

王荣把茂盛安排在一个道杂①躺下，转身就走了。

茂盛来到生地方一时也睡不着，突然，他听到那边屋里人家的说话声。

"你在哪儿领来这个狗剩子？"一个尖声尖气的女人说。

"娘，我们一块在花子房过年，他没家没业，一个老娘在关里家，

---

① 道杂：东北老房子旁的小仓房。

远着呢。怎么样？"

"好小子，有眼力……"

一阵咳嗽声后，老汉说："你们啊！没安好心。想拿人家孩子当驴……"

王荣说："咱还是他救命恩人呢！"

女人的声音："浑身是力气，不干活干啥……"

王荣的笑声："娘，将来挣了大钱，我领你逛天津！"

"唉，你这没出息的东西，一天光知道吃喝玩乐。可惜了！我这一身的手艺，传——给——谁——呀——！"一阵撕心裂肺的咳嗽声，老汉哭了。

窗外，风卷着雪的沙沙声，渐渐掩盖住了老汉凄苦绝望的叹息和呻吟。不知为什么，茂盛顿觉自己的眼前一亮，他摸摸自己结实的胳膊，打定了一个主意。

三

铁匠铺在当年的长春，是重要的民间手工作坊，主要打制车皮、马掌、锄钩、犁铧、刀剪、锁链等家庭常用的生活必备品。铁匠炉在四马路铁行街有好几家，每天早上，各家捅炉做饭，饭后各家扫净门前的路段，屋里屋外洒上清水，在门前的地上堆起昨日打好的各类成品，于是，"叮叮当当"的锤声和"呼哒呼哒"的风匣声又响起来了。

天还没亮，茂盛就爬起来了。茂盛是个勤快的孩子，他早早爬起来把屋前屋后收拾干净，然后站在一旁等待支配。吃完饭，王荣对茂盛说："兄弟，我有点事出去，一会儿就回来。我爹要喊我打下锤，你就伸伸手……"说完他就上赌场去了。

一切收拾就绪，王老汉扎上围裙，回头喊："荣儿！操家伙！"可是连喊三声，没有人答应。茂盛提过大锤走上来，给铁匠恭恭敬敬地行了个礼，说："他出去了，让我帮他……"

"上哪儿去了？"铁匠生气地问。

"他没说。"

"唉！这小兔崽子……"

王铁匠气得直哆嗦，说："咋好意思让你受累。"

茂盛赶忙说："不是受累，是师傅看得起我！"

王铁匠笑了笑，说："好孩子，操锤吧！"

当年，王铁匠家经营的主要是民用剪子，这种剪子利润很低，买的人也不多。一天干下来，刚挣几个糊口钱。

平常干活，师娘总是叼个短烟袋在一旁看热闹。这师娘，40多岁的人了，穿着红夹袄，绿缎裤，一双雕花鞋，脸上擦着厚厚的从奉天买来的胭粉。王老汉干了一天活，还要起早贪黑地给她做饭，啥事也指不上这个婆娘，她还对铁匠挑刺。茂盛看得出，师傅心里有事呀。

响午时，茂盛收拾完活计，累得满头大汗，端起饭碗刚要吃饭，师娘走上来说："茂盛，去给师娘买串糖葫芦。"

师娘专门吃二道河子老姜家的糖葫芦。上二道河子路过孔信家的铁匠炉，这家也出剪子。可他家门口挑剪子的人围成一堆。王孔信的徒弟在门口高喊："来吧！来吧！上等的剪子。剪棉花、剪毛，不带刺儿，使三天三宿不累手，最扛造。价格便宜，不买后悔。"买主越围越多，茂盛也不知不觉地停住了脚步。

王孔信对买主说："手头还剩剪子12把，卖完我就回关里家，暂时歇炉不做。快买吧！"

买主一听，王孔信要歇炉，都上来买。茂盛也挤上来抢了一把。待交完钱才想起，这是师娘给买糖葫芦的钱。他看了看手里的剪子，这剪子也真叫绝，虽谈不上精细，可锋口上有一条东西闪闪发亮，比自己师傅打的刀具要高出一筹。他左思右想，还是舍不得退。于是如获至宝地拿着剪子，一路小跑回了家。

一进院子，就听师娘在屋里喊："茂盛，今儿个老姜家糖葫芦脆不脆？"

半天，不见人进来，师娘一闪身走出门口，却见茂盛手里没有糖葫芦。她走过来，抬手就给了茂盛一个嘴巴。

"你个臭要饭的！你个穷神瘟鬼！糖葫芦呢？我的钱呢？你在大白天就在我家里抢偷唬骗，我这个家架得住你这个强盗吗？"

"师娘，你听我说……"

"我不听，快拿糖葫芦来！"

院子里的争吵声，惊动了炉前的铁匠老汉，"呼哒呼哒"的风匣声停住了，老汉咳嗽着走了出来。

老汉说："荣儿他妈，你这是干啥？"

师娘说："干啥？你问问他……"

茂盛把事情的经过一五一十地说了一遍，把二道河子王孔信家的剪子递了上去。"师傅，这种剪子，锋口上涂了一层亮油，真好看！"

王铁匠边接过剪子边喃喃地说："有些货，属绣花枕头的——外香里头是草包。不能光听名啊。你把墙角那铁片子给我，我照量照量！"茂盛给师傅拣来一块铁片子，师傅操起家伙，连续来了几下，又翻过来掉过去地看了看剪刀的锋口，突然，眼里射出惊喜的光芒来。

"茂盛！人家这玩意绝呀！"

"是呀！我看着不一般嘛！"

茂盛脸上绽出了笑容。这是他闯关东以来第一次笑啊。

可就在这时，他脸上"啪"地又挨了一个大嘴巴……

四

原来，师徒二人面对王孔信的剪子越唠越投机，一旁的师娘却火了，一把揪住茂盛的脖领子，上去又给了茂盛一个嘴巴，对丈夫骂开了。"好哇！你个老不死的！向着个臭要饭的。你们谈得可挺开心，我的糖葫芦呢？啊？我要糖葫芦！我现在肚里已有了孩子，你不是不知道。我想吃点酸的，可你不惦记我，不疼我！就知道谈你们的生意！我——的——天——哪——！"说完，坐在地上又哭又闹。茂盛一看，不容细想，说："师娘，你等等……"扭头就出了院子。

他一口气跑到二道河子老姜家糖葫芦铺，脱下自己小褂（这还是离家时，娘含着眼泪给他缝的），求爷爷告奶奶和姜掌柜的商量了半天，总算换了五串糖葫芦，又一口气跑回了四马路。

师娘一见老姜家的糖葫芦，也不问来路，便乐呵呵地接过来，进屋吃去了。王老汉见只穿着一件背心的茂盛，就啥都明白了。师傅叹了口气，说："这真是造孽呀！"转身进屋要给茂盛找衣服，却被茂盛一把拉住了。他知道师傅当不了家。于是从地上捡起一块干麻袋片，往腰上一缠，笑呵呵地说："师傅，这玩意隔热又隔凉，蛮不错……"

那年月，学徒都讲究三年为一期，可是，茂盛头脑灵活，眼里有活，不怕吃苦，又勤快。不出一年，他样样活都拿得出手了。一天晚上，王铁匠温了几两老白干，炒了一盘牛蹄筋、一盘土豆丝。王铁匠叫过郑茂盛。

"孩子，咱的剪子，现在多少钱一把？"

"两万五了。"（当时货币）

"自从你买了王孔信的家伙，咱俩一阵苦钻，咱的剪子从一万五涨到两万五了。孩子，这也有你的功劳。"

茂盛给师傅倒满一杯酒。

老汉猛喝了一口，说："茂盛，你干得不错。师傅我就指望你了……"

"师傅您放心，俺一定好好干。"

老人咳嗽一阵，又说："我明年冬天就包你出徒……"

茂盛一听，赶忙跪下，给师傅磕头谢恩。

五

二月二刚过，茂盛就出徒了。

自从茂盛的手艺叫响以后，师娘对茂盛好起来了，隔三岔五地让茂盛出去给她买这买那。每次师娘都顺手多给茂盛一些。

一次，师娘在院外门口拦住了茂盛。

"茂盛啊！我跟你说句话。"

"有事呀？"

"师娘现在手头紧，你借师娘几个……"

"行。"

茂盛心眼好使，就翻开自己的夹袄。他这里缝了个兜，师傅给的钱一个也舍不得花。谁知，师娘一把将他的小褂夺过去，钱拿出去，把小褂扔在他的肩上。

茂盛说："师娘，俺这钱挣得可不易呀，不能都借给你！"

师娘一笑说："我还能该黄了你！"说完回屋去了。这哪是"借"呀！分明是抢。

有了师娘的那个教训，茂盛把省吃俭用攒下的几个钱，送到三道街益发合钱庄存起。不料，王荣还是跟上了他。

"你能出徒，感不感激俺爹？"

"多亏你爹。"

"是啊，人不能有恩不报。我在外又输了钱。管我爹要，我爹又该着急上火了。你发财了，给两个吧……"

"你……"

"给不给？不给就管我爹要。"

"王哥，你……你今后手头收着点儿，行不行啊……"

茂盛心疼师傅的身板，不得不答应他。

"这就对了嘛。"

王荣得意地笑了，拿走了茂盛辛辛苦苦攒下来的几个钱。此后，每到发薪水的日子，王荣都到三道街益发合钱庄的胡同口堵茂盛。一次，王荣连软带硬地逼走了茂盛的几个钱儿，茂盛越想越伤心，禁不住蹲在墙根下，默默地哭开了。

天下起了绵绵的春雨。不知过了多久，雨越下越大。街上的雨水流成了河。可是，茂盛觉得奇怪，自己却淋不着一点雨丝……

他一抬头，见一个穿得破破烂烂的人，正举着一把破伞，给他遮挡风雨。

原来是个十七八岁的姑娘，长得又黑又瘦，一双大眼睛显得那么明亮。茂盛觉得在哪儿见过她。

"茂盛哥，雨水一浇，你会害病的。"姑娘从破包里抽出一条毛巾，心疼地递过来。

"你是谁？"

姑娘一笑："我是个要饭的。"

茂盛突然想起来了。有几次他到益发合钱庄存钱，在路口时碰上过这个要饭的姑娘，还给过她好几回钱呢……

"茂盛哥，人要想独立，非得有自己的家不可，光有手艺，没有工具不行。给你，这是7万元！你拿着。今后，我帮你攒，留着买家什……"

茂盛一愣，这人和自己想到一块去了。

"不，我不能要你的钱。"

"为啥？"

"你是个穷人，攒几个钱不易，我连你的名字都不知道！"

"你不要，我就不告诉你。"

"我咋能要一个女人的钱……"

"茂盛哥！我知道你是个穷人，也是个好人。你要不嫌弃，就收留我吧……"

"啊？"

茂盛着着实实吃了一惊。

"我一个人，没有依靠。你要可怜我，就收下我，不然，我没处可去呀……"

姑娘那可怜的目光，使茂盛心软了。他下了狠心，说："不是我不收留你，我现在也是寄人篱下。这样吧，让我去求求师傅，说说看。"

姑娘用感激的目光盯着茂盛，点了点头。

六

当年，王老汉家的铁匠铺子，虽因茂盛的到来买卖兴隆了一些，但毕竟王老汉已是年近花甲、风烛残年之人了，加上师娘每天吃香的喝辣的，儿子王荣赌耍没正溜儿，买卖上的收入真是支应不开呀。茂盛领来这个叫玉香的姑娘，跟师傅一提，师傅立刻就同意了，因为铁匠铺里缺人手。

玉香来后，铺子里的一切杂活她全包下来了。

每天，放上桌子吃饭的时候，师娘就骂家里的猫。

"你这个馋鬼！懒贼！有你这日子还有好？快给我滚出去！——滚！"说着，就拿笤帚疙瘩赶猫，然后就拿眼睛剜玉香。

王老汉气得直咬牙，在一旁说："吃饭啦……"

师娘一听却炸了。"老灯台，你的心眼长邪了。他姓郑的一个人来吃还不够，又勾来一个。我的铺子架不住这么造腾！"

"丫头！你吃我这份！"老汉说着，把一碗饭递过去。

师娘跳起来，一把夺过饭碗，照玉香的头上就飞来。玉香来不及躲闪，碗打在额头上，破了一个大口子，直淌血。可是，茂盛却拿不出钱给玉香治，老汉就问茂盛存的钱都哪去了，茂盛吞吞吐吐，不肯说出钱被骗走的真相。玉香捂着伤口一五一十地说出了真情。老汉一听,"哇"的一声吐出一口鲜血,昏倒在炉子旁,不省人事了。

王铁匠一病病了14天。

一天晚上,老汉的病稍微轻了一点,他有气无力地把茂盛和玉香叫到跟前。

"你们两个苦命的孩子,是天生的一对。我要不行了,你们现在就离开我,不然,你俩又会受牵连……"

"师傅,我们不走!"

老汉大声咳嗽一阵,说:"我一死,你们惹不起这两个人。师傅不能让你白干一回。来,你扶我起来……"

茂盛赶紧扶老汉坐起来。老汉从枕头底下,摸出一张纸,说:"这是两个地点,你要保存好,记牢。我把铁器给你留了几件,分别埋在这两个地方。到时候你取出来,就算是你的家底了。不要小瞧师傅这几件破烂……"

茂盛含泪收好了这张黄纸。

"记住师傅的话,人生在世,手艺重要,人品更金贵。"老汉落泪了。就在这年秋天,茂盛和玉香完了婚,二人恋恋不舍地告别了王铁匠,回关里家去了。

七

郑茂盛领着妻子回到关里家。娘见了儿子,又喜庆又悲凄。喜庆自然不用说了,儿子领回一个贤良的媳妇;悲凄的是,关里家的日子更不好过呀。

娘说:"茂盛,你回来干啥!快闯关东,图个活命吧……"

"我们是回家看看你!"

"行了,现在看见我了。快走吧!"

娘下狠心撵儿子走,是为了他能有条活命……

儿子在尘土飞扬的土路上,给老泪纵横的娘磕了三个头,然后站起来,转身踏上了往北的荒路。

他领着玉香,辗转一个多月,又回到了宽城子。心想到四马路铁行街看看师傅，谁知王家铁匠铺已经不存在了。王老汉在两个月前病死了，师娘改嫁了，王荣变卖了老爹的工具，不知去向了。

茂盛当下打开院门，修理漏房，铲去荒草，又按师傅生前提供的地点在伊通河边上挖出了师傅生前埋下的铁具，又找保人写字据，从对门辛师傅家租来一个风匣，玉香和他动手翻修了炉子和烟囱。茂盛又在铁行街站住脚，挂出招牌叫"茂盛铁铺"，开张打铁。

那时候，长春铁行街西边的回民牛肉行，最能使刀，卖牛肉的经常上铁行街"寻摸"可心的家什。一个偶然的机会，牛肉行的掌柜的相中了郑家炉的刀具。

这天，辛师傅家的二小子办喜事。喇叭声声，一顶花轿停在铁行街的小道上，一个如花似玉的姑娘，头披红巾，被人搀扶着，从轿里慢步走下来。门前的人，立刻闪开一条路，鞭炮齐鸣。

走在前边引路的大伯嫂来到门前，正待往屋里进，只听"刺喇——！"一声。大家一看，都吃了一惊。

原来，新房在修整时门旁钉的一个大钉子忘起下来了，不曾想这当儿，刮坏了人的衣服。辛师傅一看，气得上去就拔。大家一时慌了神儿。有人拿来锤子，有人拿来钳子，主人没有命令，也不知是拔还是钉。

正在大家犹豫发愣的当儿，只听有人喊："闪开——"

大家回头一看，只见茂盛已从自家摸了一把菜刀奔过来。

"当——！"一声清亮的脆响，郑茂盛手起刀落，再看那钉子，贴着门框齐刷刷地断了下来，郑茂盛手中的刀却连个小崩牙都没有……

"好家伙！"

"好火候！"

"郑茂盛！你真行啊……"

郑茂盛却拎着那把老铁刀，悄悄地溜回那烟熏火燎的炉子间去了。

八

这下子把郑家的菜刀传出了名。有人说郑茂盛炉的刀削铁如泥，砍铁就像削猪头肉。还有人拿一铁片，说是郑茂盛菜刀削下来的，当场捡到的。

在当年，郑家的这种菜刀背厚、膛薄，大把小刀，刃上淬了一溜火。乍看上去，又笨又不美观。可一使起来，顿觉随心所欲，得心应手。来郑家买刀的人就像赶庙会似的，郑家的买卖一下子红火起来。

这年五月节，玉香请来一位老者，给铁匠铺卜了一卦。老者说："郑家主人面有财喜，将来定发无疑，干脆改炉换号，叫'郑发'炉吧……"郑茂盛知道了这件事，说："人归人，名归名。我不信那一套。"

妻子却说："茂盛，你我这一生，辛苦奔波，总算有了自己的炉和家。俗话说，人往高处走，水往低处流。我求老者卜卦，主要是图个奔头……"

从此，郑发炉就叫开了。

当年长春的铁行街，有二十多处铁匠炉，唯有郑发家的门前，终日买主不断。那时，回族的牛肉行每年都从内蒙古草原赶回大批的老牛，他们切肉剔骨最乐意使"郑发菜刀"。屠户和买卖人说："郑发的刀，切牛筋不走横，切板筋不留丝。"

夏日的晚上，各家铁匠们围住郑发，大家你一言，我一语，细心地磋商民间刀艺。

"郑发，你的刀咋弄得那么绝呢？"

师傅们都叫他"郑发"，一来二去，他的真名"郑茂盛"反倒被人们忘记了。

"这铁活，火候最重要。有一回淬火没兑好水温，我就浇上一泡尿！"

"哈哈哈——！"

铁匠们开心地笑了。

九

郑发卖刀，最烦别人讨价还价。熟悉他脾气的人，来到他炉前交了钱，拿一把就走，根本不用说什么。

人们常说，铁匠都是犟眼子。其实，郑发心里有想法：我不糊弄你。你不要，是信不实我呀。习惯成了自然，大多数人来郑发这买刀不讲价，不挑货，摸一把就走。人们在心里信任着郑发呢。

有一天，郑发正在忙活，来了一个人，说："你的刀有名无实，不快。"

"谁说的？"郑发粗声问。

来人说:"用户呗!"

"好,你把那不快的'郑发'刀给我取来!"

"好!"

不一会儿,那人又来了,果然拿着一把打着"郑发"字印的菜刀。

郑发接过看了看,说:"刀,光使不磨不行。关云长的青龙偃月刀不磨也没有寒气。"说完,回身进了屋。

那人以为郑发进屋换刀去了,急忙跟了进来。却见郑发把那把刀在磨石上"噌噌"地磨了几下,只见刀刃上闪闪发亮,在阳光下直刺人眼睛。郑发一言不发,手提菜刀,四处寻找着什么。突然,他的目光落在对面镜子里自己那满脸的胡子上。只见他奔到门口,在洗脸盆旁的猪胰子①上抓了两把,胡乱地抹在脸上,然后猛地把手中的菜刀抛起来超过头顶三尺多高……

这时,看热闹的人已围了一大堆。人们见郑发把手中的菜刀扔起来,都吓得"哎呀"一声,急忙向后闪去。

说时迟,那时快,郑发上前一步,瞅准火候仰起脸迎着那飞落下来的刀刃,右手顺势接住刀把。只听"唰"的一声,他那钢针一样的连鬓胡子,已被刮下来。他接连抛了几次,胡子已被刮得干干净净,刮完了脸,又挥起这把刀,将地上的铁丝齐刷刷地砍断了几根,而那把刀的刀刃,不锈不豁。

那人笑了,一把夺过这刀。

郑发说:"我给你换一把也行。"

"不不!就要这把!"

那人服气地走了。

十

"郑发刀——!"

"谁买郑发菜刀——!"

一时间,竟有人打冒支。在宽城子、东大桥,在宋家窝铺,在南关

---

① 胰子:民间对自制肥皂的称呼。

老爷庙一带都有。出去跑买卖的人甚至捎来信，说在黑龙江的三岔河、双城堡，奉天①的新儿、芝麻城子、狐狸号一带，竟然有了郑发分号。

郑发心里有数，这是作损②哪。这样的人不能叫"铁匠"。要算铁匠，也属于世上最没出息的那号铁匠。

从这天起，他把自己那个刻有"郑发"二字的铁戳，牢牢地系在腰带上，每打好一把刀，他都翻来覆去地检查，直到他认为再也不会丢损他"郑发"的名义时，才小心翼翼地从裤腰上解下宝贝疙瘩似的铁戳，"当"的一声，用锤子牢牢地印在刀背下方。

在当年，他的炉打的刀，已由菜刀、剪刀，逐渐发展成为甘蔗刀、牛耳刀、提刀、厨刀、扒皮刀、水果刀等十多种。他的菜刀特点最明显，有人给他送了六个字：背厚、膛薄、锋梳。

可是郑发不满足，他每天煞费苦心地琢磨打刀的技艺。

一天，妻子从外面回来，闷闷不乐地对丈夫说："市面上有一种叫'九光'的菜刀和剪刀，这种刀，锋利无比，价格又便宜。这一来，咱们的买卖可要砸锅呀……"

郑发却笑了笑："这是好事。有超过咱们的，咱就学呗。不知是哪家炉干的？"

"听说是日本人的洋货。"

"啊？！这咱更要见识见识……"

有一天，郑发听说头道街贾家铺子有"九光"牌刀，就和玉香去"开眼界"。

这"九光"牌刀就是贾家卖起来的。这贾掌柜的见大名鼎鼎的郑发来了，倒也热情，命令跑腿的又点烟又倒水。问：

"郑大炉！（这是当年社会上对郑发的称呼）光临小店，想必有事吧？"

郑发说："是来麻烦你一件事。"

"你有事只管说吧！"贾掌柜乐呵呵地说。

"是这样。听说您的铺子里进了一批'九光'牌刀，不知能否和东洋人见见面。就说我郑发想拜访他……"

---

① 奉天：从前人们对辽宁沈阳的称呼。
② 作损：东北土语，心眼坏。

一听说是为了他铺子里的"名牌货"而来的，贾掌柜皮笑肉不笑地说："你还用学？"

"当然。人活到老，学到老。"

贾掌柜不耐烦了，神气地说："我看你郑发还是死了这条心吧。听说人家是用云彩和露水来淬火。咱们办不到……"

"什么……"

"这是人家祖传手艺，就凭咱俩这两下子……哈哈哈……算了吧！算了吧！"

啪！郑发一掌拍在桌子上。

妻子知道丈夫的脾气，急忙拉了一把郑发："茂盛，咱们走吧！"郑发从牙缝里挤出一句话，说："贾掌柜，我郑发要不搞出比它'九光'强的刀来，就大头朝下走路给你看！"贾掌柜愣在那里，半天说不出话来……

十一

郑发要拧一个劲，十头牛也拉不回。

他突然爱上听书了。

当年，长春南关老爷庙①庙会最红火，郑发赶庙会不是上香磕头，他是去听庙墙外边一个说书艺人讲《封神演义》和《西游记》。

有一回郑发路过庙会，偶尔听说书的讲"干将莫邪②造剑"和"老君炼丹"的故事，心里一震。

郑发摁上一锅关东土烟，坐在炕上，默默地抽，听着老北荒的夜风，在街头上吹刮，问妻子说："咱的刀，现在真不如人家？"

"嗯。"

"差在哪？"

"人家的钢口和火度都准，咱的料和工具太旧。"

"嗯。可我要赶上去。不蒸（挣）馒头，我要挣（蒸）这口气。"

他狠抽了一口烟。

---

① 老爷庙：又称朝阳寺，以供奉关公而出名。民间百姓把关公称为"关老爷"，所以俗称老爷庙。

② 干将莫邪：我国古代传说中的人物。

烟锅里的火亮，一红一闪，一闪一红地亮着。挂在墙上的老钟"呱嗒呱嗒"地走动着。街上，深夜的风卷着墙角的尘土，飞扬起来，一下下地打在窗上，那"沙沙"的细微的响声，配上西二道街"九圣祠"①庙钟楼角上的"铁马"在夜风扫动下，发出的单调清冷的"叮当叮当"声，一下子把人带进深沉的思虑中去了……

这天，他买了一瓶老白干，来到了说书艺人住的大车店，问："先生你说，干将莫邪造剑的奥秘在哪儿？"

说书艺人喝着郑发的酒，吃着郑发带来的熏鸡，问郑发是干啥的。一听说是铁匠，顿时喜上眉梢，接着一本正经地告诉郑发："有人说我讲的是吹牛，其实是他们不知书中有奥秘。老师傅，你这一回算问着了。其实，干将莫邪造剑不是靠神力，是靠智力！"

"智力？"郑发听愣神了。

"是啊，一般人，总把人间一时办不到的事归给神，说神啥都能办到。他们无意中毁了自个儿的智慧。错就错在此，比如干将造剑，书中说他造的剑，要骑在马上，口念天符，在十字路口跑上几圈儿，立刻就锋利无比。老师傅，你细想想，这有什么道理？"

"剑出火炉时是赤红的吗？"

"当然。"

"直接提剑出门上马？"

"那是！那是！"

"先生！俺懂了……"

"什么？"

"举剑在十字路口奔跑，那是利用风来淬火呀！"

"好聪明的铁匠！"

说书艺人两眼发亮，酒也不顾喝了，鸡也不顾吃了，一把抓住对方的肩头："郑发铁匠，你看破了神的天机，将来必有可为！"

郑发说："承蒙先生指点，使我顿开灵窍。"

说书先生又给郑发讲了许多古代道士炼丹、造剑、铸造、冶炼方面的传说，启发郑发思索着内中的科学道理。他终于明白了，古老的祖

---

① 九圣祠：长春的一座老庙名，其实是阎王庙。九圣祠，指九层地狱里的鬼卒。此庙从前坐落在西二道街胡同里。

先，早已创造了极其丰富的铁活经验。回去以后，他也试着用风淬火，终于悟出一种改进"郑发菜刀"刚度不够和硬度过强的办法。他又把刀的背加厚，增大了下压力；加钢时在刀刃上折个口，然后加钢，钢套得牢靠、匀称。他把刀拿到市面上一露头，大家都承认，郑发的刀比过去又有长进了！钢包得均匀，火收得利索，温度上得恰当，淬火度丝毫不差……但光洁度，还是不如"九光"。

十二

一天，郑发从铁料厂回来，一进院，儿子郑树林就跑出来，说："爹，有个人等你老半天啦！"只见黑影一闪，走出一个光头胖男人来。

郑发一眼认了出来，这就是南关杂货铺的贾掌柜。"哎呀！郑大炉！你可回来了，我找你有大事呀！"

郑发眯起眼睛，打量着贾掌柜的光头，贾掌柜却不顾郑发的眼神，把肥厚的嘴唇凑近郑发的耳边，急促地说："上次我的话太难听，请郑大炉海涵。昨天我儿子回来说，'九光'刀的老板想找你商量合资经办铁匠炉的事……"

郑发没吱声，低头走进屋。

"贾掌柜，既然你已经答应了，你就和他经营合办吧。""怎么，这么说你同意了？"贾掌柜一听，顿时喜出望外。

郑发说："好吧，腊月里你能够找到我，咱们就合办……""一言为定？""决不失信！"

这年一进腊月，贾掌柜就盯上了郑发，隔三岔五地来和郑发约定洽谈的日子。郑发一气之下说："腊月二十五，你来找我。"

过了腊月二十三，家家忙着筹办年货，郑发也在筹备着。在长春南门外集市上，他买了一个猪腰子柳条筐，妻子亲手给丈夫缝个布袋，这一筐一袋，装上从鼎丰真买来的"八件""芙蓉糕""萨其玛""绿豆糕"，还有从永安桥王带房家给娘买的一条关东的麻线腿带子和一双老布袜子。

腊月二十四晚上，他照旧要去给死去的王铁匠烧纸。铁行街出门不远就是十字路口。他展开打好的一大沓老黄纸，在地上画个圈儿，然后把写有"师傅王海山收"的黄草纸点着了……

夜风，把烧透的纸灰刮起来，在半空中一闪闪地熄灭了。妻子站在一旁，领着孩子。郑发低声说："师傅啊，徒弟我现在得好了！我忘不了你老人家的恩德。我记着你的话，知道咋样为人……"

十三

腊月二十五，贾掌柜一大早就来到郑发家。

玉香说："他走了……"

"上哪儿？"

"回关里家了。"

"哎呀！"

贾掌柜掉头就往车站跑。

天刚蒙蒙亮，郑发穿着一件洗得干净的旧黑布长袍，戴着一顶毛已磨掉大半的破狗皮帽子，一条已经开了线的烟紫色线围脖，脚上是一双家做的老棉鞋，背着一筐一袋，"嘎吱嘎吱"地走进了陈旧古老的长春火车站站台。

铁路警缩着脖子，夹杂在乘客中，口中吹着哨子，驱赶着乘客靠边站。

一列老式机车，喘着粗气驶进站台停下，回关里家需要在奉天（沈阳）倒车，郑发随着人流挤了上去。这时，贾掌柜也赶到了。

"郑发，东洋人同意和你经营，你可不能错过这个机会呀……"贾掌柜隔着玻璃窗，苦口婆心地劝着，"下来！快下来吧！"

"贾掌柜，你别费心啦。"

"郑大炉，你再考虑考虑！你下来……"

机车"咣当"一声，启动了。

贾掌柜气坏了，恨恨地说："郑发，你别敬酒不吃吃罚酒。东洋人可不是好惹的！"

十四

1920年秋天，郑发卖掉了铁行街的老房，扒炉拆院，领着一家子人，迁到了伊通河北岸（今东大桥）东天街的一个胡同口，又支起"郑发炉"，开始了他艰难的后半生的路。

一年冬天的夜里，门口传来敲门声。妻子开门一看，是一男一女两个要饭的。每次来要饭的，郑发和妻子都要满足要求，这回妻子也不例外，叫他们进来，玉香进里屋去给他们端饭。

她端了两碗饭刚要出屋，就听那男花子说："娘，这家好像是我郑茂盛大兄弟家！"

那老太太高兴地说："是吗？"

"你看，墙上挂的不正是我爹原先总拉的那把胡琴吗？"

原来，郑发从关里家回来后，翻盖房子时，一直保留着王老汉生前的那把蛇皮胡琴，他不会拉，是为了留个念想。

玉香听到这里，忙把这事对丈夫说了。"他们伤天害理的也有今天。咱们不能给他们饭吃……"郑发沉思片刻，却说："玉香！我看见你头上的伤疤，就想起师娘的狠毒，可眼下，他们已成了流离失所的人啦，不看他们也要看师傅的面，咱们不能撵他们。快把他们请进屋来吧。"

可是妻子到外屋一看，人已不见了。

原来那要饭的正是当年的师娘和师兄，当他们一想起当年自己咋对待人家的，就断定郑发不会理他们，又加上听见了玉香的话，就急忙溜走了。

郑发一听师娘和师哥不见了，急忙穿鞋下地，提上一盏灯笼，深一脚浅一脚地追了出来，终于在伊通河边追上了这母子俩。

回到家，郑发叫玉香给师娘和师哥找出合体的旧衣服换上，又安排了热饭菜招待他们。师娘痛哭着说："茂盛，师娘和你师哥对不起你，我没承想你们有这么好的心肠。你真的不记恨我？"后来，郑发还给师哥安了家，待师娘像亲娘一样。郑发就是这样一个人。

公私合营以后，郑发干得更来劲了。

有一回一个全国性的大会在南湖宾馆召开。宴会需要一批好厨刀，这个任务就交给了郑发。他不负众望，一下子出了名。

1954年，他被选为长春市南关区人民代表；1956年，他被选为长春市人民代表；1957年、1958年，被选为省劳动模范！

一把刀，一把普通的菜刀，一个神奇的故事。

这正是：

> 打个啥，像个啥，
> 打个鹦鹉来上架。
> 要个啥，做个啥，
> 铁疙瘩能做牡丹花。
> 郑发手艺巧又精，
> 百姓心里有名声。
> 只要你炉儿火苗亮，
> 百姓不会把你忘！

回宝珍饺子

回宝珍,是以饺子在长春家喻户晓的。

清光绪三十四年(1908),回宝珍和家人来到了哈尔滨市。1924年,已做了四年饺子的回家珍已颇有心得,加之生意红火,日子过得虽劳累,倒也衣食无忧。正在这时,一个噩耗传来——回宝珍的哥哥因病去世。回宝珍送走了一位亲人的同时,却也让他的饺子从此在长春落地生根。

原来,回宝珍的哥哥当时在长春永春路小剧场附近开了一家炒菜馆,回宝珍料理完哥哥的后事,被迫离开哈尔滨,接替哥哥在长春的产业。第二年春,他关闭了炒菜馆,把铺面迁到新民胡同,开起"回记饺子馆"。这饺子一上市,就把老百姓征服了。

回家包饺子时掌握了四步:

第一步称为"和馅"。

其实饺子好吃全在馅上。回记的饺子馅功夫全在选料上。一大早,宝珍先去铁北屠宰场选回新鲜的牛肉为主料,然后把鲜菜心儿、精香油、豆油、特母油、味精、大葱、鲜姜、花椒泡出清水浇进去,然后,再把煮牛肉的老汤一起掺进馅里。这种馅一搅,别说吃,就是一嗅,那是打鼻子香啊。

第二步为"和面"。

和面时选什么样的面,回宝珍家很讲究,专门选"关东精粉"。精面粉放在盆里时,一律凉水和面,经过一段时间"醒发",然后"开揉"。

开揉是技术活儿。

从前回宝珍每次上案子,都是他亲自开揉,揉到那面用手一敲,发出"嘭嘭"的空声,这才到了好使的时候。

第三步是"擀皮"。

饺子要好吃,必须会擀皮。擀皮前,先要手工揪剂,那剂子要揪得不大不小，不厚不薄，然后开擀。擀时要先把皮的四周擀薄，中间留一个稍微厚一点儿的"心"以便"上馅"时有承受力。这样便可以多打馅。回宝珍的饺子之所以香而不腻，主要是馅大，面筋道，所以人们很爱吃。

第四步便是煮了。

饺子有煮饺和蒸饺。回宝珍的饺子一开始是靠煮出的名。煮是利用水的热度，将皮和馅煮熟，而且还要能夹成个，不贴锅，这全凭"煮功"。

煮功，是指回宝珍对水的特点的掌握。下饺子时要把水烧开，但不是大开。下锅后，要大火让水翻开。当饺子一漂上来后，立刻回一瓢凉水"打一打"，这时饺子沉下去了。再一开，立刻起捞。

那盛在盘子里的饺子个头均匀，不裂口，不破肚，不露馅，一咬一汪油。真是肥而不腻，鲜而不素，吃上就上瘾。

老长春的回宝珍饺子深受回族百姓的喜爱，一有什么大型活动，回民们都点名要吃这一口。而长春的汉族老百姓也深深地喜欢上这一道美食了。

有一年，香港一个大公司总裁邹高扬先生到长春无意中吃到了回宝珍的饺子。吃完一打听，大吃一惊，他立刻让人拿来纸笔，亲笔写下：

北回再思回，
三宝增一宝；
传真更是真，
情深意尤深。

他高度赞扬了回宝珍饺子，也说出了饺子的历史和特色，其实这也是长春老百姓心底的感受。你听长春老百姓这样说：

初一十一二十一儿，
挎着竹筐去赶集儿；
赶集不奔别处去，
专门去上回宝珍儿；
葱丝儿姜丝儿羊肉丝儿，
花椒大料小海米儿，
吃上一顿香饺子儿！

老韩头豆腐串

在长春，提起老韩头豆腐串，大人小孩没有不知道的，而且人们立刻就会想起老韩头。他头戴一顶干净的白帽子，推着一个小车子，上面放着一个不大的玻璃箱子，里面摆着熏鸡和豆腐串儿，在下午3点至5点，出现在同志街和红旗街一带的市场……

他的豆腐串儿，往往是先调好老汤，汤内放好肉料，将汤煮开，然后把切成条的干豆腐用小竹签串起来，放进锅里用老汤煮，等老汤里的味道都煮进豆腐串儿里，捞出来控干水分，再刷上一些香油。于是他的豆腐串儿又香又软乎，一闻就香，一看就馋，又能当饭又能当下酒菜，成了人们生活中离不开的一道美味。

20世纪60年代，长春人都记得这样的情景。每到傍晚，小巷胡同口，便传来老韩头那诱人的吆喝声……

"熏鸡——豆腐串儿——"

老韩头卖豆腐串儿，有固定的时间和地点，他每天只卖3到4个小时，就一车子，卖完就走。他这是讲究经商的"德"，剩下的时间让别人去卖。

平时人们称呼谁"老头子"，往往不好听，也不是一种尊敬的称呼；可是叫"老韩头"却例外，这是一种尊敬的美称，这样叫起来又亲切，又贴切，人们几乎把他的真名忘了。

老韩头叫韩再发，回族，小名叫"老德子"。其实是"老得子"，是指他父亲到老了才得了他这么个儿子。据说生他的那年他父亲已经41岁，所以就叫他"老得子"，叫白了，就叫成了"老德子"。

老韩头的父亲叫韩来胜，祖籍山东韩家寨，韩来胜小的时候，和爹闯关东，在农安附近的小合隆落脚，开了一家牛肉铺维持生活。

那时开牛肉铺，都要自己去北荒买牛，自己赶回来，屠宰、扒皮、收拾得干干净净，然后煮肉卖肉，生活是十分艰辛和动荡的。从前，长春往北往西，都是无边的荒原。顺治十年（1653），朝廷颁发了《辽东招民开垦例》，于是华北一带的破产农人，就携家带口相继来到东北，他们有的种地占荒，有的养牛养马。由于东北地广人稀，特别是松花江中下游的郭尔罗斯一带，碱地多，水草旺盛，但荒凉。许多蒙古族人居住在这里，养牛养羊。所以开牛肉铺的人家，每年一两次，到郭尔罗斯、通榆、干其卡，以及更远的乌兰塔拉、巴彦淖尔和查干一带去赶牛。

去北荒赶牛，十分辛苦，路很荒凉，又很危险。每次出发都是提心吊胆，不知是否能安全返回。因到北荒路途遥远，途中处处是狼群，有时还会遇到土匪、马贼的抢劫，弄不好住到了"黑店"①，就会把你的钱财洗劫一空。常常有贩牛人去北荒没了音信，连尸首都无影无踪。

韩再发的爹每次去北荒赶牛，家人都流泪送他。赶牛人往往三五人一起走，把买牛的钱紧紧地缠在腰带里，带上牛耳尖刀，有时背上一杆老枪。小的时候，父亲给他讲的尽是北荒赶牛的惊险故事，告诉他处事为人一定要时时留心，不可大意。

有一年秋天，他们几个开牛肉铺的来到前郭尔罗斯王爷属地一个叫乌兰塔拉的地方，正赶上牛马大会，各地贩牛卖牛的都集中到这儿来了。来了得先住下，他四处寻找店铺。一个看上去老实巴交的人说："兄弟是不是找旅店？先到屋，我给你联系！保管便宜方便……"

韩来胜老实厚道，再说初来乍到一下子见到这么热心的人，就跟人家进了屋。

进屋一看，挺大的一铺炕，炕梢躺着一个老头，可能是生病了，直哼哼。炕沿②上放着一碗黑乎乎的药，还冒着热气。领他进来的那个人说："你先等一下，我去找房主人。你看这大炕多宽绰，还挺热乎……"说完，那人往外要走。

韩来胜寻思先坐下歇会儿吧。谁知屁股刚一碰炕沿，"哗啦"一声，那炕沿一下子掉下来，炕沿上那碗药也一下子翻在地上，碗碎药洒。

他正在愣神儿，领他进来的那个人抹头又回来了，说："你看你坐就好好坐，咋把人家的炕沿给坐下来了呢？你看咋办吧？"来胜说："什

---

① 黑店：一种专门伤害旅人的小旅店。
② 炕沿：东北人都睡火炕，那炕的外面有一长条横木，称为"炕沿"，人要上炕，必先碰到炕沿。

么咋办?""你没看人家老爷子生病了吗?那碗刚熬好的药,还没等吃,就叫你给弄洒了!"

韩来胜一下子吓傻了,这不是惹大祸了吗?那人说:"炕沿坏了就坏了吧,谁让它不结实了,可这碗药你得赔!""赔多少?""不多,这是'龙凤珍珠汤',花七千大洋在关里买的,你一个来买牛的,也不会带多少,就给三千吧!"

"三千大洋!"这简直是讹诈,可是不给又不行。吃亏上当——这一回吧。当时韩来胜没招儿,含泪把兜里买牛的一千五百大洋都给了人家,还叫人打了一顿,含泪离开了草原,一路上要饭,走了一个多月才回到家。

每当讲起这事,韩来胜就告诉儿子:"处事一定要小心,我哪知道他那炕沿是活的,哪知道一碰就掉下来呀?"

从 13 岁起,韩再发就跟父亲去北荒赶牛,父亲也有意让他体验一下清真牛肉铺生意的全过程。那时,父亲已经见老了,头上生出许多白发,还咳嗽,走路也费劲。小时的再发就处处护着父亲,走在路上睡在荒原的冈子上时,他都让父亲睡里边,自己拿着牛耳尖刀守在窝棚门口,赶牛时都是他跑来跑去,让父亲歇着……

父亲是屠宰牛羊的能手,他手把手地教儿子如何扒牛皮、熟皮子、刮肉、洗肉、煮肉。小时候再发就聪明,父亲一指点他就会干。他扒的牛皮,干干净净的,他还会使"刮子"①,手腕子功夫好,牛皮熟得也地道。皮铺的掌柜都夸说:"韩来胜家的老德子将来准是个好手!看那小孩儿,干活利索,有心计!"

父亲也常说:"德子,爹老了,将来的买卖也就看你了。我给你起名叫'再发'就是指望你今后再有发展。但有一句话记住,要讲经商的'德',到多咱不能糊弄人。咱的买卖,是做吃的东西,要对得起良心!还有,干咱们这行的,要琢磨,创造点新鲜玩意。不能让老百姓总吃一个口味的,要换换样!"

后来,他们家从农安小合隆搬到长春二道街民康路的西省馆胡同,后来又搬到四道街"老万发"大车店(客栈)院里。老万发掌柜的姓

---

① 刮子:东北皮铺刮皮子的一种工具。

何，他相中了韩家的牛肉和牛皮，每当有来住店的老板子，他都向人家介绍韩家的手艺，车老板们往往买回去，除了自己吃用以外，还送给亲朋好友。大伙都知道韩家的牛肉、羊肉煮得干净，料下得好，分量足，不欺骗人。

那时，韩再发的妻子满淑珍是个非常漂亮的姑娘，心眼儿好。她也记住丈夫的一句话，地上有块金疙瘩，不是咱的咱不捡，穷不怕，穷可以挣，但无论是亲戚朋友，还是邻居，咱不抓挠①人家。

老万发大车店院里的东院墙下种着一片葱，有时家里没有菜，何掌柜就说："大妹子，墙下的大葱，你就薅一把吃吧……"

韩妻摇摇头，她从来不想给别人添麻烦。左邻右舍都夸老韩家的人品，别人来借东西，有求必应，借去要还就还，不还就拉倒，谁还没个为难遭灾的时候呢，也就因如此，他家一有事，大伙都出头帮。

20世纪50年代初，再发的女儿东华和儿子东海正上学，家里穷得交不起学费。老师说，你回街道写个介绍信，给你免费。母亲说："不写，学费要交，咱不图这个便宜！"韩师傅连连点头。他要靠自己的小买卖去挣，维持生活。

那时吉林大学老校区一带是一片坟地，按长春市城市规划，要迁走。韩再发一想，赚钱的机会来了。于是，他每天起大早推上一车子馒头、牛肉，有时带上一些烧鸡，到坟地边的路上等着。那些起坟的干活累了，就围住他的小车子吃开了，生意不错。

时间长了，大伙一天不见韩再发的小车子，就觉得少了点什么。于是，不管刮风下雨，无论春夏秋冬，他的小车子总是准时出现。他的牛肉、羊肉、烧鸡、馒头什么的，在老百姓心中留下了深刻的印象，不光回族人愿意吃，汉族人也常叨念。这时，韩再发经常想起父亲说的，别总是一个味儿，要常给老百姓换换样。于是他就常在心里"悟"，我一个卖牛肉烧鸡的，也只能在这上面做文章。于是他决定先来个调查，看看长春老百姓愿意吃啥。

这一"调查"还真有收获。他从东大桥早市走到当时和平大路的晚集，从范家屯马市走到农安万金塔老街，终于发现，东北老百姓最愿意

---

① 抓挠：东北土语，打扰和占别人的便宜的意思。

吃干豆腐。

东北人吃干豆腐的方法很绝，一般是弄点大酱，找棵大葱，一卷就吃，有的干脆一口干豆腐一口黄瓜，还有的，干吃干豆腐。特别是一些车老板子，有时送公粮出门，背上几斤干豆腐，到小酒店要上两碗汤，干豆腐就酱油或咸菜，吃得蛮香。

回家他就把想法和老伴说了。他告诉老伴，有几回他见几个卖干豆腐的还带卖香菜末，有人买了干豆腐，卷上香菜末、大葱吃，咱们干脆把干豆腐穿成串儿，用老汤煮上，控干汤，这样干豆腐有了咸淡滋味儿，一定好吃……

老伴说："街上有人把干豆腐卷夹上馅，里边是葱花、辣椒末、芝麻、香菜什么的，大伙可愿意吃了！"再发说："对呀！咱们把干豆腐卷得小一些，然后穿成一串串的，这样卖也方便，吃也方便。"

"用啥穿呢？"

"用竹签。"

"那咱们试试吧。"

这种想法不是凭空产生的，是老韩头在对东北民间老百姓生活、口味和市场情况进行了充分调查之后，摸清了东北老百姓喜欢吃干豆腐，而松花江流域又盛产大豆的实际情况，把这一切综合起来，老韩头才萌生了这么个想法。

可是能成功吗？开始，他先把煮鸡的汤调好，汤里放进各种肉料，再放上花椒、大料、味素、食盐什么的，然后把干豆腐用小竹签穿起来，一斤干豆腐大约穿十串儿，放进锅里用老汤煮，半天左右时间，汤里的各种滋味全都渗进干豆腐里去了，再捞出来，控干水分，刷上香油，装在盆里……这样做出的干豆腐串儿，别说吃，看着都好看，一串儿一串儿，金黄、柔软、香味四溢，还没吃上，就流口水了。

那时，市面上没有这种小食品，东北的老百姓只见过冬天里的糖葫芦是穿起来的，于是问："这是什么？"

韩再发说："干豆腐。"

"干豆腐为啥要串起来？"

"吃的时候好拿呀。尝尝，好吃。"

当时，人们不知道这是什么食物，也不知为啥"串起来"，可是，一些熟悉韩再发的人就不一样了，他们买过他的牛肉、烧鸡、馒头，如今一见他又卖干豆腐串儿，就买一串儿尝尝。这一尝可就放不下了！因为吃起来，又香又软，吃了这串儿想那串儿，大约半年光景，人们惊奇地发现自己已经离不开这种豆腐串儿了。特别是一些中小学生，一开运动会或去春游什么的，都嚷嚷着让爹妈给买几串儿豆腐串儿带着。同志街和红旗街一带的老百姓，不少人从小就吃韩再发的豆腐串儿，长大了也忘不了。老百姓的口碑是最好的"广告"，"老韩头"卖的豆腐串儿好吃，于是"老韩头豆腐串儿"的名字在长春乃至北京、天津、大连、哈尔滨、齐齐哈尔迅速地传开了。

一开始他小打小闹，推个小车子卖豆腐串儿，也没在意，后来他办饮食服务许可手续是熏烧鸡，现在他的豆腐串儿反而后来居上，已成为长春市的一道名小吃，成为新的"老字号"，必须注册登记了。

可是用什么名注册呢？

一家人坐在一起绞尽脑汁，女婿突然一拍大腿说："嗨，还起啥名啊，大街上老百姓都叫开了，就是老韩头豆腐串儿嘛！"

大伙异口同声地说："爹，就叫这个名吧！反正你老韩头已经出名了……"

韩再发想了想，点点头说："中！中啊！这个名其实是老百姓给咱起的呢。"

老韩头豆腐串儿的出现，立刻在盛产粮豆的北方掀起了一场"豆腐串儿"大战，一时间，北方的大街小巷出现了许许多多"老韩头"豆腐串儿，后来还有什么"老黑头豆腐串儿""老太太豆腐串儿"……可是，老韩头推陈出新，设计出鸡汤豆腐串儿、麻辣豆腐串儿……别人做不出这种地道的滋味，敏感的人一尝，便知真伪。

后来，吃豆腐串儿的人太多，韩家也弄不过来了，于是只好多开几个点。他让闺女东华、儿子东海，还有侄子东山、东德等，分别在桂林路、崇智路、东大桥、同志街、黑水路、汽车厂、百货大楼等处，分别挂起了"老韩头豆腐串儿"的招牌。

现在，不管市面上出现什么豆腐串儿，无论是销量还是口味，或者知名度，老百姓还是首推"老韩头豆腐串儿"。老韩头不用他的豆腐串儿做广告，老百姓的嘴就是老韩头的广告。

鼎丰真糕点

在长春的老百姓当中,只要一提起鼎丰真糕点作坊,没有不知道的,谁家要有个大事小情,当家人往往会说去鼎丰真拎两匣果子!这儿的糕点已成为人们外出送礼、打点高朋贵友的最好礼品了。

提起老字号鼎丰真的来历,还得从清光绪二十年(1894)说起。那时浙江绍兴有个叫王信瑞的小伙子,十几岁随父亲闯关东,落脚在宽城子的一家饭店里当小跑堂的。王信瑞心眼好使,人也勤快,待人十分热情。每天饭店一开门,他就往门口一站,进来一位,他就搀扶着客人坐下,说:"客官您稍候!"接着立刻端上热茶,然后递上菜单。一来二去,大伙都叫他"王勤快"。

这一天,对门的客栈突然传来吵架声,"王勤快"跑过去一看,原来是一个病老头住店钱花尽了,客栈主人正往外赶他,可是老人病得起不来炕了。

只听那客栈的老板说:"没钱你就走!我这儿也是小本经营,担待不起你这样的!"

病老头说:"现在我起不来炕!病好我就走!"

"不行!别占着俺的铺。"

这时,王信瑞心软了。他走过去说:"掌柜的,谁没有个老那一天,他现在起不来,就让他再住两天吧!"

客栈掌柜的说:"哟!你挺会说话!那你咋不管他?店钱你付?"

王信瑞说:"我付就我付!"于是他回店拿出自己平时攒下的几个小钱,递给了店家,又对老人说:"你就安心住几天!晚上我来和你做伴。"

这天晚上,老头发高烧,呻吟道:"谁是我儿子!给我舀碗凉水喝吧!"

王信瑞想,谁没有老人,于是答道:"我是你儿子!"他舀来一瓢水给老人喝了。

老人在这家店里又住了七天，病好了要走。临走那天，老人把王信瑞叫来，说："孩子，你是个善良的人，心眼也好。咱们爷俩也算有缘分。我问你个事，你要说心里话！"

"什么事？"王信瑞问。

老人说："你现在给别人卖手艺，一直都是给别人干。你想不想开个自己的作坊？"

王信瑞说："什么作坊？"

"糕点面食。"

王信瑞一听，乐了。他告诉老爷子，他咋不想，可一没资金，二没人指点，所以干不了。

老爷子点点头，说："信瑞呀，我实话告诉你吧，我是从南方来找儿子的，我不是没钱，我身上带着一笔资金，这年头乱哪，我没露。现在我看你是个好孩子。要干，咱们一起干。我从前在南方开过一个'南糖作坊'，什么糕点、果品、面食的，我都会做。只要你同意……"

王信瑞一听，说："老人家，我也没为您尽过多少孝心，咋好动用您老的积蓄！"

老人却说："不，不是这样。古语说，受人滴水之恩，当涌泉相报啊！这些日子我观察，你是个好孩子。咱们的事就这么定啦！"

其实这也是王信瑞早就向往的事啦。这些年来，他和爹爹两人也积攒下了一些积蓄，想找机会开个自己的买卖，于是回家就对自己的爹说了。

老爹十分感激，让儿子把老汉接回家，一起商量开糕点作坊。

从前的长春，糕点铺不多。市面上大抵是一些饭馆子、烧饼铺什么的，于是王信瑞下定决心开糕点作坊。所谓的糕点首先就是蛋糕。东北盛产粮豆，这种原料不缺，农家院里鸡蛋也便宜，于是王信瑞的蛋糕一上市，就在宽城子畅销起来。

宣统三年（1911），王信瑞的蛋糕已在长春的地面上家喻户晓，人人皆知啦，大伙见面不叫他掌柜的，而只称他为"蛋糕王"。

这一年的秋天，两位老人相继去世了。王信瑞把二老发送后，决心大干一番事业。

于是就和妻子商量后，买下一处地号，盖起了一处很大的作坊。可是叫什么名字呢？从前的"蛋糕王"虽已叫顺了口，但今后的作坊不是单单地做蛋糕，就眼下，生产的点心已超过二十几种，什么炉果、芙蓉糕、八件、酥饼等等，真是应有尽有，但是名字真是难起。

一天后晌，他从家里出来，看见胡同里来了一伙京城的戏班子，一打听才知道，有人说这是吉林乌拉大名鼎鼎的牛家①请来的，从那边回来路过宽城子，被买卖人家请来唱上几天的。王信瑞一听"鼎"字，心中一喜，不如这买卖字号叫"鼎丰真"：头一个字叫"鼎"，因为鼎是一种做食品的用具，这说明咱这糕点是长春的鼎做出来的；"丰"，是指糕点的品种多，丰富多样，又指东北盛产粮豆，年年丰收，又取人富年丰之意；"真"，是说"实"，指自己的买卖作坊真诚，不欺人不骗人，以信取民。

他越想越觉得这个"鼎丰真"的名字好。回来对妻子说后，妻子说："这个名字不错！你再找人测测！"

第二天，王信瑞又去街上找了几个算运测字的先生，说出了自己的字号，大家都说不错，于是这个名字就定下来了。

他特意找来当年长春有名的书法家王修然给题的字，又请大木匠给刻的板，于是鼎丰真大号就挂出去了。

鼎丰真一开业就与众不同。其实糕点作坊主要是使面、配料、制作和烧烤。

选料师傅选好适合做各种糕点的面、糖、香料、水、料酒、面引子等东西，再由配料师傅把面按照糕点类别分别加进不同的用料。

在糕点作坊里，和面是个重要的活计。面和不好，就做不好糕点。往往几袋子面倒在一起，由专人来和，和完后再醒发。醒发和和面由面案师傅说了算。和完了，醒不好，师傅往往一个大嘴巴上去，刚来的小打往往被打一个跟头，但还得立刻站好，重新和。你一哭，他会说"抽回去！"

这都是从前的岁月。一切技术都是从磨难中一点点学来的。

做好的各种面型，在没有上炉上锅前，一律先摆盘。这种活要求小

---

① 牛家：指吉林市（从前叫船厂）的大商人牛子厚。

打要手巧。拿重了，面模上有手印儿。拿轻了，掉地上，就得挨打。而且摆盘要快，不然人家面案师傅一看案子上满了，你还没摆完，绝不会客气。好的摆盘手艺往往一个芝麻粒儿都不能掉的，真是叫人佩服。别看这活轻快，但要求技艺高。

摆完盘，面模开始上炉。炉是那种专门烤糕点的作坊里的土炉子，里面分好几层，先放在哪一层，什么时候翻个，什么时候换层，什么时候起炉，全靠"炉司"来调整。

炉司又叫"司炉工""看炉的"，他掌握的主要是火候，要根据不同的品种来掌握火候。火大了不行，容易把芝麻粒儿烤掉了，甚至会使糕点"串味"；火小了不熟，糕点发白，"色"上不去，影响买主的情绪。总之，一定要恰到好处。这全靠自己常年去体会、去领悟。

长春鼎丰真生产的糕点，除北方的主要产品外，还有京式的糕点，又称为"京帮"，如提浆饼就是，还有桃酥、酥皮儿、八件等等，好吃极了。

鼎丰真一开业，就以全新的面貌占据了长春市场。糕点作坊不但要做，还要负责送果匣。不少大的买卖人家，有个大事小情就给鼎丰真"下帖"。下帖，就是在作坊的货牌上记上，某天某日、某某买卖要什么果匣。

果匣很讲究，往往分大中小三种。果匣里糕点的摆放也很有说道，往往是高档的八件摆中间，一般的糕点垫底、插缝。装完的果匣，还要用红绳在中间系好，上面别一张商标类的方彩纸，上写"鼎丰真"三个大字。真是又漂亮又气派。

不管天多冷，果匣都要及时给人家送到。果匣大的两人抬，小的、中的一个人肩上扛着，不许歪歪，不能在后边背着，这样不吉利，买主不乐意。怕小打走得紧，放屁熏了，所以必须正正当当地走，不能打晃。

到了人家，送上果匣，有时人家给小费，回来要如实喊："刘家馆子看赏！"

这时，所有在作坊忙活着的工人一听都要齐喊"谢！"

账房如实将小费记上，留月后或年终大伙一块分饷。

在糕点作坊干活，糕点想吃可以吃，但不能糟践，人要有良心，不然掌柜的就会骂你:"浪费粮食丧良心啊!"

鼎丰真有良好的生产生活习俗,掌柜的和大伙在一块吃喝,过年过节也不单吃另做,所以大伙都佩服王信瑞。作坊在东北地面上名声越来越响。

1939年,鼎丰真的掌柜王信瑞由于生病身体不好,就由当年的账房冯肇明接管了经营,当上了掌柜。但是,冯掌柜经营不善,欠工人的劳金,鼎丰真一度停开了好几年。1956年公私合营后,作坊又重新开业。

从20世纪80年代开始,鼎丰真的月饼在市场上占据了主要位置。每当中秋佳节到来的时候,人们总是排着长队,到鼎丰真来买月饼。

今天,鼎丰真还是长春人心中的老字号。老百姓常说:

吃麻圆,有麻味儿,
奶花蛋糕冒凉气儿;
核桃酥,有酥味儿,
打饱嗝儿,流口水儿,
还想再吃一两顿儿。

老茂生糖果

清光绪十五年（1889）的春天，打南边儿来了一伙逃荒的走进了宽城子（长春）。就在当年长春最大的百货杂货店"玉茗斋"的胡同口，有一个"糖人作坊"。开这个作坊的老人，姓康。老两口每天都很忙，老太太熬糖，老头坐在门口的小凳子上捏糖人儿，糖鸭、糖狗、小葫芦、孙悟空什么的，很受孩子们喜欢。

糖作坊门口的木杆子上高高地悬挂着一个木瓢，木瓢的下边系一条布带子，上面写了个大大的"糖"字，算是幌子。老头那年已七十多岁了，周围的邻居们都喊他康糖匠。

一天，康糖匠放下凳子刚刚要端过糖盆，就听门口来了一伙要饭的，是两口子领着一个四五岁的孩子，怀里还抱着一个小的。

那男的突然说："帮帮吧，您哪！是康大爷吗？"

老康头一抬头，愣了。因为老康头从前是天津滦县人，早年闯关东来东北，靠祖上制糖手艺维持生活。一听要饭的声音是乡音，也是天津滦县味儿，于是问道："你是……"

"康大爷，我也是老滦县的人啊！"

"贵姓？"

"姓康。"

"啊！快到屋！快到屋！"

四口人进了屋，上了炕，一唠才知道。来人叫康守仁，原来是经滦县的一个老人介绍，来投奔康大爷的。

那年滦河出槽，一下子淹死不少的人，他们一家四口边走边要饭，走了半年多才到这里。老人一听，落泪了。于是说："守仁哪，咱们人不熟乡熟，人不亲姓亲！这儿从今开始就是你的家，你们就住下吧。今后有我们老两口吃的，就饿不着你们哪！"

当下，康守仁一家子就给老人家跪下了。

第二天，康糖匠在作坊后面给康守仁压了两间小房，让他们住进去，于是两家人合成了一家。

每天，康守仁的媳妇接过了所有熬糖、拔糖的重活儿，老太太给她看孩子，而康守仁则和大爷两个在作坊门口摆开了摊子，吹糖人、卖糖球。

从前的作坊，都是前边是门市，后边是作坊，场子和住处连在一起，一家一户的管理也方便。

每天，康守仁都早早地起来，把作坊里的四个熬糖炉眼点上，糖锅涮好，作坊里收拾得干干净净；媳妇呢，则早早地起来淘米做饭，等饭菜弄好，再招呼大爷大娘和孩子起来吃饭。

一家人处得和和睦睦，生意也很是兴隆。一到时兴节令、庙会，或谁家有个什么祝寿庆典活动，老康家的大糖球是不可少的"礼物"。

康守仁的头脑活，他把糖球放在一个一个大玻璃罩子里，从远处一看，真是馋人。他又用自己印制的彩纸把糖球包成或半斤或一斤一包的，让客人随走随拿，越卖越顺手。

一天，康大爷对守仁媳妇说："云芝呀！去上街割几斤肉，炒几个菜！打二斤酒！"

"大爷，过节？"

"不光过节。今儿个我有重要的事……"

守仁媳妇云芝乐颠颠地去了。

原来，康大爷今儿个心里有了故事啦，他已和老伴研究好，想收守仁为自己的"干儿子"。

在旧社会，老艺人的手艺轻易不外传，而康大爷没有儿女，加上这几年守仁在他跟前本本分分的，人又老实、肯干，对他们老两口又这么好，所以才有这个想法。

老康头说："守仁哪！我和你大娘想了好多日子啦。我们没儿没女，你和你媳妇又都是好人！因此，我们决定收你为我们的干儿子。你愿意吗？"

康守仁一听愣了。自从来到康大爷家，他觉得两位老人又善良又热情，简直就是自己的亲爹娘，平时也是这么待他们的。现在，康大爷主动提出，他简直不敢相信自己的耳朵。

还是媳妇在一旁督促:"守仁,还不快给大爷大娘磕头!"说完,她拉起康守仁就跪在地上,磕了三个响头,并说,"爹、娘!请你们受儿子守仁和媳妇云芝一拜!"

"好!好!"二老连连答应着,"孩子呀,快起来吧……"

这以后老人没有了后顾之忧,康守仁也更放心大胆地干起买卖来。他和爹商量后,把小作坊后边的空场子买下来了,先脱坯垒了一个大院套,盖了八间房子,又招收了十多名小糖匠(力工),分成收料进料的、上灶熬糖的、拔糖的和外销的几个工种,一个关东糖作坊就要开业了。

可是,中国古语有个"讲",叫作名不正则言不顺,总不能叫"老康头糖球作坊"吧。

爹说:"儿呀!你起个名……"

康守仁虽然没有文化,一个大字不识,但他多年和爹从事糖业买卖,对这一行的过程和特性也了如指掌,于是说:"爹!我看叫'老茂生'!"

"老茂生?"

"对。"

"咋讲?"

"爹!这'老'字,是取个咱们这买卖资格老,历史悠久,再说您是老一辈,也有老字号的意思!"

康老汉说:"嗯。解得对!"

"这'茂'嘛,是指咱们的买卖图个兴旺,财源茂盛达三江嘛。再说'茂'也有'冒'的意思,是指买卖要干大,要冒尖。对不对?"

"对!对呀!再往下解!"

"至于这'生'吗,我是想取个'升'义,指咱们的糖作坊升高升起越干越大;而'生'又指糖的'糖芽'能生,这也是咱们这买卖的特性……"

老康头连称赞:"你起的真不错。咱就叫它'老茂生'!"

老茂生糖果作坊于光绪二十五年(1899)秋天正式开业,那在当年的长春,也是一件大事了。

那时,老茂生糖果作坊四间大房子并排搭着十六个炉眼,每个炉眼上是一口大铁锅,作坊里往往不是一个炉子,而是一排。

而且,案子旁边还有一排炭火炉,是糖匠"烤糖"用的炉子,这排炉子和那一排大炉子对称,师傅来了要点着、烧好。徒弟要恭恭敬敬地喊:"师傅早!"

师傅点点头,说:"化糖!"

徒弟要立刻动手化糖。所有的料要头一天晚上备好备齐。一个糖袋一百多斤,徒弟不能让师傅上手,要自己干。

糖出来了,要先弄好,递给师傅说:"师傅!你尝尝。"

灶台的对面是一排大糖案子,靠西墙的窗子下并排放着几十口大缸,里边是凉水,要随时在案板中间的夹板中换水流动,使滚热的糖膏能冷却下来。

制糖首先要进行配料。配料是指糖的原料,在熬制之前先把各种原料备齐,如植物、矿物、水、滑石粉等准备好,同时要详细地检查作坊、炉眼、锅具是否干净。这一切都属配料或"备料"阶段。

接下来是熬糖。所有的糖在制作之前都要经过"熬",这主要是使晶体或块体的糖液体化,除去内中的水分,使其变成糖膏。一开始熬时,糖是红色或酱色的,往往熬到158℃~160℃,糖里的水分已被熬干,这时就要观察糖的变化。

老糖匠往往用一根棍将糖从锅里挑起,然后猛地一拨,糖丝若变成白色,说明火候到了。如果糖的颜色还是不变,说明没熬到份儿。

熬糖十分讲究火度。火度指火的强度。从前熬糖使用的都是硬木桦子,后来有了煤,也要选好煤或焦子煤,火硬,温度上得快。不然熬糖的时间长了会"皮实",变成了"老"糖,水分一时半会儿"拨"不出来,就不能使用。

熬时,老糖匠往往还要会嗅味儿。当熬到一定时间时,熬锅里的糖不再起小泡泡,发出一种酸甜的香味儿,糖就熬好了。这时糖匠会喊:"撤火!"

小打立刻把炉灶里的炭火端出来,然后"起锅"。起锅,就是把锅里的糖膏从锅中舀出来,倒在冷却板上。这活要迅速、麻利。

糖作坊的冷却板是两层。

上面是平平的案板,板下面是空槽,有小打不停地往空槽里倒凉水,使案板的温度降下来,以便使案上的糖膏温度也降下来。

起锅后的糖稀像水一样流在案子上,要由专人管理,码平,不起包,厚薄均匀。小打们不停地在案子周围跑来跑去,换水倒水,使滚烫的糖膏温度快速降下来。

当糖作坊案子上的糖膏冷却到80℃时，就开始揉糖了。

揉糖时的温度必须掌握在80℃。温度高了，人下不去手，烫人；低了，糖已冷却，拿不成各种型了。这是重要的工艺要求。

揉糖是力气活儿，初来乍到的糖匠一定要先干揉糖的活儿。一锅糖好几十斤，甚至上百斤，要由小打撒上滑石面子。然后双手拼命在案子上揉。

糖匠要在有限的时间里揉好糖，一个个拼命地忙，湿毛巾搭在脖子上，时不时地擦汗，不能让汗珠子滴进糖里。

揉好后，糖匠喊："开案——！"开案，就是指做糖的具体工序开始了，俗称"案子活"。案子活儿又分好多种，但不管哪种，都先由"拔楦"的糖匠给你"挑糖"。

挑糖拔楦是累活。这人双手一手拿一根棍，往案子上的糖膏里一插，然后提起来时，上面粘上了厚厚的一块糖膏。这时这人不停地双手抡着来回抻、拉，使糖膏不断地由红变白，而且柔软适度，便于捏拿，然后他喊："接着——！"这叫"拔楦"。另一个人，主要是做糖的糖匠，立刻接住，开始了下一道工序。

糖匠从拔楦的人手里接过糖膏，要立刻把双手插进滑石面子里，再后揪着一块糖膏，在手里揉来揉去，团来团去，然后用"吹管"插进糖膏里，一边吹气，一边双手不停地捏着，什么糖人啊、糖马呀，就都出来啦。

然后他把这些"产品"，一个一个地插在案板的"摆眼"上，案子摆满了，有小打把板车子推出去上街。

做糖是很有意思的事。比如做糖球，你看那糖匠从拔楦人手里接过揉好的糖膏，瞅准了糖球模子，猛地往里一摔，然后就搓。

那种"搓板"有糖球那么大的眼，糖膏一进去，一搓一动，就变成一个一个的球，然后运到那边"挂沙"。

挂沙，是把糖球放进砂糖面子里，在上面蘸上一层砂糖。这样又好看又好吃，又好拿，不粘手。

如果是彩色糖球，还要"挂道"。

挂道，就是往糖球上涂绘彩色的道道，主要有绿、红、白、黄、粉等。这些是事先弄好的食品色素，有专人往上画，这就是彩糖球。

做糖块和制糖球差不多，也是靠模子。

糖匠从拔楦人手里拿过糖膏，往一种长条的"压板"上一按，那压板上是一个个的小格子，多大的格子就出多大的糖块。值得注意的是，压板要会使手劲，如果要长条就少放糖膏；如果要方块就多放糖膏，压得厚薄也全靠手劲儿。

还有做螺丝糖。如果生产螺丝糖，就先把糖膏弄成一个球，然后放到中间带螺旋的一个模子里去，那模子中间是一个沟，等按好了，再一磕，螺丝糖就落在案子上。

当年，老茂生一开业，就吸引了宽城子的家乡父老。老茂生很会做买卖，每到年节，作坊门口的玻璃罩子里放上"赏糖"，过路的可以随便抓。

后来，老康头过世了，康守仁把老茂生干得更大发了。他重新扩展了院套，又招收了不少"小打"，糖的品种也多了，除了著名的东北大糖球外，还有芝麻糖、螺丝糖、大香蕉糖和冰糖。

当年，康守仁自己进料自己制糖，他从农安、九台一带购进来甜菜，贮在仓房里。老茂生院子里的甜菜堆得像小山似的。

他制作的"冰糖"，起名"红梅牌白冰糖"。这种冰糖洁白甘甜，它以甜菜熬制的白砂糖为原料，经过溶化、脱色、浓缩、结晶、分离、干燥等几道工序制成，最大的特点是糖含量高，质地纯净，甜度适口，晶莹洁白，使人喜爱。后来，老长春的"世一堂药店"还包销老茂生的冰糖入药，因为冰糖有润肺止咳，平喘化痰的疗效。

此外，老茂生还创出了一种"小人酥"，一投放市场就供不应求。"小人酥"是芝麻馅，外边是脆糖皮，一咬满口酥。这在当年，成为东北市场上的名牌。

经过一百多年的沧桑历史，老茂生糖果作坊已能生产出300多种糖果，公私合营后，成立了老茂生食品厂。长白山盛产人参，老茂生研制生产的"人参软糖"极受外界欢迎。这种糖是用吉林特产的人参为原料，采用精白砂糖、高级液体葡萄糖和琼脂加工而成，吃了之后不但香甜可口，而且生血养颜，大补元气，和鹿茸软糖一起，构成了老茂生糖果的重要系列。

真不同酱肉

提起长春老字号真不同酱肉,还得从 20 世纪初叶讲起。

一

那是光绪二十九年(1904 年)的事啦。

这年冬天格外冷,一入腊月北风更邪乎①了,刮鼻子刮脸,整日卷着尘土和雪末子在宽城子街头和胡同子里打转。

关东的天,冷个"作实"②,天上的"老爷"③都是双挂耳,可是为了生计的人们照旧爬起来,开始了一天的忙碌。

那时,长春桃源路一带是出名的"窑子"区,妓院妓馆挨着排,各买卖人家也是一家挨着一家。每天一大早,开铺板的开铺板,挂幌的挂幌,一片吆喝声,好不热闹红火。

桃园路有一个酱肉馆子叫"同发涌"。这时节,一个伙计正撅着屁股在铺子门口刨煤,然后用篮子把冻煤块运进屋去,转眼间大炉子已烧得通红。接着,他把用铁丝编的外面糊着红纸、上面写着"酱肉"两个大字的幌子用竹竿一挑,挂在门外。

这时,同发涌掌柜的武二大爷武鸿坡秃头上闪着光泽走出门口,照例把那条老围裙冲街上抖几下,一拧身麻利地系在腰上,然后亮开嗓门叫道:"酱肉——!"

一天的买卖正式开业了。

那时,同发涌是宽城子许多酱肉铺之一。其他酱肉铺都是以酱肉为主,兼营各种酱菜熟食、烧饼稀饭。可同发涌由于有武二大爷的经营,

---

① 邪乎:东北土语,厉害的意思。
② 作实:东北土语,实实在在之意。
③ 老爷:东北土语,指太阳。

酱肉弄得地道。很多人没有同发涌的猪舌头、猪耳朵吃不下饭，一来二去的也就出了名。

同发涌酱肉铺雇着好几个伙计吃劳金。以前的学徒，那叫"抱着笤帚疙瘩睡"，就是说当徒弟的梦里也得想着干活。早上掌柜的还没起来，你要把掌柜的尿壶和全家人的尿罐子倒了，把炉子点上，把洗脸水烧热，再把屋前铺后收拾个干干净净，擦得利利索索。

那时学徒叫三年"满"、四年"圆"。"满"，是指这三年你要给师傅白干，不得问价不得讲价。干的活根本不是"技术活"，而是杂活。三年出徒了，再干一年，这叫"圆"。这一年，直接接触技术活，但这一年还是白干。干完四年，才能去吃劳金，挣自己的钱。

在同发涌所有徒弟中有一个徒弟，姓董，名云祥，字麟凤，四川大邑县人。有一年到山东找亲戚，人家不收留，自己结伙闯关东。由于连冷带饿昏倒在铁道边上，有个叫张景芬的好心人救了他。又经介绍，来到同发涌当学徒，在这儿已干了四年，正干"圆"呢。

董云祥平时不言语，可是师傅做酱肉的一套技术活，他都扫一眼，暗暗记在心里。

掌柜的平时干活也背着他。掌柜的心里有数，云祥会"偷"。旧社会学艺就得偷，不然师傅教会了徒弟饿死了自己。

这时，董云祥刨完煤，点上炉子，挂完幌子，脸上弄得埋了巴汰①。武二大爷一转身看见了他，说："瞅你弄得怪埋汰的，快洗个澡去吧……"说着，随手扔给他几个小钱。

二

徒弟干圆期间，师傅指派你干啥可要分析了。这酱肉铺一开板，师傅紧肉、煮肉、下料、切肉、收刀、上秤都是"技术"活，明明应该让干圆的徒弟看了，可师傅偏偏让他去洗澡。云祥心下有数，这是怕他把"艺"学去，不觉有些心酸。

啥也别说了，赶快洗澡去吧。一会儿头一轮客人吃剩下的"泔水"

---

① 埋了巴汰：东北土语，很脏的意思。

废料下来了，还要涮泔水桶，归拢肉皮，收拾猪毛。许多杂活儿一刻不能耽搁。

老宽城子澡堂子当年就在马路对过。尽管是头晌，这老街也很热闹。由于快近年了，卖冻猪肉、粉条子、黏豆包、老烧纸、灶王爷、门神、挂签儿、黄香、爆竹的摊床，一个挨一个，还有卖糖葫芦和烤地瓜的，到处熙熙攘攘，吆喝声此起彼伏。

董云祥刚一上街口，就见墙上贴着一张白纸，上写"此房出赁"；再一看价格，三十块大洋！房子破到家了，没窗没门不说，连房盖也半拉儿，半截破土墙上立着四根柱子算是柱脚。

董云祥摸着师傅给的钱和自己兜里的小钱盘算起来。别看这房子破，可这儿是商埠地街基，如果成了自己的，将来干完"圆"，自己也开个"酱肉铺"，这总不是做梦吧。

想到这儿，他进了屋。问："这房子还能不能再压压价？"

"你是哪儿的人？"

"同发涌的徒弟……"

"啊，同发涌的？"人家一看，真是。

"这样吧，你给个价！"

"你要三十大洋，我给你二十五块。这两块是定钱！我一个月后来给上满数，这房子是我的；给不上，这两块大洋就是你的……"

在早时，买卖出赁都是这个俗理。

掌柜的一想，说："中。"

董云祥澡也不洗了，连忙返回同发涌。他一进门，大师哥二牛看见他回来了，就问：

"你不是去洗澡了吗？"

"嗯。"

"洗澡咋还这么埋汰？"

"我把弄钱丢了！"

二牛一听，火了。骂道："你这个没出息的玩意！还'干圆'呢！吃屎去得了，吃屎你都吃不着热乎的！师傅给你洗澡钱，你丢了！你啥时候能成人……"说完，照他屁股上就是一脚，"麻利洗脸，刮猪爪子！"

云祥不动声色，转身进了屋后的"地窨子"（房后院子里挖的一个大坑)。

这同发涌的地窖子，相当于今天的"冰箱"，各种猪头、下水都堆在里边；夏天阳光照不到，里面冰凉；冬天，那里是纯粹的冰窖。可徒弟要在里面收拾猪下水，用老刀刮猪头毛和猪爪毛。

为了在一个月内凑够二十五块大洋，董云祥发狠了。他白天在铺子上干一天活儿，晚上背着师傅上火车站找脚行装麻袋。吃劳金的人每天收拾多少猪爪是有数的，有时大劳金不愿干，他就抢着替师哥们干，挣些小份子。到第二十八天头上，他已凑够了二十二块大洋，分两次送给了人家……

那家掌柜的见董云祥黄瘦的面孔，也知道这钱来得不易。

这天，董云祥送"提盒"没在家，卖房子那家掌柜的找到了同发涌酱肉铺问："喂，武二爷，董云祥在吗？"

"找他有事？"

"他买我们的一处房子，说好月底交齐钱。这些日子，这徒弟累苦了！有人看见他半夜去装火车、推煤。现在差一块大洋，我不要了。我给他送'赁据'来了……"

赁据上写得明明白白，是董云祥。对方又说："掌柜的，你这徒弟行啊，将来一定能成人……"

武二大爷心下一惊。他点点头，接下了"赁据"。

晌午，董云祥回来了。武二大爷把他叫到屋里，说："云祥啊，你有事瞒着我。你买房子的事我都知道了！瞧瞧，这是人家送来的赁据，差的一块大洋人家也不要了。可你，这么大的事不该瞒着我……"

董云祥吓得傻在那里。武二大爷说："云祥，过去我看不上你，总以为你没出息，成不了大器。可通过这个事，师傅我对你的印象变了。我佩服的就是你这样的！我决定让你提前'出圆'。下个月，你就出徒自立吧。你现在房子也有了，开个铺子自个儿干吧！一切费用，师傅我周济你！"

"师傅！"

董云祥含泪叫了一声，扑通一声跪在地上。

三

董云祥在西圈马路上坎的六合屯口开起了一个酱肉铺，也叫同发涌。

吃了很多苦,今天总算有了自个儿的买卖,他能不珍惜吗!当年他舅到大虎山吃俄国人的"路饭"①,他投奔亲人没找着,在通辽开旅馆"燕落坛",后来买卖黄了,他到哈尔滨"振兴隆"酱肉铺干过,最后在同发涌出徒"干圆",现在要伸开腰杆干一番了。

那一年黄河发大水,山东数以万计的人背井离乡,远走他乡。有一户人家,姓胡,叫胡麟符,看看日子实在过不下去啦,就领着三儿子胡运昌随着逃荒的人出了山海关。这一天来到了宽城子,正赶上同发涌招学徒,胡运昌就把老爹安排在一个大车店里,自己进同发涌当上了徒弟。

董云祥待徒弟不刻薄,但是"严"。学徒期间他就教艺。来同发涌酱肉铺的伙计要先学会"煮肉"。

今天的人听起来,以为这是一个简单的问题,其实,煮肉很有说道。选好的猪肉要成块上锅煮,火小了不行,肉里有"血筋",伤人;火大了不行,大了肉烂了,没味儿;汤浸不透不行,汤不清净更不行,不许有一丁点油皮子。盐分一定要掌握好,咸了叫"压着点口"。该紧的肉块一定要紧好。紧就是把肥瘦相间的肉放在开水里焯一下,然后再开煮。

有一天,一个叫马二的学徒忙着去看戏,肉紧得不是火候,刀一上去就感觉出来了。董云祥问:"这盘子肉是谁端上来的?"

"是我……"马二低着头。

"你好大的胆子!"

马二吓坏了,说:"老四要去看戏,催我把肉在锅里打个滚就捞出来了。"

董云祥骂完了徒弟,急忙出去给客人赔不是:"您稍候。让您久等了……"

有了这一次,徒弟们再也不敢打马虎眼了。这一切,都看在了胡运昌的眼里。宽城子当年,一条条繁华的街道,戏园子、皮影戏棚,各种热闹场所应有尽有。徒弟们有时活心,往往张罗去看。董云祥也不是不

---

① 路饭:给俄国人修铁路叫吃路饭。

开面,来了名角,他也安排让伙计们去。

学完了煮肉要学切肉。酱肉行的切肉是头等技术活之一,除了民间常说的不能切顺丝外,还有许多说道。一样的肉,会切的人就切得多;你包一包,会切的就能切出两包来。因为下刀俏,切得薄,这要找肉的苍口,肉片才能立住。而且切的片好看,吃的人心里愉快。

酱肉铺的人,还要自个儿会磨刀。每人有固定的磨石。磨石放在一定的地方,别人不许碰,不能和别的杂物挨在一起。

切肉全凭"刀功"。这刀功要从一开始学徒就练,剔骨头时,刀眼相随,眼到刀到,把各部位的肉按类分开,哪是灌肠的,哪是酱肉的,一点不能混。肉、灌肠的自己剁,一天每人两大筐。练手腕子的功力,不剁完别下墩子。

切完后,再用手一收,说四两,差不上一片二片的;说半斤,差不过三片四片的。要记住,宁可给人往上填,别往下拿。当人面往下拿是不尊重人家。手就是秤。给人加两片,头高头低,打发人家高兴。这不光是刀功,也是心德。

由于董云祥继承了同发涌武掌柜的技德,人性又好,来的人就多,老同发涌的武二大爷也时常过来帮忙。他手把快、花招多,弄出不少新的花样来,特别是武二大爷在哈尔滨俄国人那儿学的"紧红肠",他也学了过来。这一下就使"同发涌"名声响亮起来。

一天,摘幌后,胡运昌来到上屋,对正在看锅煮肉的董师傅说:"师傅,俺想'干圆'。"

"你刚学了一年半徒,能干了圆吗?"

自从胡运昌来到同发涌后,董云祥发现这孩子与别人不一样,平时整天不说话,可一双亮晶晶的眼睛总往师傅的"活"上溜。有一回,二人转名角李青山来拉场子,董云祥特意给大伙买了票,可胡运昌却说:"师傅,俺肚子疼……"

"不去可惜呀!"

"可惜可惜吧。"他真就没去。原来,他一个人在厨房按师傅教的"花刀"刮猪毛法,把两大筐猪爪子全都弄完了。

董云祥这时问:"你能行?"

胡云昌答:"试试吧。"

董云祥说:"好。从明天起你领灶!"

然后,他吩咐里里外外的徒弟和劳金,说:"这以后一个月运昌领灶。大伙精着点!"

一个没出徒的人就敢"打圆",除了技术外,还要有足够的胆量。这"领灶",就是让他从头至尾干一遍酱肉这一行的全过程。如果这个灶"领"不下来,别说出徒打圆,今后也别想在这儿吃劳金。

古语说,没有金刚钻也不敢揽瓷器活;行家一上手,便知有没有。这天早上,胡运昌把各道工序活计都布置好,自个儿往前屋切肉案子前一站,专等着切肉。

同样是徒弟,你提前"打圆",这不等于往人家眼里揉沙子吗?一个叫二辉的徒弟就架不住劲了。心里话,我叫你"打圆"。

当时,在后屋看锅煮肉的徒弟叫丁兴中,他虽然干活兢兢业业,但最乐意看变戏法。这天正好赶上老奉天"小秋红"的戏法班子来宽城子演出,二辉就叫人弄来两张票,偷偷来到后屋锅台前,说:"兴中,走哇。"

"干啥去?"

"看变戏法去。"

"不行!切肉的师傅厉害……"

"我给你看锅,这个班子我看过了!"

三说两说,把兴中给支走了。

二辉心想,我叫你打圆,这回看你还出不出风头了。然后他往大炉子里猛扔了两锹块煤,又在锅里放上几斤新肉。煮肉既要找好火候,也得看好哪块肉吃火①,哪块肉不吃火,一般的猪肉两个钟头就行……

看着翻开的大锅,二辉心中暗暗得意,用不上半小时,这一锅肉就煮成了油汤,那时你要丁兴中的命也晚了。这时,胡运昌笑眯眯地走到后屋,说:"兴中呢?咋让你替他看锅?"

"出去了,有点事。"

胡运昌看一眼锅,说:"二辉,你吃不吃地瓜、土豆?"

"什么?"

---

① 吃火:指肉抗煮,得多煮一阵子才行。

"地瓜土豆。"

"不，不吃……"他丈二和尚摸不着头脑。

运昌却说："我吃。来，放灶坑烧烧！"

说着，回身到地窖子里端来一铁锹冻土豆地瓜，"咣当"一声就送进了灶里，很旺的火，一下子熄了。

二辉心里发蒙，说："这是……"

胡运昌笑笑，说："烤地瓜！烧土豆！"

二辉说："是！"于是二话没说，忙别的去了。

说也奇怪，等一灶坑土豆地瓜都烧熟时，一锅猪肉正好又嫩又烂，前屋运昌一声吆喝："上盘子！"

四

说来也巧，这时门口来了两个人。

一高一矮，是溥仪的两个厨子。他们怎么上这儿来了？

原来，这天是伪总理大臣郑孝胥的生日，他特地把"皇帝"溥仪请到家。酒过三巡，菜下五味，大伙都觉得山珍海味也没啥吃头了，郑孝胥把两个厨子叫过来，说："二位，听说宽城子地面上有什么风味没有？"

一个说："没有哇！"

一个说："咋没有！听说同发涌的酱肉挺出众！"

"嗯。"郑孝胥说，"你们二位速去，弄一提盒回来。说不定'皇上'品了会高兴！"

于是两个厨子就来了。

"来一提盒酱肉，要上等的！"一个说。

"切一块，先尝一口！"一个说。

胡运昌眼神一亮，就啥都明白了。只见他亲自从大锅里捞出酱肉，按在墩子上"唰唰"几下，那一片片薄若蝉翼的酱肉就摆满了提盒。这肉切的摆的，别说吃，就是看上去都招人喜欢，心里发馋。

两个厨子回到郑孝胥府上，溥仪和"大臣"们已吃饱了，正喝茶呢。

郑孝胥一摆手，这两个厨子把提盒提上来，掀开枣红盒盖，从里面端出一方盘酱肉来。

溥仪挽了挽袖子,走到近前,用大拇指和二指捏起一片,一抖,送进嘴里。这肉咸淡适中,奇香诱人,一入口便觉得吃少了。

"皇上"不顾"众臣"在近前,又一手把着袖子,一手抓起三五片,连连送往口中,边嚼边问郑孝胥:"这是哪的风味儿?"

"咱们这儿的。"

"绝!这味道如此叫绝。想不到一个宽城子,竟会有如此酱肉高手。与别处的真是一点也不同啊!明日给我查访一下,这名师是谁!"

过两天,两个厨子又来到同发涌,正赶上董云祥掌柜的在灶上。那两个人说:"掌柜的,好好弄酱肉吧,连"皇上"都说了,你们的酱肉真不同一般人家!"

人家说了要订酱肉,一天一提盒,色味儿都要赶上那天那日的。董云祥心里也就明白了。

晚上,云祥掌柜吩咐炒几个菜,端到自己屋里去,叫人把运昌喊来,说:"陪师傅喝两盅。"

胡运昌眼睛一亮,坐下了。

董掌柜说:"我想叫你提前干圆,挣劳金。咋样?"

"谢师傅……"

"今儿个白天'朝廷'来人啦,说'皇上'说咱们的酱肉真不同别人的,所以订了货,一天一提盒!"

"是吗?"胡运昌听了这个消息也挺吃惊。

师傅又说:"明天,奉天杂技团来宽城子演戏,票都让大买卖人家包了。咱们也放一天假。"

胡运昌说:"师傅,我不想看。反正票也不足兴,给别人吧。"董云祥喝口酒,说:"中。"眼中却闪着神秘的光。

第二天,大伙欢天喜地地去看马戏。店里就剩下胡运昌一个人。照例,他搬出一筐猪爪,一个一个翻看,寻找这些东西骨缝里的相同点和不同点。这时,店门"吱"一声开了,传来了掌柜的女儿董玉珍的声音:

"谁在屋呢?快把笤帚给我。下雪了……"

"唉,来了!"

胡运昌顺手操起笤帚来到门口。

玉珍是董云祥掌柜的宝贝闺女，她人聪明、热情，好凑个热闹。有时伙计们玩"走五道""憋死牛"什么的，她也在旁边支招。可运昌从未和她单独说过话。

寒风把她的脸蛋吹得通红，她披着一条狐狸围脖，眼睛圆圆的，笑眯眯地站在那儿。运昌看呆了，一下子愣住了。

玉珍说："傻子，快给我扫哇……"

运昌这才走到她的身边，麻利地给她扑打着肩上、背上的雪，她身上那股淡淡的香味儿，让胡运昌的心突突地加速跳了起来。

玉珍说："瞅你，乱撅。把雪都拨到我的脖子里去了……"她微笑着，把手兜、围脖摘下来，都塞在运昌怀里，说："拿着，我自己来……"

运昌胆突突地问："马戏完了吗？"

玉珍说："我不愿意看，所以偷偷溜回来，是让你给我做点酱肉吃！"

"让我？"

"嗯。"

"这……"

"这什么？不乐意？"

"不，不是。师傅不是比我做得更好吗？"

"我爹跟娘说'皇帝'都愿意吃你弄的酱肉呢。我偷偷听着的。"

这时，运昌心里也甜丝丝的，于是说："你偷听爹娘的话？"

"哼，你不要管。你给不给我做吧？！"

运昌笑了。

玉珍说："来，咱们一块做。我给你拉风匣，中不？"

"小姐吃，我就做！"运昌说着挽起袖子去摸肉块儿。

玉珍说："你别管俺叫小姐，多难听。就叫玉珍。听见没有？"

"不行，你是师傅的女儿，是东家的人，我怎么能随便地叫呢。再说，店里人多嘴杂。叫人说三道四……"

玉珍生气了。说："我是说就咱们俩时。中不中？叫！现在就叫！"

玉珍从灶前跳起来，拧住了正在切肉的运昌的耳朵。运昌连声说："叫！叫！我现在就叫。玉珍！你快松手……"

"不行！好好叫！"运昌微微地又叫了一遍。

"玉——珍——！"

玉珍松开手。于是两人都哈哈地笑开了。街头上，雪花儿在漫天地飘；屋里，弥漫着酱肉的浓香。运昌一边切肉，不时地瞅一眼在灶前拉风匣的玉珍。他发现，玉珍也在偷偷地盯着他。他一下子走了神儿，"呀"地叫了一声，快刀割破了他的指头。

玉珍一下子跳了起来，捧着他的手说："瞅瞅！叫你不集中精神。出血了吧……"

她把运昌的手指头放在自己滚热的嘴唇上吮着，同时一双眼睛看着运昌。胡运昌不由得满脸通红，想抽回自己的手，可对方死死地攥着。玉珍又掏出小花手巾，轻轻地给他系上。问："疼不？"

没等运昌说话，玉珍情不自禁地拥进他的怀里，低下头，说："爹让你提前打圆了，是要让你干出点样来，将来也好有个咱们的前程。"

"咱们？"运昌又一愣。

玉珍一笑，把他靠得更紧了。说："小傻子！今儿个马戏可好了，我回来是爹让的。爹说，你回去吧，店里不杂，没别人……"

运昌感到心里甜甜的，他从小到大没这么幸福过。

玉珍姑娘小脸火烧，通红通红的。她说："运昌，在同发涌整个铺子里，所有伙计中我早就注意了你。你有心计，人又聪明能干。人家把心交给你，你难道就傻呵呵的，一点也没个回报？你呀，石头壳蹦出来的人吗？"

运昌再也控制不住自己的感情，他在她耳旁低声说："玉珍，我这辈子就一个目标，把酱肉铺子搞出点名堂，让世人知道我胡运昌也不白给。不能瞎了你的一片情和师傅对我的期待。你愿意和我一块奔这个前程吗？"

玉珍点点头，紧紧勾住了他的脖子说："嗯。"两个年轻人，就是在关东酱肉铺那创业的岁月里，偷偷地结下了难舍难分的情谊。

胡运昌提前出徒干圆挣劳金，正应了中国民间的一句俗话：出头橡子先烂。不少人忌妒他。再说，同发涌的人越来越多，人一多一杂，掌柜的指挥起来也不力，同发涌已没有原先那么景气了。

这一天，胡运昌对师傅说："我想出去自己开个铺子。"

董云祥点点头，说："把玉珍领走，我也去。咱们一块干！"

五

1943年春,胡运昌领着妻子玉珍和岳父董云祥搬到了当时永春路北十字街口,开了一家酱肉铺。

取名都费了一番心思。

这天,正是四月十八。运昌从小就崇拜关羽,他头晌就去了南关"老爷庙"上香。他站在关公的大殿前,一扬脸见庙门上写着"德智配三才仰不愧天俯不愧地,精魂照万古生而为英死而为灵",心下一震,自言自语地叨咕着:人的一辈子,得干点真事,要和凡夫俗子不同,酱肉铺子干脆就叫它"真不同"。

从庙上回来,他把这个想法对岳父一说,老人家一拍桌子,叫道:"就叫这个名!"师傅又找来了武二大爷,大伙一研究,说:"真不同也是'皇帝'无意中给起的!想想那次他吃了咱们的酱肉,连连说和别人家的真不同!就叫这个名字吧!"

第二天,胡运昌拎了四盒礼拜见了当时宽城子著名书法家王修然,刻写了"真不同"酱肉铺的匾,从此在关东地面就有这个老字号了。

家也立了,铺子买卖也立了,可胡运昌却要"远走高飞"了。

这天,他来到岳父屋,说:"师傅,我想上京津,拜访从前朝廷名厨和老字号,再把咱们的酱肉往好了提提!"

老人从嘴里拔出烟嘴,瞅着窗外纷纷的春雨,说:"运昌啊,你一定要去闯。闯不出名堂,别回来见我!"

"嗯。"

妻子玉珍给他做好了布鞋,打个小包背在身上。胡运昌告别了亲人,一直南下而去。

上哪去呢,还是先上北京香山。

当年,还是他在山东永清的时候,那时他在家乡和爹开着一个烧饼粥铺。一天,一个乞丐在他家对门"福天全"饭庄吃完饭不给钱,几个伙计赶上来就要打。正赶上胡运昌挑粥挑子回来,急忙拉开了。说:"谁还没个为难遭灾的时候。他的钱我付了……"

福天全的人不管那一套,真就收了胡运昌卖了一天烧饼、米粥的钱。这个乞丐很过意不去，就说："掌柜的，你心眼真好使。我家在香山，叫罗比，我认识朝廷的厨子。今后有事找我，我领你见识见识。我这次是出远门，钱花完了，没钱付账。多亏你的搭救！"

你道胡运昌当年交的这个人是谁？说起来，真叫人大吃一惊。

原来，罗比是香山脚下有名的书法大家，祖上就以书画名扬湖广，京津的大买卖人家要没有他的书画贴刻在壁，买卖就不兴隆。

再说，他住的屯旁有个小府村，村里有个张财主，开着一个酱菜厂。这张财主平时极好动脑筋，加上家里人也心齐，几辈人把酱菜鼓捣①得味道绝香，好吃无比。

但是古语说了，再好的"名号"，也得靠人捧啊。

这天，张财主摆下酒席，派人请来了罗比，说："罗老爷子，你无论如何得给我的门庭画一幅壁画……"

看在屯邻面上，罗比推辞不过，就答应下来。可是画啥呢？酒过三巡，菜下五味，罗比挥笔在张家作坊的墙上画了幅青面獠牙的小鬼高高兴兴地推磨，而且还是一条腿。

张财主也是个有心人。一见此画拍手叫绝："妙！妙！一条腿的鬼，能把磨推得飞飞转，是说明我的酱菜太好吃了……"

罗比点点头。

张财主说："另一个意思，是说我张掌柜的有钱能使鬼推磨呀！"

从此，张财主和罗比成了至交好友，而香山的"鬼推磨酱菜"从此也出了名。

这一天，运昌来到了小府村，拜见了罗比，并说明了来意。

罗比一见是运昌，二话没说摆上了酒席，摇着一把破扇子，说："恩人，你有话只管说！"

运昌说："我在关东宽城子开了一家酱肉铺，取名真不同。这正是受了你当年的指点！眼下，我求你来了，帮我见一见名师，拜师学艺。"

罗比说："你这叫事吗？"

当下，他派人把张财主请来了，当面鼓对面锣地说明了意图。并强调："这运昌是关东酱肉名师，要跟你学，这可是你的福气！"

---

① 鼓捣：东北土语，指制作、操作的意思。

那时，张财主已不在买卖上，他每天只是端着水烟袋到各个作坊去指挥技工干活。从此，他把运昌带在了身边。

酱菜和酱肉虽一字之差，但却是两种吃食，不过二者之间也绝不是没有内在的联系，如制菜、喷料、腌制的时辰，上色、贮存、切法、季节的变化和以上各道程序的关系等等，都很有说道。运昌在张财主的指点下，把天义酱菜的制作过程都烂记于心。

特别叫他幸运的是，他隔三岔五能随张财主一块儿到"皇亲国戚"的家族中去"串味"。

串味是"行话"，意思是到用户家亲自走访，征求人家的意见。这些朝廷的家族人员，一个个会吃会品着呢，每每对酱菜提出许多新点子，这给运昌的酱肉发展也带来了极大前途。

张财主和"六必居"老板是好友。这六必居酱菜可并非一般，当年严嵩吃过这家酱菜并亲手书写"六必居"，到如今，已有几百年的历史。时下人们只知道关东的"真不同"酱肉好吃，却不知当年胡运昌投到"六必居"门下当"小打"的事呢。那年，张财主引见运昌去拜见六必居掌柜，以便学得酱菜制作的一技之长。

谁知胡运昌却说："不。"

"不去？"

"不是。我请张先生别介绍我是谁。只求你给我在六必居找个活干干……"

"你这是干吗呢？"

"你不要管了，我就要在他酱菜作坊搬坛子！"

无奈，张财主通过人，真在六必居给胡运昌找了个搬坛子、刷坛子的活计。

在一般人看来，这摆弄坛子的力气活，能学到什么手艺？其实完全错了。胡运昌通过弄坛子，经常接触料水、盐分，因此对六必居酱菜的"滋味"了如指掌，从"根"上掌握了这个中外闻名的酱菜的优缺点。并在心中暗暗记下它的盐分、咸淡、干湿、软脆、颜色等方面的特色。

他在京城一待待了一年半，又奔天津和唐山。1944年冬，胡运昌辗转回到关东，对关东"真不同"酱肉又有一种新的独特的想法，他要在自己的事业上大显身手。

进了长春老城，远远的，他看见自家用红土布写的"酱肉"两个大字的幌子在风雪中摇摆着，门口的人却有些稀落。

原来，他走之后，岳父染病卧床，铺子已有些支撑不开。再加上当年日本人统治盘剥加剧，物价飞涨，许多买卖都萧条了，几个伙计也都不干了，他不觉有些心酸。人们连饭都吃不上，还有心思吃酱肉？干脆改行干别的吧……

他有些心灰意冷。在外边转了一圈儿，还是推门走了进去，却见岳父和一帮人坐在那儿抽闷烟。原来这一年过年，家里穷得连饺子都没吃上。

一见他进来，岳父笑了，说："昨天我算了一卦，说你快回来了。正好，各股东都在这儿！眼下经济不景气，到底今后怎么个干法，真想听听你的……"

当时，真不同是几个亲戚合开的，各有各的股份，一见形势不佳，买卖不进钱，经营也不得力，就想撤股另寻出路。这也是人之常情。

大伙一见进来的运昌，简直和叫花子一样，哪像个闯出了"出息"的样子，于是说："分了吧。"

运昌说："诸位，我这次出远门，财没发，可是咱们这一行的技术，却学了不少。我劝大伙还是等一等！"

"唉，我们得活呀！"

"是呀，老婆孩子都没棉鞋啦，得撤回本钱……"

胡运昌瞅瞅岳父，最后说："分就分吧，我同意。不过，咱们真不同是胡家自个儿的买卖，我还希望亲戚们回来。"

这年冬天，胡运昌憋着一股劲要使真不同起死回生。

六

腊月底了，家家都在写对联，他也想写。这一天，他把真不同匾摘下来，刷洗一遍，重新油过。又找人定了一副对子。

上联：头顶马聚源脚踩内联升，

下联：包在狗不理肉在真不同。

横批：各其所好。

马聚源，当年是京津著名的帽子店，连皇帝的帽子都到马聚源做。而内联升，是民间闻名的老字号鞋店，据说内联升的"内"字，是指"大内"，即皇宫。"联升"取"联升三级"之吉利。从前，内联升以为皇亲国戚内外大臣做"朝靴"而启蒙，后来开始做"千层底"鞋。内联升的"千层底"用白布打袼褙，纳底时选用上等麻绳，纳好鞋底要放在80℃至100℃的热水中浸泡，然后用棉被包严热闷，闷软后再楦平、晒干。

这种鞋极其耐磨抗造。而胡运昌把自己的酱肉"真不同"与民间著名的京津老字号"马聚源""内联升""狗不理"相提并论，他的胆子真不小！

古语说：有志不在年高，无志空活百岁。胡运昌几年来拜师学艺，已摸出一条天经地义的道道，那就是人的一生要干就像个干的，要干就往高了攀，不然不如在家喝西北风。

对联一贴出去，新匾一挂出去，胡运昌对新来的几个徒弟说："头三天让利销售。一切听我的！"

第二天一大早，他到前屋一转，对正要开板上幌的徒弟说："慢！"

徒弟一愣，停下了。胡运昌道："把你脚下的木墩子再给我刮一遍！"

徒弟愣着，不动。心想，这不是没事找事吗？都要开板了。再说，这又不是切肉的墩子，而是人站的地方，刮那么干净干啥呢？

岳父一看，也走过来劝说："运昌啊，马上要来人了，这一个脚踩的地方，刮它干啥呀？"

可胡运昌对徒弟说："少废话！快刮！"

徒弟没招儿，扔下幌子，生气地刮开了。

胡运昌又端来一盆热水，让徒弟用刷子一点点地刷那窗台下的木墩子。

直到刮刷了几袋烟的工夫，那墩子已白生生地露出了本相，胡运昌才命人挂出幌去。

永春胡同北十字街口，当年本来是宽城子的商埠闹市，平时人众极多，又是大正月，各处热闹非常。如今，真不同新联新匾一挂，着实吸引了不少人。

"快来看哪！这对联写得绝啊！"

"不知实不实。说得越天花乱坠越是假玩意儿！"

"不见得呀！"

"咋？"

"你看人家，那脚踩着的木墩子都刮得那么白净！"

"嗯！进去尝尝……"

买主心里一杆秤。真不同这不起眼的切肉人踩的一块木墩，给了买主以极大的信任。

这一天，买卖十分红火。

晚上，挨训的那个徒弟拉住了胡运昌说："师傅，我服你了。"

胡运昌知道对方指的是什么事。于是拍拍他的肩膀，说："到多咱都得记着，干咱们这行的，要干净，不能让人吃恶心了。脚踩着的虽然不是切肉的，但买主从旁边打眼一看，心里就有个衡量。如果那木墩子黑乎乎的，上边的墩子再干净，也叫人不省心；如果上下都白净，人家心里就舒坦。人生在世，一定要拿人心比自心。如果你去买酱肉，看见那切肉人脚下的墩子黑乎乎的，啥个心情……"

徒弟点点头，眼里闪出敬佩的光来。

胡运昌的真不同酱肉铺重新开业后，他对自己的工艺要求得越来越严。他买的猪肉，一定是当天早上现杀的，肉进店立刻动手，该剔骨的剔骨，该分类的分类，必须在一定时间里处理完毕，决不能拖"时辰"。

煮肉时要求更严了，他时刻不离锅台。煮太烂了不卖，汤没浸透不卖。特别是放盐料时，他总喊："压着点口！压着点口！"就是稍微咸点的意思。

还有一回，他出去掌鞋，在一个烤地瓜的炉子前发上了呆。

原来，一个小孩买了一个地瓜，又送回来了。

烤地瓜的问："咋的？"

小孩："不要！太白。"

"那你要啥样的？"

"要那个烤得红点的……"

于是，烤地瓜的说："今后，得烤红点、黄点哟！"

这一件事启发了胡运昌。

原来人在吃食上，十分讲究外表颜色。而酱肉也是。一块酱肉，尽管味道好，但要是太白了，上不去色，就叫人倒胃口。

于是，他又琢磨用糖烟熏烤、上色、加料，制出了一种"真不同"特色风味的关东酱肉来。同时，他还在酱肉的基础上，扩展了素肉、素鱼、炸虾、素鸡花样、熏鸡、扒鸡等品种。他还把武二大爷的"红肠"也引了过来。

"真不同"方便顾客。无论是深夜还是五更，真不同的伙计们就睡在板桌上。晚上，门板上开个小门。夜行人走饿了，敲门喊一声：

"来块酱肉！"

"请稍候。就切！"

"谢谢！"

"拿好！再来呀——"

久而久之，已成为一种规范了。人人都已熟知了真不同的为人和艺德。

当年，宽城子的各个大车店的掌柜的都是真不同的好朋友，为啥？因他们的主顾愿意住在宽城子，为的是尝一尝真不同的酱肉。

老板子们拴上车，喂上马，于是说：

"上酱肉铺吧，别上馆子啦。"

"上哪？"

"真不同，不远。上馆子炒菜，不实惠。吃酱肉抗饿还拉馋！"

"中！中！"

于是，一帮帮、一伙伙的"回头客"；各路老板子、掌包的，都成了真不同的老主顾。

七

胡运昌买卖干大了，"有钱"了，可他从不丧良心。

有一回，胡运昌领着儿子出去赶集，有一个女人慌慌张张地走过来，一下子把儿子撞到壕沟里去了……

从此那女人天天上胡家来看望，每次来都是买挺多东西，还给扔钱，弄得胡运昌很不好意思……

原来，这个人是日本人，叫曾田栗子，一来二去也熟了。她成了胡家的熟人，三天两头就来胡家，处得也不外。

有一天，胡运昌到后屋的作坊去取材料，突然发现曾田栗子在他家翻箱倒柜，在一些纸上不断地抄着、记着。

胡运昌问："你这是……"她惊慌了，说声对不起，立刻跑了。

胡运昌这才警觉，原来她是日本的"商业间谍"，目的是偷取真不同的秘方。以后他再见到日本人，心里立刻提防上了。但他心中有数，你们偷不去真艺，"玩意"都在俺的心里呢。

胡运昌穿穿戴戴，典型的关东买卖人架势，帽子是马聚源的，鞋是内联升的，白袜子，黑衣裳，白衬衣，白衬衣袖口一挽露在外边，什么时候不带沾一点油星儿的。他有时高兴了喝一点白干儿，他佩服孙奎一，任何时候都收拾得干净利索。

小徒弟一埋汰了，他就骂："你看看人家孙奎一！你再看看你。那围裙，哪是布哇，简直像张窗户纸！窗户纸都比你这受看。"

骂是骂，他从不克扣伙计徒弟们的劳金。当年，爷爷奶奶也来到真不同，一有山东长清老乡来，进屋二话不用问，上炕就吃饭。还有赶车的、刷玻璃的、打铁的、干跑箱的、小木匠、鞋铺手艺人、纸匠，说来也怪，都是些小手艺人。胡运昌总说："这些小手艺人，小本经营，不易呀，来了，是看得起我真不同。不用问，上炕尽管吃，尽管造。有了呢，愿意给就给点；没有呢，我也不指望你记俺的恩情。到啥时候提起来，关东长春有个胡运昌，是个好念想①。"

当年的真不同，前屋卖酱肉，进屋后边是个大炕，上面摆一溜炕桌子，来人请客上去就吃，成天不撤桌。

除了酱肉外，还有小肚、素鸡豆腐、素鸡卷儿、干豆腐卷儿什么的。那时真不同的对面还有"不一样""四五六""新美楼""大灯笼""小世界"等老字号，可是真不同靠特色，以小以独取胜。大米粥、绿豆粥……鸡还撕开卖，烧饼三五分钱一个，两三毛钱，就能在真不同吃个饱。

1948年，胡运昌把真不同搬到了桃源路，挂出了"胡记真不同"酱肉铺的牌子。1956年，他又重新在永春路建了店，并扩大了规模。

---

① 念想：东北土语，指人缘。

1956年7月,"真不同"走上了公私合营的道路,整个酱肉行业由他指导,这一下子,全省都有了"真不同"分号。1962年,胡师傅接受邀请,先后到沈阳、哈尔滨、吉林、北京、天津等地传授技术,随之,关东真不同和北京的"六必居""天福号"等民间老字号并驾齐驱,在中国的民间留下了美名。

这道关东著名的美味还被选进《菜谱选编》和《中华饮食辞典》里,成了中国民间固定的吃食佳品。

1999年10月被吉林省"吉菜"开发委员会评选为"吉菜名菜"。

于家粉坊

东北最有名的粉坊是农安县杨树林子牛尾巴山于家粉坊,当家人于大柜是山东滕县人,光绪二十四年(1898)和爷爷闯关东来到农安杨树林子落了脚。

那时,他爷爷于老三和爹于得元都是当地出名的"粉匠",他家的粉坊从前清时就出名。这儿漏的粉肉头、有味儿、好吃,主要是浆口好。找浆口全靠撇缸人,他主要的功夫是认浆。认浆就是细心观察浆水的颜色,一扒拉浆水上边的沫子一层红皮,这是上等浆,能出好粉;一扒拉浆水上边的沫子发白发黑,是下等浆子。撇缸要及时下瓢,时辰不对,浆没红皮。瓢要找好轻重,狠了不行,少撇也不行。

然后是过包。过包的要有腰劲,挺直站在一排排大缸前边,把撇完的浆水一遍遍地过好。这人摇晃时劲儿要均匀。劲的大小要找好度,大了费面子,小了摇不出杂质。

过完包的浆水经过一夜的沉淀,缸里的面子成了坨,然后,开始漏粉。这时粉匠大柜开始显示自己的超人本事了。在他的指挥下,开始了插面子、炕面子、抓矾、叫瓢、上瓢、拨锅、捣粉、提粉、捶粉、打捆等全套过程,十分有趣儿。黑夜里,粉坊的马灯发出通亮的光。一开门的工夫,白气从房子里涌出来,飘向漆黑寒冷的夜空。孩子们看见粉坊里飘出的白气,大喊:"走哇!吃粉居子①去……"于是,孩子们一窝蜂拥进粉坊讨粉居子吃。

粉居子也是粉匠们随时"打牙祭"的好东西。就像种地的吃自己地里的瓜菜一样,方便随意。往往是从和好的面子里揪一块,裹在苞米或高粱秆上,然后伸进火红的灶坑里去烧,直到烤得青秆上的粉皮焦黄,散发出诱人的香气,然后拿出来一块一块地揪着吃。

---

① 粉居子:粉坊的土粉在灶里一烤,叫"居子",很好吃。

如果来了贵客或远方的过路人，只要进了粉坊，喊一声："盆子瓢子地道！"

粉匠们也说："地道！"

于是，粉匠们高兴了，对来人说："坐下，等着吃粉居子！"

于是，大柜嘱咐烧火的："去，找根苞米秆儿，擦干干净净的！"

烧火的出去了。不一会儿，苞米秆拿来了，交给粉坊大柜。大柜要亲手把面子裹在秆子上，在翻开的锅里烫一下，然后伸进灶坑里亲自为你烤粉居子。

这里渗透着粉匠待人的朴实情感，再说，农村也没什么吃的，粉坊的粉居子就是最好的最实惠的待人接物的"见面礼"啦，也是粉坊款待上等贵客的东西。

来人咬一口粉居子，连连喊："喷香！喷香！"

而孩子们呢，也挤在灶坑前嚷嚷："给俺烧一个吧！给俺烧一个吧！"

烧火的往往喊："靠后边等着，别挡碍！谁听话先给谁……"

于是，孩子们听话地往后边站去，但是一个个都睁亮了眼睛，盯着火红的灶坑里烧烤着的粉居子，手指含在嘴里，馋得哈喇子直淌。很多农村孩子出身的大粉匠会漏各种粉，出门在外也要带着各种瓢。瓢是一个粉匠的主要工具，也是他职业的象征。这行干得好叫"瓢亮"；干不好，干坏了叫"扣瓢"。一个粉匠如果经常扣瓢，他的名声就完了，前程也尽了。所谓粉匠"瓢亮"，包括漏粉的全过程要讲究、地道，同样的料，出粉多，粉好吃，而且大伙都欢欢喜喜的。扣瓢、扣盆都说明漏粉出了问题。

漏好了，外边人一听屋里的人有说有笑，就知道今天是好粉！于是村里的大人小孩争着进屋去吃粉居子，粉匠也愿意招待。如果在外边一听屋里没说话声，或说话没好声儿，保证是扣了盆啦。

粉坊遇上扣盆，干什么都不顺，火也不旺，水也不开，瞅别人鼻子都歪。这时候过路的千万别进去，进去也没人理你。

开粉坊，男人在作坊里忙活，女人也是很辛苦的。女人要忙着在灶坑前烧火做饭，给粉匠们吃，还要时时听着外边的动静，一有声响，就得出去。秋天没上冻时，女人都得在外边睡，看守着粉架子。于家粉坊的女人早上四点就要起来做饭，这些粉匠一天能吃六七斤米。

打瓢的人坐在锅台上，一天下来屁股下边的坯头子都烫秃了，人的屁股也烙肿了。掌柜的往往喊:"换块凉坯!换块凉坯!"

从前,是拉大风匣烧锅下粉的,水不开不行。拉风匣的粉坊小打,不停地摇晃着身子,脸上被柴灰熏得黝黑,汗水一冲,又一道一道白印子。但他一刻也不能停。不少的农村姑娘,看着粉坊里拉风匣烧火的小打那样子,忍不住掏出自己心爱的小花手绢,去给小打擦汗。不少粉坊东家的闺女和小打的爱情就是这样建立起来的。

从前漏粉用土灶,和面用大盆。一天只能漏个十二三盆。揣一盆子面得用一个小时。面揉没揉到份儿,别人不知道,粉坊大柜用手一摸,就知醒没醒。面醒了,就是和好了,这时开始"叫瓢"。叫瓢就是试瓢。试好瓢就"上瓢",开打。

打瓢绝对是技术手艺。打不好,面子不"接头",粉就"不成条",于是就"扣盆"了。

在东北民间,于家粉坊每到年节都贴上自己的对联,而这些有趣的对联正是黑土地老粉匠们的心愿。

> 凉水热水天天不离水,
> 干面湿面时时摆弄面。
> 横批:浆来水去。

> 坨坨银山铺成幸福之路,
> 条条玉线装点致富家园。
> 横批:水中取财。

1994年,吉林电视台拍摄大型电视系列片《松花江日记》(31集),当介绍松花江时来到了于家粉坊,把制粉过程拍了下来,因为于家粉坊承载了松花江流域人类的生存历史的一个片段。一首东北民谣唱道:

> 北边的水,农安的瓢,
> 于家的粉条最抗熬;
> 串门背上一捆粉,
> 丈母娘把你另眼瞧;
> 放上桌子炕头坐,
> 猪肉一炖可劲儿造。

董家豆腐坊

康熙五十一年（1712）夏秋之际，一伙垦荒人由河北永宁县来到伊通河北岸，董老汉两口子带着儿子董以和，挑选了一个肃静地方搭了个窝棚，白天董以和和爹猫在窝棚里，等晚上借着月亮光再出来丈量土地。

那年秋天，天气十分炎热。董家一家人住在草窝棚里，加上蚊虫叮咬，爷俩身上长满癞疮，白天太阳一晒，汗水一浸，火辣辣地疼，所以晚上出来丈地开荒。这天晚上，董以和和父亲正在丈地，走着走着，突然"咕咚"一声，老爹一下子跌进一个水洞子里。

儿子一看爹掉下去了，慌忙过来搭救，不想脚下一滑，也掉进这个水洞里。原来这个水洞是一处暗泉，因草高树茂遮掩不易被人发现。爷俩本能地抓住泉边的蒿草露出头来，突然觉得浑身凉爽无比，不但白天的暑热顷刻消失，而且身上的疮疤一点也不疼了……

一连三天，爷俩干活累了，就跳到泉眼里洗澡浸泡，更奇怪的事情出现了，他们身上的烂疮像泡沫一样，先是发白，然后一层层蜕去，长出了光滑的肉皮。老爹大吃一惊说："儿子，这是一眼能治病救命的神泉啊！咱们赶快搬到这儿来住吧！"几天之后，董家在这眼泉子的边上架起一个窝棚住下了。

话说老董家发现了"神泉"的消息像长了翅膀一样，不久便在长春、农安一带传开了。许多垦户不惜走一二十里路专门上这儿来洗澡，有的干脆搬到离泉子不远的地方来住。不到一年工夫，泉子周围就自然形成了一个屯落，人称董家窝棚。

为了让乡里乡亲的使用泉水方便，董家爷俩一商量，干脆挖出一个池子，引水给垦荒户们洗澡和饮用。儿子心眼好使，加上那年秋天庄稼又大丰收，董家院子里堆满了金黄的大豆，儿子就和爹商量，有这好的泉水，咱们还种什么地，东北的老乡和闯关东的人都喜欢吃豆腐，不如开一个豆腐坊，专门做豆腐……

老爹听儿子一说，连连点头。于是，爷俩立刻动手，脱坯垒院套，又买来两盘水磨，去蒙古草原挑来两头上好的小黑驴，买来十几口大缸……赶到冬天打完场，"董家豆腐坊"便开始拉磨了。

董家豆腐坊一开工就与众不同，大院套门口的一棵歪脖子树上挂着一片豆腐包布子，离老远就能看见。走近了，能从那布子上面嗅到浓浓的豆腐的香味儿。

董家豆腐一下子在"夹荒"带出了名。

无论是大豆腐还是干豆腐，都筋道、肉头、好吃。

每天早上，董以和早早起来，摸黑把驴套上，两盘水磨开始拉豆子。等他把一大锅浆子烧开，老爹再扎上围裙，开始"撇缸"和"过包"……

这撇缸和过包都是技术活儿，豆腐质量的高低，全靠这两道工序的手艺。由于爷俩精通做豆腐之道，那浆水浓度、火候都掌握得十分地道，常常是豆腐还没出锅，门口的土道上各屯子、窝棚的人早都等在那儿了。常常有这样的事，头三五天就有屯邻的乡亲赶来"订货"，不少人一到年节，都提前向董家豆腐坊订豆腐。特别是这儿出的大豆腐、水豆腐、干豆腐、冻豆腐，都是上好的食品，家家爱吃，人人喜爱。

一直到今天，关内的人出差到长春，还点名要农安的董家干豆腐、大豆腐，这个老字号，一是手艺好，二是水好，所以出名。

积德泉烧锅

关里有一家姓齐的,当家的叫齐雨亭,父子闯关东来到东北,在当时的宽城子(长春)一带落脚。有一天,爷俩开荒时发现了一处泉眼。于是,爹让儿子请来了一个懂烧酒技艺的屯邻,一块筹划开烧锅的事,还把屯里的一个老秀才也请来了。

一

当年办什么事都讲究个名正言顺。齐掌柜的当时炒了几个菜,大家边吃喝边研究烧锅叫个什么名字。

老掌柜说:"秀才,你给烧锅琢磨个名字吧!"

那老秀才也很兴奋,早就想露露才学。听齐雨亭一提,他便胸有成竹地喝了一口酒说:"东家,我看咱们的烧锅叫'涌发合'烧锅吧!"

众人说:"此名怎讲?"

"当然有讲!"老秀才又猛搦了一口酒,说:"所谓'涌'者乃指地下有宝泉涌出;宝泉宝水涌出人世,必会使齐家发财发迹,这里取个'发'字;'合'字嘛,便是人要得财,必取之天人之合。你发现了泉水,这是天赐之合,你又重用识酒之人,这为之人合。所以取'涌发合',乃为天意呀!"

众人连连点头。齐雨亭略一沉思,说:"这'涌发合'起得好!看来此泉水从发现到今天烧锅开张,都是天意。天意不可违,就叫涌发合烧锅!"

当下,大家又一顿庆贺。齐掌柜找来纸笔,老秀才挽起袖子,挥毫写下了"涌发合烧锅"五个大字,又写了一副对联:

上联是:猛虎一杯山中醉,
下联是:蛟龙二盏海底眠。

横批是老秀才题的字，又请二柜头徐长友刻了"涌发合烧锅"几个大字。当年阴历四月二十日，涌发合烧锅开烧，这消息一下子传遍了四面八方，老乡们都纷纷赶到烧锅来尝"头溜酒"。

尝头溜酒，这是民间烧锅作坊的老俗理。在东北民间，不管是哪家烧锅，开业烧出头一溜酒，谁赶上了都随便喝随便尝，这叫赶头溜酒。来的人往往进院先喊："烧锅快当！"这时烧锅里的人要接："快当"，回说："快当！快当！"然后手一挥说，"到屋！"

烧锅作坊的前屋是大炕，有桌子整日摆在那里，上面放一溜盅子。

来了客，掌柜的就喊："上头溜酒！"

早有小打（糟腿子）用锡壶灌上满满的一壶，然后趁热摆在桌子上，让来者自斟自品，慢慢去喝，什么时候喝够了算好。

涌发合采用造酒古法，在徐长友的授意下，齐雨亭先用童男子来踩曲子，据说这是造酒祖师爷杜康留下的规矩……

踩曲子的小孩都选十一二岁的小男孩，只穿一件小红兜肚，小脚丫洗得白净净的。他们站成一排，由一个㭎子师傅领着踩。

曲子是把上锅蒸过的粮食撮在一个大方形槽子里，然后让人上去踩，这样可以使蒸过的粮食发酵，水分蒸发，便于出酒。踩重了，米粒结构被破坏，反而不易出酒；踩轻了，水分出不来，又等于白费工。只有十一二岁的小孩，无论是重量还是位置，都恰到好处。

涌发合的老烧酒一出烧锅就占据了头道沟市场，给人的印象是香醇、浓厚，而且价格也适合。

这儿的酒一律用酒篓子装。篓子全是柳条编的，里边用民间的毛头纸糊上，再用猪血"血"上，不漏酒不跑味儿。酒篓的盖用蒙古草原的羊皮制作，整天在酒里泡着，再用小细麻绳儿一扎。这是地道的篓子，分五十斤、一百斤、二百斤，贴上一张老红纸，写着一个大大的"酒"字。

每天早上烧锅一开业，齐雨亭就端着旱烟袋走到院子里来，面对酒作坊那四座酒楼子，美滋滋地观察着。

涌发合的酒楼子从地面到房顶都是窗子，一共六层。酿酒的时候开哪层，什么时候开，开多大，取决于当天的阳光、温度、风力等。这时节，齐雨亭已经精通了制酒的各道工序，他命人在院子里竖起一根高高的"风招子",是用牛皮做的一个像胖头鱼一样的东西,底下带个转轮,风一刮,四处转动。每天观看风招子的摆渡,然后命令小打:"开上窗!半开!"

"开中窗!全开。"

"关下窗……"

他已有了足够的经验。开哪扇关哪扇,调整房子里的阳光照射面积和温度,能使酒出得更多、更香。

而酒一出锅,就开始定度,这个活是徐长友的拿手好戏。

头一锅酒一出,先要"看酒"。

看酒,就是看"花",其实是看"泡"。

头锅酒一淌,徐长友问:

"几个花?"

"三个了。"

"好。"

先舀一瓢,递给他。

三个花,也称为三个"浆"或三个"泡"。三个浆是60度。俗语说"三泡九浆为好酒"。

除了"看"之外,就是"嗅",也叫作"品"。

决定烧锅出的酒好与坏,主要从酒的色泽、气味儿、口味儿、风格等几个方面去品。说起这,涌发合还有个故事。齐雨亭请徐长友开烧锅的头半年,用来装酒的都是从木其河子烧窑的陶炉上进的酒坛子。一次,有两个装酒的坛子坏了,裂了个缝儿,他舍不得扔,就找了个锔缸的用把锔子锔上了,时间一长,他把这事就给忘了。

当时徐长友外出去卖酒没在家,一个老客来买酒,说:"掌柜的,你这酒坏了!"

齐雨亭说:"没的事。"

"坏了!"

"没坏!"

二人争执不休。

那老客说:"掌柜的,你打开你酒窖里第七个坛子,让我看看……"

看看就看看。齐雨亭打开酒窖,领人家进去一看,原来是坛子的铁锅子上锈了，所以把涌发合的老酒给拐得变了味儿。当下，他对人家老客佩服得五体投地。等徐长友回来，他把这事儿一说，徐长友立刻决定涌发合的酒都改用柳条编的篓子来装，不用坛坛罐罐的。

这一年，从阴历五月十三到六月初六滴雨未下，庄稼叶子都旱着了火。涌发合就给老百姓发水发粥。

当年的旱灾由于有涌发合烧锅舍水舍粥，四方百姓渡过了难关。后来又有几次灾荒，涌发合都是如此，于是老百姓就将涌发合烧锅改称"积德泉烧锅"。因为这儿水好酒好人品好，积德积善积财是为"全"（泉），并送来一块"积德泉"匾，"涌发合"就没人叫了。

积德积德，积世人之美德，加之泉水好，于是积德泉的名字叫得更响，传得更远了。方圆百里，南北集镇，都知道宽城子长春有个"积德泉老烧锅"，一些酒商老客甚至从辽宁和黑龙江的古兰、漠河一带，专程来拉酒。"坐商"就住在积德泉旁边的客栈里，出多少包多少，然后把酒篓子装在马驮子或骆驼上，运向远方。

二

后来，积德泉的创始人齐掌柜已过世，烧锅由他的儿子齐子升和孙子齐发掌管，而烧锅里的技术活计由徐长友之子徐仁说了算。这天一大早，辽东来了20辆大车，候在南关义和大车店里，专等拉积德泉的老酒。齐发命人天天给老客烙大饼，招待贵客，而烧锅这边，在徐仁的指挥下，干得热气腾腾……

那时，从积德泉门口往西就是一条大道，从这儿经昌图到达营口是直通的。夏季木轮子车、胶轮大车，冬季马和狗拉着的雪爬犁整日不绝，源源不断地把大豆和杂粮、皮毛、木材什么的运走……

沿途到处是店铺。车老板子一进店先喊："来半斤老酒！是不是积德泉的？"

"是！是！"

"热上——！"

"来啦——！"

这一问一答，早把积德泉老酒的名声传向了四面八方。

那些开店的老掌柜不用积德泉的"外柜"去走动销酒,而是早早地上烧锅来"订货",往往先付三分之一的"定钱",然后由徐仁在账房的墙上"挂牌"。

当年,你看烧锅墙上的挂牌,东北不用说,还有唐山、沧州、北京的一些买卖和老字号,也来积德泉"挂牌"。那时烧锅叫烧"牌月",就是这个月几十个班,是给某某买卖、某某掌柜的烧的酒。有一年,积德泉劳金们连年都没过上,忙着给江西景德镇的官窑烧两千篓子酒。人家要办祭窑祖道场,这事不能耽误啊……齐发杀了五口猪,犒劳伙计们过年。

还有一年,前郭尔罗斯王爷要办黑马敖包树立仪式和那达慕大会,特在'积德泉'定制老酒。

1904年,日俄战争爆发。后来日本人胜了,导致了羌帖①贬值,使投入大本钱和俄国人做买卖的积德泉一下子陷入绝境之中,不得不倒闭。

齐发一病不起倒在炕上。这天,儿子齐成山来到炕前,和爹谈将来的事,说:"爹,别急,等你病好了,咱们重新打鼓另开张!"

他说:"成山啊,你也不用安慰爹。爹这么大岁数的人啦,活到今天也是高寿啦。可惜了的是,积德泉这么好一处泉子,这么像样的一个烧锅,败在了我的手里!"

儿子说:"别这么说!爹!"

爹说:"所以我想……"

"让我去干……"

"不。"

"那?"

"兑出去。"

儿子立刻愣了。

可是爹又重复了一遍:"兑给一个人……"

"谁?"

"王——云——堂!"

"这人是谁?咋没听说过呀!"

---

① 羌帖:旧时东北地区对沙俄在我国发行的纸币的俗称。

"只有爹了解他。此人很精明，他能抵住日本人的算计。你我都不行！"

"这么说，爹你一切都想好了？"

"想——好——了——！"

这一刻，儿子也想好了。爹是自己的亲爹，他不会给自己窟窿桥走。可是，他一定要见一见王云堂。

王云堂，河北乐亭县人，从小闯关东来长春落脚，在杂货铺同盛合打杂，后来靠着自己的精明强干当上了同盛合的掌柜，而积德泉烧锅的当家人就是看上他的能力和本事，决定将烧锅卖给他。

王云堂说："前辈，那天你一走，我从掌鞋人的嘴里知道了，你打听我。"

齐发说："是呀。全宽城子我谁也信不实，我就信着你啦！"

王云堂说："前辈过奖了。"

齐发说："好吧，咱们不谈这些，还是说说兑积德泉的事吧。云堂，在和日本人、俄国人的争斗中，我败下阵来，不然我不会兑积德泉……"

"还是先说说你准备要多少吧。"

"落魄之人，多了不嫌多，少了再加点；咱们互相将就吧。十万大洋？"

"不值。"

"九万？"

"多些。"

"七万？"

"再落落吧……"

"五万？"

"到价了。"

"就这个数。"

"好嘞。"

王云堂说："钱我三天后付你。一次性付清。你还有什么要求吗？"

"有两个。"

"说说看？"

"一是，我就这么一个儿子，请你收下在烧锅里干点啥，还有一个侄子,当初他的祖辈也是积德泉的开创人之一。二是,挺起腰杆子,和日本人干一把,给咱们关东父老争口气……"齐发说至这里,心酸得泪水在眼眶里打转转。

王云堂说:"走,前辈,到馆子喝酒去!"

"不啦!改日再会。"

"送客——!"

外边,王云堂早已派人备好了马车,齐发上车,转眼间消失在正月十五的风雪中。王云堂一直望着车子远去才回身进了屋。

三

在当时的情况下,拿出5万大洋对王云堂来说也是个天文数字,可是,在他还是"同盛合"伙计的时候就立志要干一番事业;而且,自从日俄战争之后,日本的侵略步伐加快,他密切地注意着事态的发展。

他敬佩齐家的开基创业,可是他要走一条拯救民族工业并与齐家不同的"道"。

王云堂选准了几个合作伙伴,他们是:"兴德银行"董事孙尚臣;伪满"益通银行"董事邓锡钰;吉林"永衡号"总办史函;开源顺兴铁厂董事长后藤爱。每人出资大洋1万元,兑下了积德泉老烧锅。

日本人后藤爱入股一事,王云堂等人曾颇费思量。那时后藤爱是满铁商业机构"协和栈"的代理人。王云堂考虑他的加入可以多少控制日本方面的干扰。

在筹备开工的日子里,王云堂对积德泉大兴土木。他首先把老积德泉扒掉,又向外扩了4倍,然后加盖院墙,招收糟腿子(酿酒工人)200人,又在两侧加盖了积德泉烧锅客栈,一溜客房,院里可以喂马和拴骆驼,然后又加盖了"大厨房"和"小厨房"。

王云堂特意找当年长春的著名书法家王修然先生题写了"积德泉"三个字,找木匠刻好。匾是景泰蓝质地,金字、金边,金光闪闪,很是气派。又叫人写了两副对联。

大门上的一副是:

上联:烧锅名气大,

下联：老酒醉人多。

横批：积德泉。

二门上的一副是：

上联：酒借山珍论品味，

下联：钟鸣鼎石及宾朋。

横批：一醉方休。

1924年阴历五月初六，天刚放亮，积德泉的鼓风机"轰"的一声响了。

客人们陆陆续续地来了，踩曲子表演开始了。今天，王云堂安排了6排60个小孩踩曲子。这些小男孩在曲子师傅的指挥下唱起了踩曲歌。小孩儿们动作整齐，歌儿好听。乐得来参加开工典礼的客人们一阵阵鼓掌叫好……

当年，积德泉年产几十万斤老白酒，日夜三四倒班，每个班用红粮5石、大麦8斗、小豆4斗。

为了扩大销售，王云堂在九台、德惠、农安、双阳、榆树和乐山各开一处"酒局"，设有二柜，专门负责运酒、销售、收款及进料、批货和招待"坐商"等业务。

每天，王云堂早早来到烧锅，照例在院子里转一圈儿，瞅瞅各道工序生产的情况，然后到"门厅"询问老更倌当天的一些事宜。

一时间，积德泉酒成了东北民间家喻户晓的老酒，而王云堂也成为东北地面商业界的头面"人物"了。

就连伪皇帝溥仪也让积德泉给烧制"宫廷御酒"，在当时这算是"美差"了。

大约半年时间，积德泉研制出了准备送往"宫廷"的"御酒"试制品。王云堂望着这些"御酒"样品，心中别提多高兴啦。他对各位股东说："诸位，明天通知赵大人，让他派人来验酒！"

上午十时许，"内宫府"派来两名当差、两名御厨。积德泉的所有的人都来了，站在烧锅门口欢迎。

验收厅在积德泉北侧，是靠近曲子房的一个大仓库，经过临时布置，显得十分明亮、雅致。三条大长桌上，铺就红红的绒毡，摆着一杯一杯的"御酒"试品；每杯前面都放着制这酒的配料、成分等。

在王云堂的陪同下，内宫府官员和御厨率先进入验收厅。远远一看，这些酒杯和酒具十分气派，杯盘闪光，高雅柔和。

熊、胡二位官员左看看，右看看，前看看，后看看，没挑出任何毛病。

然后熊官员一挥手，说："该你们的啦！"

两位"御厨"点点头，脱下长袍，里面是一身洁白的厨服。他们又戴上一副洁白的手套，从头开始，端起一杯小口品尝，然后，二人低声地说几句……

那天，积德泉献上的是 6 种 12 杯"御酒"样品。每品完一种，立刻有小打给御厨师傅递上一杯清水，让他们漱口，然后好品下一种。

当"御酒"品评完后，二位"御厨"走到二位官员那里，低声说了一阵儿话，只见那二位官员点点头。这时，熊事务官对王云堂说："王先生，恭喜你啦！这'御酒'基本合格啦！"

1942 年阴历腊月二十九，积德泉召开股东会，决定让足智多谋的孙尚臣去送"御酒"。

第二天早上，孙尚臣亲自前往"皇宫"送"御酒"样品，随着还带去了准备给"娘娘"们喝的饮料和度数低的水酒，一起装在两个大提盒中，由四个小打抬着，朝"皇宫"而去。

那天天已快黑了，孙尚臣等人才风尘仆仆地赶回来。孙尚臣一进屋，如数拿出"朝廷"给的所有"御酒"前期制作费用和部分"开烧"定金，并告之平安而归。大家这才叹了一口气。

王云堂指着早已准备好的一桌丰盛的酒席说："弟兄们！开席！为尚臣兄和弟兄们接风！"

席间，孙尚臣说："还有一件高兴的事呢！"

说着，他顺袖子里抽出一张纸来，往桌上一铺，只见上面写了"御酒"二字。字迹清秀挺拔，墨迹闪亮潇洒。

王云堂又惊又喜地问："谁题的墨宝？"

孙尚臣说："云堂啊，这是'皇后娘娘'亲笔所题呀！"

四

九一八事变后，东北沦陷了，日本人通过自己强大的军事力量、政治力量、经济力量，压制长春的民族工业。

1943左右，日军战事吃紧，要求积德泉等老烧锅烧制的酒一定要达到60度，以便配在汽油中用于军事行动。

这件事对于王云堂来说是王八钻灶炕——又憋气又窝火。可是，日本人的命令又不可违。王云堂心想，我可不能做千古的罪人。可是，不交货又不行。他于是命人在一部分酒中兑水，使酒的浓度达不到60度。一日，日本青山训练团大佐久井三太郎偕妻子和儿子去"新京会馆"参加舞会，汽车开到日本桥洼地处熄了火，正遇大雨，山洪暴发，他的太太和儿子困死在车里。

这一下，事情闹大了。

当久井三太郎得知是积德泉往老酒里兑水造成的，就带领宪兵闯进了积德泉，王云堂得信带领全家逃到了乡下，日本人就把他烧锅给查封了。

1945年8月一天早上，王云堂来到了烧锅。

就在这时，突然听到满街里跑人，人们一边跑一边喊："事变了！事变了！日本人倒台子啦！"

接着，远处传来几声枪响。

糟腿子们一听，立刻放下手里的活计，跑出去看热闹，王云堂也跟着走上了大街。

街上已乱了套，一堆堆的日本妇女和小孩，站在难民营里。苏联大兵满街追日本人，枪声不断响起，各家的买卖都关了板，于是他赶紧返回了烧锅。

谁知一进院子，见一帮苏联大兵站在里边，有几个兵正围着一个大桶舀酒喝，工人们都躲在房子里不敢出来。

一个苏联军官走上来说："我是果克林上尉，我奉命前来向你们征收军需……"

王云堂一愣，说："上尉先生，我们没接到任何通知说给你们军需！"

上尉"啪"的一个嘴巴打在王云堂脸上，说："给我绑起来！押走！"立刻，几个兵走上来捆王云堂。几个厂里的老人立刻走上来说："上尉先生息怒，老东家真是不知道，有什么事你只管说……"

原来是后藤爱把这个事透露给了苏军，苏军准备把后藤爱的股份收走。

上尉说："按照后藤爱先生的算法，该是一万大洋的股金，现折合东北币四万五千元！快点吧……"

老人对王云堂说："东家，过哪河脱哪鞋吧，别心疼这几个钱啦！唉，这是啥世道！"

王云堂最终同意把后藤爱的全部股金给他们。他找来了老账，把这笔钱算好，一共是四万五千元伪币，交给了果克林上尉。然后说："上尉先生，请你给我打个收条吧？"

"收条？"果克林哈哈大笑起来，"我给你打收条？这不但不可能，而且你还得给我写个保证呢！"

"什么保证？"

"你要向我保证，永远不起诉！"

这真是憋气又窝火。王云堂觉得，钱已付给人家啦，于是又忍住气写了个字据。大致内容是不管到了什么年代，这件事他王云堂永不反悔，永不起诉！

这天下晌，万合泉的掌柜给王云堂捎来了一个信儿：日本人一看自己要倒台子了，就趁王云堂不在烧锅的当儿，拿了一个假的王云堂的"手令"，说同意将酒厂搬到日本。日本人把烧锅的设备都拉走了。

王云堂和工人们追到了火车站，工人们一下子把三节车皮给围上了。

日本满洲物产株式会社的小仓次郎站在车上，他对几个宪兵说了句什么，那几个人立刻把枪口对准了工人。

这时，王云堂对工人们说："弟兄们！上——！"

工人们举着钩杆、铁棍子冲上了火车，一些人拼死和日本宪兵搏斗着，一些人往下抢运设备，什么铁碾子、酒桶、磨、酒匣子不断往下扔……

这是一场肉搏战。几个日本宪兵见杨侃和老二哥是带头的，就开了枪。杨侃老二哥带着伤继续领工人拼命保护设备……

五

工人们用鲜血保住了厂子。

不久，苏军和八路军都撤了，长春又被国民党的一些大员接管了。这天，王云堂正在筹备恢复酒厂的事宜，一辆吉普车开进了烧锅，原来是国民党长春市政府给他送来了请柬，让他去参加一个会。

这次会上，王云堂被众商家推选为长春市工商界的代表，并当上了市参议员。

转眼来到了1947年，一场厄运也到来了。

一天伙计跑进他的房间说："大柜，可不好了，仓库里的二百袋高粱全让六十军给抢走啦！"

"六十军？他们不是在吉林吗？"

"昨天他们突然撤来长春，说是要加强长春的防务！这不是要把咱们弄垮了吗？"

王云堂不知说什么好。不一会儿，积德泉的门口就来了不少持枪的国民党官兵，把仓库里的、曲子房的、锅里蒸的曲子都挖出来抢去了。

王云堂萌生了离开长春的念头。这天，他带领一家老小往红旗街方向走，决定"出卡子"。这时，突然有一个声音传来："是王东家吧……"声音有气无力。王云堂一看，原来是刘老七。刘老七一把扯住王云堂的裤腿子，哀求道："东家！你带我走！你可不能把我扔下呀！"

当年出卡子是有"条件"的，把守卡子的国民党兵要按出去的人收"人头费"，王家一共七口人，已经交了七个人的"卡子费"。这时又多了一个刘老七，大家都为了难。

王云堂说："别管我啦！我要回去看看积德泉……"

刘老七跪在地上连连磕起头来，千恩万谢地感谢着东家和东家全家人。家里人哭着，随着逃难的人渐渐地消失在茫茫的荒野中。

王云堂不知是怎么走回烧锅的。他无能为力地坐在烧锅的废墟上，发起了呆。夜深了，院子里静下来。月光如水，洒在积德泉的院子里。他呆呆地坐在那里，直至天明。早上，当有人发现他时，他已经昏倒在破败的烧锅院子里。

六

1948年10月，长春解放了。

在之后的日子里,长春市军事管制委员会和市委等立刻组织人员到各大企业、商号开展工作,积极恢复生产"自救"。

当时,王云堂对一切已心灰意冷,和家人迁到北平去了。这时,长春市市长邹大鹏找到了当时任总经理的张庆余,希望立刻集中烧锅工人,赶快开烧复业。邹大鹏说:"庆余,我现在和你研究,咱们眼下怎么办!"

张庆余说:"现在两个难处!"

邹大鹏说:"庆余你说说看!"

"一是,工人们都不知跑到哪去了;二是,就是工人们回来,也没有粮食呀!"

"庆余,这一切全由政府给你做主。现在给你个时间限制,我要在一个月内,听到积德泉鼓风机的响动……"

于是张庆余立刻四处发动人,把工人们找回来。

张庆余最后集中了三十多名工人。市长得到消息,告诉后勤人员:"让积德泉的工人来领粮……"

市里还派了不少政府干部、军队战士,义务修整积德泉烧锅,有些老百姓也参与进来。只一天时间,就平整了院里的大坑,又去南岭拉来了十几车黄土,把院子铺就一新。所有的原料、燃料都由市政府和军事管制委员会从别处调拨而来……

1948年12月5日,积德泉开烧。

早上,张庆余让人在大墙头上挂上了两条大标语:

"支援解放战争解放全中国"和"多生产老白酒迎接新中国诞生"。

市长邹大鹏和军管会的同志也来到积德泉参加了"开烧"典礼。当张庆余讲完话,邹市长抡起铁锹向鼓风机的大炉堂里加了一锹煤,立刻,炉火熊熊燃烧起来,鼓风机也轰的一声响了,在人们的鼓掌声和欢呼声中,历经磨难的积德泉又恢复了生命力。

为了庆祝中华人民共和国成立,长春市政府决定让积德泉生产一批"老酒",送往北京,给毛主席他老人家尝尝东北积德泉的老酒。1949年9月,送往北京的"名牌"酒都生产出来了,工人们乐坏了。

这时,张庆余说:"慢——!"

工友们都愣了。

张庆余让人搬来一桶酒，他亲自打开，从中舀出一葫芦瓢酒，顿时，浓郁的芳香在空中飘开了……

此时张庆余已经满眼泪花。他说："工友们，弟兄们！在给毛主席和党中央送这老烧之前，让我代表咱们积德泉先敬你们一瓢！这一瓢酒，可有说道啊……这一瓢酒是多少代人的心愿啊！"

工友们也都落泪啦。

张庆余把手中的这瓢酒轻轻地浇洒在他前面的土地上，是对所有为积德泉开基创业的先辈们的敬仰……

然后，他又舀出一瓢酒，说："弟兄们！来！喝了这瓢酒，为去北京的工友们饯行！"一瓢老酒，从一个个工友的手中传过，那芬芳的浓香久久地在空中飘荡着。

这正是：

> 关东水，黑土情，
> 一杯老酒喜相逢；
> 烧锅多少沧桑事，
> 都在酸甜苦辣中。

来。因小孩如果藏起来了，一藏一找，往往喊"出不出来？"对方不吱声。

这不吱声和不出来，都是不吉利。榨油就是要"出"，指出油。这是掌柜的一种心理。

而且油作坊里有油缸、蒸锅，磕着碰着的，也不安全。榨油作坊里禁止人们踩、跨、迈榨油工具。对于压杠、罗圈、屉布、油草，都不许从上面迈过去。这些都是对这一行的祖师的不敬，也会影响出油率。而且，油坊掌柜的（东家）要会来事，不能和油匠闹僵。这些油匠干的是"吃"活（做吃的东西的），不能得罪了他们。

宋徐氏最会安抚油匠。比如出了头一溜油，宋徐氏会主动让油匠们"吃油"。因为即使你不让，他们也吃，何乐而不为呢？

在这样的日子里，榨油机一停下，她就对大伙说："每个人带点新鲜样，老规矩，别打怵！"

这"老规矩"是指随便吃油的意思。伙计们都明白，每个油匠工前都各自带着面和米。人们都愿意干榨油的活儿，虽然热点累点，但能吃得香。带面的人就烙油饼，带米的人把高粱米饭攥成团儿，下到油锅里炸丸子吃。

油坊禁忌女人来和乱开门。因为干活的伙计们只穿一条小裤衩干活，女人来了不雅观；但宋徐氏例外，因为她是大柜。再说来人就得开门，一开门就进风，降低室内的温度。因为出油靠温度。所以，每当开始干活前，大柜往往喊："谁有事要出去，快办，一会儿别鼓捣门啦！"

油坊的屋角放一个尿桶，是为了不让他们总开门走动，以免降低屋里的温度，影响出油。

榨油时说故事和笑话，也是一种习俗。因为一上榨，每隔20分钟才绞一回，漫漫长夜，大伙就说故事或哨。

哨，是东北民间的一种顺口溜式的俗嗑，往往合辙押韵，每个人都能顺口编出来。如一个人问另一个人："张老三，昨儿个你干啥去了？"

"上你家了。"

"上我家干啥去了？"

"找你妈去了。一进门和你爹相着了。我相（像）你爹，你爹相（像）我……"

李老四一听他骂人，也开哨了。于是他说："小伙小伙你别闹，你的根底我知道；三分钱买个大叫驴，蹲在草稞里睡一觉！"于是张三说："小伙小伙你别美，回去枕你嫂子大腿。你嫂子一翻身，造你可嘴红糖水。"这是北方的"哨"。"哨"分"文哨"和"武哨"。"文哨"就是只能编排对方，不能说父母、兄弟、姐妹等；"武哨"则荤素不忌，啥都说。"哨"也叫"拽大彪"。

油坊也不能敲打用具。如果榨油的工具脏了，只能擦抹。因"敲""打""碰"，往往都有动静，一有响动，就会影响作坊里人的注意力，往往不能很好地劳作。

1998年，老掌柜宋徐氏已经104岁了，可她还常常到老宋家油作坊里走走看看。

一首民间歌谣唱道：

> 长木匠，短铁匠，
> 挑八股绳是货郎；
> 泥工匠，瓦刀亮，
> 砸凿子把不长。
> 粉匠瓢，叭叭响，
> 油匠抡锤来回晃。
> 成衣铺，剪裁忙，
> 谁也离不开老八行。

李连贵大饼

一

　　光绪八年（1882）腊月二十八，刮了一夜的暴风雪，天亮了也丝毫没有停止的意思。在塞外空旷荒凉的土地上，它时而像一头奔跑疾驰的野马，撒着欢儿，大声吼叫着，发出瘆人的咆哮；时而又像一位年近花甲的老人，在喉咙里发出低低的喘息声。不是为了生计，在这样的日子里谁还会出门呀！

　　从奉天方向，疾驶来一辆破旧的马车，两匹青骡子奔跑着，花轱辘轮子发出"吱咛叮咚，吱咛叮咚"的响声，用五张花狗皮缝制的车篷顶部，常年风蚀雨剥显得乌黑闪亮，车篷上那一边一个小窗口沿上，结着洁白的霜挂，几丝破布条子，在车篷顶上迎风飘摆着。赶车的是个乐呵呵的老汉。

　　"驾——！"

　　老板儿甩个花鞭儿，清脆的响声在空中炸开。两匹青骡子在风雪中打着响鼻，起劲地跑开了。

　　寒冷的荒野，堆满积雪的河面，就连俗称"大道"的路，也是坑坑洼洼的，车子不停地颠簸、摇晃。突然，老板子发现在前边不远处的壕沟里，有一个穿着黑棉袄的人蜷曲在那儿。

　　"大爷……捎个……脚儿……吧……"声音很微弱。

　　"吁——！"老板子把车停下了。

　　他麻利地跳下车来。走到壕沟前，弯下腰去看。不看便罢，一看，这老板子来气了，他扬起鞭子，对这个冻得要死的人狠狠地抽去。大声骂道："该！活该！冻死你这个懒鬼也不多，我才不拉你呢！"骂完，赶着车就跑了。

　　在壕沟里奄奄一息的人一听，怒火心中烧，一下从壕沟里跳起来，说："好你个老东西！我今个和你没完！"就这样，后边那人就撵开了。

约莫走了两袋烟工夫，追车的人已是汗流浃背，气喘吁吁。老板子"吁"的一声，把车停下了。

这时，追的人已赶了上来，刚想动手打、张口骂，却见老板子笑呵呵地迎上来……

"你叫李连贵？"

连贵心里感到奇怪，他怎么知道我的名呢？

"小伙子，上车吧……"老汉随手扔过一件皮大衣。

"你……"

"方才呀，我要是不激你一下子，这会儿，你兴许就喂野狗了。"

连贵心里一震，这才打心眼里感激这位素不相识的"救命恩人"。

他爬进篷车里边，头脑里乱糟糟的，好多事浮现在他的头脑里，理也理不出个头绪来。

几天前他离家出走，本想学个手艺，将来有个一技之长，谁知碰到的尽是些不顺心的事。他先是到宽城子（长春）张麻子大夫家，想学中医，谁知张麻子老婆眼睛一瞪说："学医不难，你先给我抱三年孩子再说……"他受不了这个气，于是又改投万金塔周木匠铺，想学做门扇窗扇和房梁车架，可是周木匠答应是答应他了，却让他和自己的儿子先上山伐木，什么时候让下山再下山；他一阵心闷，又拜在农安侯家窝堡张铁匠的门下，学打铁具。张铁匠为人倒不错，可他那两个徒弟却搪不了，每天让他给倒洗脚水不说，连裤衩子都让他给洗。学徒嘛，这口气他能受得住。可每天三七疙瘩话实在受不了。这时，他才在心里暗暗恨自己，当初不该不听爹的话，放着身边的手艺不学，出外瞎闯乱逛个啥。

"驾——！"

老板子一声吆喝，连贵从沉思中清醒过来。他奇怪，这老板子是谁呢？

老板子鞭杆儿一摇，唱起小调：

一呀更啊里呀，
月牙出啊正东啊，
转眼间由东往西行。

阴差阳错变化任无穷啊，
　　情里有理理中又有情啊。
　　二呀更里呀，
　　月牙照啊房前啊，
　　不听老人话吃亏没个完。
　　老人吃的盐比你米还多啊，
　　米和盐盐和米事物巧变幻啊。

这老汉的小调，唱得很好听，还不时地回过头来拿眼睛打量坐在车里的年轻人。

连贵沉思一会儿，说："大爷，你唱的歌是啥意思呢……"

老汉摇着鞭杆，像是对连贵、又像是自言自语，说："世间万物，变幻无穷，往往你以为对的，却又会错；有时你以为错的，却又会对。抓住一点，苦钻不止，乃世上智者啊。"

连贵似懂非懂地听出了老汉的话外音。于是自言自语道："唉，守着盆盆罐罐，不知会有何出息啊。"

"识时务者，乃为出息。三百六十行，行行出状元。"

连贵眼里闪出了亮光。他从小生就那股犟劲，现在仿佛都集中到他的目光之中了……

"民以食为天。为万民制食，大有可为，况后人不会忘记你的。"老汉说着，拍了拍连贵的肩膀，"孩子，你好好想想我的话！"

连贵说："大爷，您是谁？"

"别问了，凤凰城到了。"老汉拉了一把牲口，把车停下了。

连贵跳下了车，正发愣的当儿，这辆马车"哗啦"一声又启动了。那老汉神秘地笑着，摇着鞭杆赶着牲口，消失在远方茫茫的风雪中。

二

古老的凤凰城李家老爷子，身板不济，膝下五个儿子，都不愿守着老辈子开的这个绿豆粥、烧饼铺。在这五个儿子中，老爷子比较看中老二李广忠。

老二李广忠，小名连贵，从小灵杰聪慧，但是他有一个最坏的毛病，为人处事，常常是一条道跑到黑，不撞南墙不回头。显然，爹爹想把铺子交给他，可他就是不当这个家。于是，老爹想了个古怪的招儿，花钱收买了一个精灵的老汉当老板子，在老二外出学徒归来的途中，一鞭子抽醒了儿子的头脑。

果然，这次外出回来，广忠决计让爹省心。

当年，李家饭铺坐落在凤凰城（今吉林省梨树县）东南角，前门脸且一间小屋，屋后是老孟家的一片菜园子。一进门一铺大炕，月亮泡苇子编的大花席子铺在上面，并排四张小桌，后屋煮肉，前屋烙饼，来人上炕吃饭，吃完就走。

李家铺子门前是官道。一条从宽城子（长春）西去草原和北荒的土道，整日五行八作的人络绎不绝。李家铺子的饮食不算太好，可绿豆粥、糖墩儿、酥饼、锅盔，做得倒很是细致。李老爷子倒也心满意足，广忠可和老人不是一个心思。

在凤凰城西北的通辽，是骡马牛羊交易的中心，有一年，广忠赶蒙古王爷的庙会，顺便来到这里。

小城通辽，整日弥漫着漫天的沙尘，毡房和买卖人家的各种幌子上，都落着厚厚的黄尘，有着浓郁的草原气息的风中飘荡着一种特殊的香味儿，广忠一抽鼻子，不觉顺风信步找去。

在古老的成吉思汗街口，有一家大饼铺，香味就是从此处飘出来的。广忠从敞开的窗子往里一打量，只见一位五十岁上下的老厨师，光着头在案子上和面，高高的个子，穿着一件小汗衫。他把醒好的面擀成大钱厚，撒上豆油，然后在案板上猛摔。"啪啪！啪啪！"很有节奏，接着揪成小团，一擀一烙，不一会儿从油光锃亮的平底锅里起出后，又是"啪啪！啪啪！"一阵猛摔……广忠知道，这叫"千层酥"，可是颜色却比老凤凰城的"千层酥"鲜亮多了，本来已吃饱饭的广忠，急忙又要了一盘。原来这味道也很绝。

于是，他就在这家姓谭的大饼铺对过的一家大车店住了下来，每天来这家饼铺，吃了又品，品了又吃，忘记了返回凤凰城的时间。

和他同来的屯邻，嗓子都喊哑了，可是这个"饼迷"却和那光头的谭师傅拜上了师兄弟。

"谭师傅，你这饼的味道真叫好！"

"不值夸！不值夸！"

"你是咋弄出这个味的呢？"

"你注意，我用的是熏肉。"

"凤凰城的大饼全用煮肉、酱肉。"

"煮肉，是用气调味；而熏肉则是靠烟。你看，我用的是牛粪火，火苗均匀，火温平和，肉不焦不腊，不老不柴。肉熏得香，饼当然也顺口……"

"煮肉能否达到这一步？"

"达不到！达不到！"

"咋的？"

"火的燃料你没有，技术又是根本。哈哈哈……"

在通辽成吉思汗街口的大饼铺，广忠一待待了12天，这才一个人匆匆赶回古老的凤凰城。这一次草原之行，他把老谭家饼的做法、配料和火候牢记于心。

从通辽回来后的第三天早上，广忠来到铺子里对几个兄弟说："今儿个咱们不做了，大家把活停下商量商量，把咱的大饼煮肉也改成熏肉吧。"

古旧的生活规律，沉闷的民间习风，家族之内对广忠提出的建议都不能容忍。大哥生气地说："熏个屁！你给我老老实实守着这绿豆粥饼铺子得了，人家蒙古草原上有牛粪，咱上哪儿去掏弄？"几个兄弟也想不通，有的说："这粥铺是祖上留下来的，不能可你一个人折腾。"

大家闹个半红脸，这时只听门外传来咳嗽声。大家循声望去，只见一个梳着两条长辫子的姑娘扶着老爷子走进了铺子。

老爷子坐下后，大声训斥哥几个。

"哼，你们不想让我多活几天。你们恨我不死！是不是？"

"爹……"

哥几个急忙围过来。老爷子一把推开他们，说："当初，你们同意让老二当家！可他出点子你们又不干。常言说，七股绳，八股套，死也拉不上一条道。你们这不是逼我死，又是干啥？"老爷子大声咳嗽着，突然，喷出一口鲜血……

几个儿子围上来，老头伸出干瘦的手摸着老二广忠，说："你就把买卖改改看看。爹一辈子都想变个样，可是，爹总迈不开这一步。"接着，又嘱咐哥几个都听老二的。这天晚上，李老爷子匆匆地走完了人生的路。

一天晚上，从铺子回家的路上，一双温软的手拉住了他：

"连贵哥！"

"凤！"

"我……"

"干啥？"

"想，想帮你撑这个家。"

这是个大胆俊俏的姑娘，就是那天扶老爷子来的那个闺女，她是凤凰城北刘家木棚的独生女儿素凤。平日里，她是李家铺子的常客，早已和家里的妯娌姐妹们处得很熟。其实，老人们早已给她定下了终身。

连贵说："你，你不怕累？"

素凤说："连贵哥，我一直注意着你，你人实惠，能干，俺就看上了你！"

连贵说："小点声。"

第二年夏天，连贵和素凤完婚后，他除了把煮肉改成熏肉，同时也把过去用豆油和面改成用荤油（猪油）和面。奇怪，烙出的饼，滋味一下子变了。老凤凰城一通子街的大买卖家一致捧场："喝！老李家这饼好吃！"从此，李家饼初步具备了自己的特点，"李连贵大饼"也就这样叫开了。

三

当年，街镇上的人家和来往行人到连贵铺子吃饼的络绎不绝。这时，连贵就卖了过去的门市和住房，从对过老马家买了旧房子，重新翻盖，前边连铺子五间，后屋两间作坊，一律改成瓦房，水泥地，瓷砖的桌子，从榆树屯请来张麻子给搭了一间连二的火炕，上放三张大炕桌，专门给年老和抱小孩的客人坐，地上并排放着六张桌，从宽城子孙家油坊买来亮油，把"兴盛厚"的牌匾油个光亮，挂在了大门口。连贵饼铺红火地开张了。

按照连贵的分工，他负责里间做饼，亲自上灶，三个弟弟负责跑外，大哥李广义负责领着伙计招待客人。广义头脑特灵，账来得快，连贵正好让他管外间。

一天，连贵正在里间忙活着，忽听前屋传来一阵哭声。又听大哥厉声骂道：

"小兔崽子！打死你这个多嘴多舌的……"连贵急忙跑出来，只见小跑堂的忠海正跪在大哥李广义脚下哭呢。

忠海这孩子，没爹没娘。五年前一个大雪的夜里，连贵赶年集回来，路过大岭山坡下，在一个壕沟里捡回了这个孩子。这孩子长大后，就拜认连贵为"干爹"。由于聪明伶俐，特别是小账来得快，嘴又会说，又挺怜人，连贵就让他和大哥在前堂招待照料客人。

大哥嘴里骂着，举手又要打。连贵忙喊："大哥！住手！"接着把忠海叫到屋里，问明了原因。

原来，今天头晌，饼铺里来了一个穿得又脏又臭的老头，这人是凤凰城里有名的"老旱医"，姓高，名龙滋。别人来李家吃饼都说饼好，可他边吃边说："完了！完了！"

大哥说："啥完了？完了算账。"

老高头摇摇头说："我说的是，你们李家的烙饼，要完蛋了……"

大哥一听，就来了气，上去揪住高老旱医的衣领子说："老东西，你把话说清楚，完了完了的，好丧气！好买卖也叫你给骂倒台了……"

"啊！我说我的话，你怎么动手打人？"

大哥也在气头上，说："我是赶车的出身！没骂过人！"

小跑堂忠海一看，大爷得罪了客人不好，急忙上来劝解，并一再给高老旱医赔不是："老人家，你就让让，大爷他今天多喝了几杯。"好歹算是把老头给劝走了。谁知客人走后，大哥李广义怒气未消，对忠海又打又骂，说他在客人面前丢了他的脸面。

连贵看劝不住大哥，就有点火了，说："哥，你要知道，忠海是个孩子，又没爹没娘，你这样不应该。再说，人家老旱医说不定对咱们的饼能说出点道道来。他一辈子走南闯北，经的多见的广呢！"

"啊？"大哥火了，"好你个老二！爹让你当家！你就看不起别人，你的翅膀硬了！是不是？好，今儿个你若不让忠海这小子给我赔不是，我和你没完。你向着外姓人家，压着自家亲哥兄弟，你还有点良心没有！"

大哥说着，把围裙往地上一摔，赌气走了。

一连三天，老旱医没到李家饼铺来吃饼，这事儿，一直叫李连贵伤心……

一日晌午,他把忠海叫到一边,把老旱医那天说的话又偷偷地问了一遍。忠海神秘地说:"干爹,我好像听老旱医叨咕,说咱不该单把煮肉改成熏肉,他认为煮肉气味更浓。还没等听完,大爹他就骂开了!"

"哦!"连贵打断了忠海的话,打定了一个主意。

在老凤凰城西北角,有一座破旧的关帝庙,佛身和树木早已不知去向,三间青砖瓦房,只剩下半间。高龙滋老旱医孤零零地住在这里。

他是专门治疗疔毒的名医,连贵爹在世时和老旱医的交情不浅,每逢年节,李家改善饭食,也忘不了到"关帝庙"里去请高老爷子。

记得小时候,他熬药,连贵还帮着烧大火呢。

黄昏,高龙滋熬完药,进屋洗了手。在破碗里斟上老酒,刚刚端到唇边,就听门外有人叫门。老旱医开了门,见是连贵站在朦胧的夜色里。

连贵说:"大叔,我来给您老赔不是来了……"

老旱医一看是李家人,气得"咣当"一声,把破木板门又关上了。

连贵连连叩门,说:"大叔!大叔!你不开门,我今夜就不离开这儿!"

老旱医还是不理,自顾自地喝完酒,倒在破旧的行李里睡开了……

一觉醒来,已是月满中天。

他忽然记起连贵来访,说是不见不走,不如出门看个究竟。老旱医这才穿衣下了炕。推门一看,大吃一惊,连贵坐在门前的台阶上,一动不动,头上和身上,披着夜里的寒霜……

老旱医深受感动,他喊:"连贵呀!你小子这股劲真叫人没法儿!快进来,夜里露水寒,入骨作病啊,不好去根呀!"

连贵也笑了,说:"大叔,你这一觉可真长啊!"

进了屋,老旱医说:"连贵,大叔看你这个劲儿,和你大哥吵架的火也就消了。你来有事吧?"

连贵说:"有事。"

老旱医光笑,不吱声。

连贵说:"我就是想听听你那天骂我们的话,到底骂得有没有理……"

老旱医连连叫道:"好呀!好呀!你真行,李连贵……"就这样,这一老一少,在破庙里从午夜谈到鸡鸣,又从鸡鸣谈到日头东升……

原来,老旱医凭他多年医药生涯,认为连贵的大饼还没有达到火候，要先改变肉汤的滋味儿，如果在肉汤里放上几味中药，这样煮出肉一定是另一个味道，然后再熏。

"古语曰，气者为水中之精，以水气为力而制食，食则软香……"老旱医还有他的一套民间民俗的经验理论呢。连贵"扑通"给老旱医跪下了，说："大叔，你跟我回家吧！"

"干啥？"

"反正你也没家了，你跟我去当李家饼铺的掌柜……"

当年，连贵之妻素凤可算是个当家人的极好帮手，李家里里外外几十口子人，全由她一个人掌管着日常的收入和支出，包括里里外外进人用人和各种开销，遇事她帮连贵分忧。

素凤已生下第三个儿子。大儿子李尧已经进学堂念书了。有一天晚上，素凤对连贵说："家里的事，你就扔给我吧。你把劲使足了，专琢磨你这饼。现在，家里外头，村里村外的好多人，都看着你呢。"

于是，李连贵开始了他做饼的第三阶段，他心里又琢磨出一个新道道。

这天，他把忠海喊到身边，问：

"你来李家时间也不短了，你说这饼关键在哪？"

忠海一看李掌柜的眼色，心里明白了八九分——敢情大爷甩耙子不干了。现在该我使劲了——也是应该的嘛！于是说：

"关键在于肉。"

"嗯。"

"肉的关键又在于猪。"

"说下去！"

"猪的关键又在于食。"

"嗯。"

"食的关键在于喂！"

"好！"

苦孩子出身的忠海，对于喂猪的招法儿，他是太精通了。他如此这般说了一遍，什么豆饼、高粱，拌上部分谷糠，什么要尽量稀一些，别太干了，等等。

连贵听了，哈哈大笑起来。

"怎么！难道不对？"把忠海笑蒙了。

连贵走上来，拍着他的肩头说："忠海，你小子说得对。可你知道还有别的招儿没有呢？"

"这……"

连贵掏出一张画好的养猪计划图，交给忠海说："拿去，照着这个给我干。"忠海捧着单子，高兴地跑出去，到西屋找师娘领钱雇工去了。

那单子上，有明确的规定，从此，李连贵大饼铺要自己养猪，猪大了不杀，小了不杀，不长到标准的不杀，必须是150到250斤的猪；毛长了不杀，毛短了不杀，皮厚了不杀，必须是小薄皮猪。因此，他让忠海领两个猪倌建了4个猪圈，专门养猪，不再买市上猪。

世上都晓得李连贵大饼香，味道绝，可你晓得当年连贵家是熬费了多少心血，才琢磨出这新品种饼啊！

四

当年，李家饼铺杀猪是镇子上的一件热闹事儿，有些要饭花子还编成顺口溜了。

　　打竹板，迈大步，
　　眼前来到大饼铺。
　　大饼铺里真热闹，
　　连贵杀猪有门道。
　　肉是肉，毛是毛，
　　悄没声地开了瓢……

这里还有个典故呢。每当小孩子在街上一喊："李家馆子杀猪啦——！"老头、小孩、大姑娘、小媳妇就都来了。人们说："听听吧，看看吧，李家饼铺讲的是个信誉，猪肉从来是现杀现卖！"

连贵做买卖，真是细心到家了。就因为饼里的夹肉要新鲜，所以必须每天杀猪。于是他专门雇了一个杀猪的，这个屠户是个哑巴。有人问他，为啥偏找个哑巴？连贵的理由是，哑巴不说话，干活时没有脏话，而且吐沫星子不乱溅，叫人看着干净，心里就舒服。这就是花子顺口溜中的典故。

杀猪的哑巴老老实实，一言不发，穿戴干净，就连杀猪到成肉的全过程，叫人看了简直是一种享受，而绝不会减少食欲。

两三个人给哑巴围系上围裙，哑巴一刀将猪捅死，转眼就干干净净利利索索地刮了毛，开了膛，剔了骨，把肉切成一斤半左右的四方块或长条，然后扔进一排大清水盆里泡上（科学上这叫排酸，民间叫去腥）。

这一排排大水盆里的水温，是特别讲究的。春天，用稍微有点温乎的水；夏天，用井底凉水；秋天，用太阳底下晒过半小时的温水；冬天，用烫手些，但还能下去手的热水。泡肉时间不超过8小时。

从盆里捞出肉块，表皮上用刀刮一遍。大炉子上早已把煮肉的汤火烧开了，放上盐。汤猛开时，把沫子打出去，再放进去肉料子，然后下肉。先用急火煮，一刻钟后，压火煮，让它半开不开的样子。再过一小时左右，将肉翻翻个，再煮两个小时左右就再起锅。肉捞出来，把油控干，有人在干锅里放上白糖、红糖，再架上铁帘子熏肉。加火后，糖就冒出了浓浓的糖烟。几分钟之后，揭锅开卖。这种煮后又经过熏的肉，是连贵家独特的发明，这肉在三伏天放上一个礼拜都不带变味的，往往外边长了绿毛，可里边还是新新鲜鲜的。然后，把肉切成碎块或片，夹在饼里，上炉回一下锅，肉里的油重新冒出来。此饼外焦里软、奇香无比。连贵看着别人吃得高兴，他心里也喜滋滋的。

一天傍晚，连贵站在门口看猪吃食，猛然间有人拍他的肩膀，原来是高老爷子来了。

高龙滋说："连贵，你养猪，喂猪的新招儿，也很有些琢磨。不过……"

"大叔，有啥不足之处，你多加指点。"

"连贵，咱当真人不说假话。再说，我既然来李家，也就算是一员了。我一生弄药，总好在这药上琢磨，我想在养猪上再弄点高招儿……"

"大叔，快说说！"

"往猪食里加中药。"

"猪食里加中药？"

"把那清火去热的中草药，经过调配，掺在猪食里，按一、二、三、四圈分别加拌……"

"你想得可真绝。不过……"

高龙滋哈哈笑起来。

"万一有个闪失……"

"买卖总是有赔有挣嘛!"

"不,不是钱。我是说——信誉!"

"这只有弄把握了,才能出手……"

连贵点点头,终于同意了。

"高大叔,在你身上,晚辈我学到了不少东西呀……"

"不,是大叔在你小子身上学到了不少东西。自从你把煮肉改成熏肉,又熏煮结合,大叔我受到了启发,干脆往猪食里加中药看看!人世间万物之变化,虽然高深莫测,却又有其道可循。你说,咱们给猪食里加中药,结果会咋样……"

"肯定会有变化!"

"对呀!连贵呀,听了你的话,我乐坏了。不管它往好了变,还是往坏了变,反正在变。只要在变,就算咱们在干,咱们给后人留下点经验。常言讲,前人栽树后人乘凉嘛。"

爷俩唠得投心对意,开心地笑了起来。

从此,李家的大饼有了一种特殊的味道。明眼人、内行人知道李家做饼肯定有自己的窍门儿。窍门儿在哪儿?他们只看见李家养猪、杀猪、煮肉、熏肉、做饼,却看不到李家饼铺那内在追求的心劲。不过有一件事镇子里的人总觉得奇怪——连贵经常奔药铺。

旧时候,处方是买卖人、手艺人的命根子,李家饼铺有自己往猪食里掺中药的处方,所以李家养出的猪,个儿均匀,皮薄肉嫩,红白相间,鲜嫩水灵(这都是民间对李家饼的传说,都传神了),不过,李家经常去药铺这一点,在当年确实有人亲眼所见。

连贵进药铺买药也奇怪,他往往是张麻子药铺买丁香、桂子;王麻子药铺买砂仁、肉蔻;李秃子药铺买灵芝、边桂;赵罗锅药铺买茴香、白芷。从来不在一家买齐。在当年,人们只知道他买中药是为了煮肉,却谁也没猜到他是喂猪……

几年间,"李连贵大饼"威名大振,在古老的凤凰城里确实有点容纳不下之势,于是有一天,连贵终于同意高老旱医、妻子素凤等人的提议,决定在奉天(今沈阳)、四平、公主岭等地开办分号,并派忠海去买街基建房子。1940年冬,由于买卖分办,人手不足,他找回了在外读书的长子李尧,让他去四平,让大哥去奉天。临走那天晚上,连贵对大家嘱咐了两个字。

连贵说:"我们李家买卖,就是做饼给人吃。因此,要以'信誉'二字为本。"谁知后来,连贵最担心的事情,竟真的出现了……

五

人过留名,雁过留声。人过不留名不知张三李四,雁过不留声不知春夏秋冬。

连贵下狠心要在世上留下名。留啥名?就想留下个"公平信誉"的美名。

自从四平、奉天开了分号以后,连贵的腿脚更得不闲了,他每年至少有三四个月时间走南闯北,查访奉天和四平买卖分号。这几年,大哥李广义的脾气有了改变,他专心做饼,名字也传响了。连年的奔波,使李连贵得了咳嗽病。多亏忠海掌管买卖,里里外外一把手,使他也省了不少心。

一年冬天的一天,刮了一夜的风,下了一夜的雪。第二天早上,小猪倌到猪圈给猪喂食,发现冻死了两口猪。那两头猪每头200多斤,拉出来放在雪地上。小猪倌送信到上房,说:"咋办?"

连贵说:"这还用问吗?老规矩。"

说完,就奔四平赶集去了。按以往的规矩,凡是病死的猪,无论多肥多壮,一律挖坑埋掉,决不能煮肉卖钱。

当时,伙计们把冻死的猪拖到屋里,把皮扒下来烧了,把肉埋在雪里。李家用猪极为严格。记得有一回,碰上前郭尔罗斯王爷的庙会,南来北往去烧香拜佛的人天天住满了老凤凰城的所有客栈,这本来是做买卖的好时节,可那两天偏偏赶上圈里的猪没养到份儿,饼铺停业了三天。有的说连贵傻,白花花的银子不想挣,就凭他的名声,死猪肉也能卖出去。连贵微微一笑:"古语说得好,人不可貌相,海水不可斗量,包子有肉不在褶上。做买卖坑拐瞒骗,短斤少两,这是缺德。坑了别人,表面上占了便宜,丢了名声和民心,这才是以小失大。丧良心的事不能干啊!"左邻右舍,南来北往的,对连贵更加钦佩和信得过了。

再说连贵走后不久，忠海赶早集回来了，一看这两口白胖胖的大猪，埋了太可惜，一想又是冻死的，就命人偷偷留下了。

这天晚上，连贵赶回来。一进院，看见狗在啃骨头，他就留了心，于是把哑巴叫了来。

连贵知道，家里人干什么都不背着哑巴，知道他不会说话。连贵比划着问他，家里哪来的肉。

哑巴比画着说是圈里的两口猪，不是用刀杀死的，是昨晚夜里一场大雪冻死的。

连贵比画着，说是让人埋掉了。

哑巴比画着，说是又挖出来，剔骨，开膛，煮上卖出去了。

连贵比画问是谁让这么干的。

哑巴用两手做成帽耳，在头上两边扇来扇去……

连贵一下子明白了，家里戴这个棉帽子的只有忠海。

第二天早上，忠海在家里刚刚端起饭碗，就见连贵走了进来。

"忠海，你放下饭碗吧。"

"掌柜的，有事呀？"

"你去上街……"

"干啥？"

"从南往北，各家门口给我跪着去，别落下一家！"

"这……"

"快去吧。"

忠海吓坏了。他知道自己违反了饼铺的规矩，只好乖乖地到昨天铺子里的几位买主门口，跪下给人家赔不是，说："大叔、大婶，各家兄弟妹子，我忠海给你们赔不是来了！"然后又从自己的劳金里拿出银钱，说："这是俺赔你们的。你们就收下吧！"

"忠海，快起来吧……"

"行啦！猪是冻死的，也不是瘟死的！"邻居们都没把这事放在心上。

忠海到每家赔完了不是，这才觉得心里一块石头落了地，就快步往家走。

进了铺子，他看见桌子上放着一个小包袱和一些银钱，他吓坏了，"扑通"一声给连贵跪下了。

"干爹，我，我再也不干这种事了……"

可是，连贵坐在那里，脸上不动一点神色。

忠海跪在那里就是不起来……

第二天早上，素凤也来求情，"广忠，他在咱家干了一辈子了，是咱把他养大，给他说媳妇成了家。谁还不许犯点错，况且他这是头一回。你就饶了他吧……"

太阳升起一竿子高了，金融融的光色，洒在古老的凤凰城镇子的小街上。

饼铺今天显得冷落，没有开业。

连贵打了个唉声，说："忠海，你跪着也没用，快起来走吧。我在咱们的'铺规'里早就说过，我的铺规是专门惩罚那些明知故犯的人的，你也不是不知道啊……"

忠海听了，点了点头。

他从地上慢慢站起来，又给连贵和素凤磕了头，这才背起小包，领着家小，流着泪出了小镇，向荒凉的西北草原上走了。连贵痛心地流下了眼泪，还得了一场大病。他打心眼里舍不得忠海这样精明的帮手，可是为了信誉，他不得不割舍情肠。

六

人，出了名，啥奇怪的事都能遇上。这年秋天，素凤和妯娌几个到四平去赶年集。回来路过刘房子，只见高粱地里出来个抱孩子的女人。妯娌几个正觉奇怪，见那女人向这边走来。大家赶忙给她让道，她却一个弯不拐，一下子撞在了素凤的身上，接着扔下孩子，坐在地上就哭开了。

素凤把女人扶了起来。那女人说是刘房子的，妯娌几个一直把她送回家去。谁知，那女人硬拉着素凤不让走，说是给她惊吓着了。看看天已过响，素凤就让姐妹几个先回去，她和大嫂在这儿照看几天。谁知道这就出了岔头。

再说连贵，听回来的人一说出了事，心里很是着急，就想连夜去找人。高龙滋说："这事儿有点蹊跷，还是让我摸摸底再说吧。"当下，高老爷子就放出人去，两天以后，果然把那女人的来历打听清楚了。

原来，这女人是刘房子老刘家的二姨，几年前叫农安一带的胡子"天龙"给抓去了，听说当了"天龙"侄子的小老婆。这次她无中生有地缠住素凤，里边一定有事呀。

于是，大家就劝连贵，这事不可轻举妄动，还是听听风再说。连贵哪能待得下，连夜让家人备了一头灰驴，直奔刘房子去了。

当年，刘房子一带也较为繁华。"天龙"的侄子当胡子当够了，就想洗手不干做小买卖。可做啥买卖呢？还是小老婆来得快，她给丈夫出谋划策，说只要把李连贵"请"到手，大价留他当灶头，在刘房子开它一个大饼铺，不怕买卖不兴隆。小老婆的主意，一下子被丈夫采纳了，于是小老婆就演出了那场纠缠素凤的戏，意在引出连贵。

这天晚上，连贵气喘吁吁地赶到刘房子，却见"天龙"的侄子已摆上了酒席。

连贵心急如焚，问："人呢？"

天龙的侄子所答非所问："开席！"

"你们找我来到底干啥？"

"喝！喝好再说……"

连贵气得"啪"的一拍桌子，说："我这个人喜欢直来直去，你们也不是不知道我的脾气。不说明意思，我怎么能不明不白地端起你们的杯子？"

"天龙"的侄子一看拗不过。于是从嘴里拔出水烟袋说："李师傅，咱当真人不说假话，我是看上你的手艺了……"

"你想怎么样？"

"没别的，拉兄弟一把。我给你一个月五百块大洋，你给我开饼铺！"

"嘿嘿！"连贵笑了两声。对方以为是同意了。谁知连贵却平和地说："告诉你，你小子是看错人了……"

"怎么，嫌少？嫌少再加！"

"明白告诉你吧，你出多大的价，我也不能为你一个人做饼。不过，话又说回来，你弃匪从民，乡里百姓欢迎浪子回头。我李连贵可以教你做饼的手艺，但分文不取……"

连贵的一席话，说得"天龙"的侄儿一个劲儿眨眼睛，末了，一拍大腿说："李哥们，够意思，今后我踢蹬谁也不能踢蹬你……"

连贵说："希望你今后谁也别踢蹬！"

后来，连贵还真派高龙滋和另一个伙计前去传授饼艺。

七

有一年夏天，老天又闷又热。

高龙滋老汉喘病犯了，趴在炕上，肚子下面垫个枕头，喘个不停。连贵怕别人侍候不周，每日里亲自给高老汉端水熬药，精心照顾。

"连贵呀，你歇歇吧……"高龙滋心里实在过意不去，说，"我活了这么大岁数，有心计的人只发现了你李连贵。你不要管我，好好琢磨你的饼吧。我忘不了你，后人也忘不了你。"连贵听人说农安有一种大麦根，专治喘病。这一日，他不顾自己腰疼，牵了一头驴，就奔农安去了。

他来到农安集上，正在寻找药铺，突然看见一个姑娘在街口卖大饼，口口声声地喊："来吧！快来买吧！李连贵大饼！"

连贵觉得奇怪，就走了过去。

这是一个老汉领着一个闺女在卖饼。

那闺女边吆喝边做，那老汉坐在一旁笑眯眯地抽着烟。

连贵站在一旁不动声色地看着，那饼做得不够火候，油色和面劲都不行，几个买主边吃边埋怨："这李连贵大饼也不怎么地道……"

"是哟，光听名不行啊！"

"越有名就越不咋地了！"

"真是名不副实。"

连贵听了，心里实在难受。

老凤凰城的老范头到农安卖白菜籽，晌午头到小铺吃豆腐脑，他一眼发现了李连贵，就喊了声："连贵哥，你也来了！"

这一喊不打紧，那卖饼的老汉一听，真李连贵在此，吓得魂不附体，摊子也不顾收拾了，拉起闺女就跑，连贵急忙上前拉住了那老汉。

连贵发现，那老汉和闺女都穿得不怎么好，就断定是穷家穷业的。于是说："老哥哥，我是李连贵呀！你别怕，我不说你。"那老汉对身旁的闺女说："二丫头，还不快给你李爷跪下……"

那闺女"扑通"一声跪下了。

老汉哭着说："连贵兄弟，我对不起你呀，闺女她娘刚死，治病欠下了债，还不起呀，我不得不打起你的招牌，你治我的罪吧！"

连贵是个软心肠子的人，别人管他借鞋他连袜子都脱给人家。看这父女俩流泪，他也流了泪，扶起了那闺女，接着把如何做这种饼的技巧教给了老汉，父女俩感动得说不出话来。

这天晚上，连贵把买来的大麦根交给老范头，说："你给我捎回去，让素凤熬了，喂给高老先生喝……"

"你今晚不回去了？"

"嗯，这父女俩太可怜，我在这儿住几宿，帮他们抓挠抓挠就回去。"老范头感慨地拎着药回凤凰城了。

连贵在那老汉家住了10天，教会了他全套做饼手艺，才返回家去。连贵还让素凤取出钱来，还上了那老汉给老伴治病欠下的债。就这件事，连贵常对家人讲"不知者不怪，故犯者不饶"的道理，并且写进了他的"铺规"。

八

就在忠海走后的第二年，高龙滋老汉的病加重了。有一天，他让人喊来连贵。

老汉躺在炕上，伸出骨瘦如柴的手攥着连贵的胳膊，脸上带着微笑，却一句话也不说，死去了。连贵知道，他生前要说的话都说完了，多一句话也不说，这是老汉的脾气。忠海走了，高老汉死了，一下子失去了两个帮手，连贵心里受到不小的打击，加上这年秋天素凤也跟着病逝，老凤凰城的饼铺就这样渐渐萧条冷落下来了。

儿子李尧在四平开的大饼分号却热闹红火起来了。连贵常常是来这儿，亲自站在灶前指导儿子做饼。

当年"李连贵熏肉大饼铺"坐落在今四平站前广场第二条胡同的东北角，两间朝阳的门市，不太高的拱门，门窗和房头虽然经过油漆，但岁月的风尘，已使这个饼铺的门面显得过于陈旧，但却不失它的古朴风采。

那时，亲自上灶的是李尧师傅。李尧，中等个，长脸，不太大的眼睛炯炯有神，闪露出父辈的聪慧、灵敏和刚强，脸上略有些络腮胡子。

由于常年站在灶前忙，双腿和连贵一样，有些弯曲，也许是长年的烟熏火燎，嗓音有些沙哑，脸上总是挂着和善的笑容。人们常说："看李连贵家做大饼，简直是一种艺术享受！"

饼铺的面案，大玻璃窗正对着临街，那里终日是不透阳光的。不是玻璃不亮，而是外边总是围着人群观看。这些看客南来北往，有男有女，有老有少，有闺女有媳妇，有的老汉光顾看，点烟的火柴烧了手都不知道。常常有路过的旅客，站在这里流连忘返，竟错过了火车。连贵常常端着烟袋走到外边，提醒大家说："诸位！别忘了赶车！"旁边的马家旅店常开玩笑说："李师傅，你家客越多，说明你的表演（他们都管连贵家的人做饼叫表演）越高明！"真是新鲜有意思。连贵也开玩笑地说："得了，我们李家可不希望人家都错过车。"

那时，要饭的花子也愿意上李家饼铺来，站在门前竹板一扬唱道：

这两天，我没来，

连贵师傅你发财。

你发财，我借光，

你吃肉来我喝汤！

李家饼铺的规矩是：花子也是人，来了就要周到招待。宁可买卖赔，也不难为人，宁可买卖黄，也不把人诓。做买卖，"信誉"二字，是他的命根子。他从来没有坑骗过别人。当然也从来没欺骗自己的良心，这就是这个善良的老汉一生的追求。

晚年，连贵的身板越来越糟，常年站在灶前锅旁，使他得了肺气肿，时时上喘不停。民国二十六年（1938），这位聪颖灵气的老汉不声不响地死去了。

九

20世纪80年代初期，李家把大饼店开到了长春。

长春站前广场一家门市房子的门额上，被正式挂上了"李连贵熏肉大饼铺"的烫金牌子。长春市饮食服务公司的领导把李连贵的四代子孙李玉石请了出来，这天是"李连贵熏肉大饼铺"在长春开张两周年。

来往的人们不知不觉地停下脚步。特别是那些外地的客人们，透过临街的大玻璃窗，仔细地打量李玉石的长相。有认识李连贵或当年见过李连贵的人，自言自语地说："嗯，看那鼻子，尤其那眼神，多像当年的连贵呀……"

"走啊！吃一顿大饼去！"

人们蜂拥挤进了大饼铺。

有两个人把一副对联贴在饼铺的门口：

上联是"名驰九州百余年"，

下联是"味居全国第一家"。

横批是"信誉为首"。

这一副简洁的对联概括了人生多少年的风霜雨雪和艰难困苦的岁月……

在鞭炮的响声中，人群里挤出一个高个子外国人。这位外国朋友一边看着牌匾和对联，一边用生硬的中国话说："不对！不对！不是'味居全国第一家'，而是名扬世界。李连贵大饼不光在你们的国度里出名，就是在我们大洋彼岸的美国，也是享有盛名的。去年，我回旧金山探亲度假，我的夫人问我，'你给我带回了什么？'我告诉她，我特意带回了中国特产——李连贵大饼！"

有人认出，这是来吉林大学商学院任教的美国专家大卫·多伦先生。于是把他邀请到屋里，特意让他吃了又有改进的热乎乎的大饼。饭后，大卫·多伦先生满意地点着头，在留言簿上写了"饭菜味美，春意盈盈"八个大字。

1999年秋天，秋风送爽，艳阳高照，吉林省吉菜美食节在长春的长白山宾馆隆重开幕，李连贵大饼店的掌柜郭守明带领大饼制作师傅前来参赛。有趣的是，他在大饼的摊位前挂的一副对联吸引了大家。

上联是：这大饼虽薄情意深，

下联是：向长春父老献爱心。

横批：李连贵大饼。

大伙一看这对联，都围上来抢购大饼，预备了三天的面料，结果一天就卖没了。就在这次"吉菜大赛"评比中，李连贵大饼被评为"吉林名菜食品"。

裕昌源火磨

咸丰初年，山东黄县一户王姓人家闯关东来东北，在当时前郭尔罗斯王爷属地的"宽城子"一带落脚，开荒种菜。单说这王家媳妇王李氏，光绪元年（1875）腊月十五生下一个男孩，取名王琳，字荆山。

光绪十五年（1890），15岁的王荆山告别了母亲，只身一人北上，投靠在黑龙江开"和顺城"银炉的二叔，开始学徒。他年轻心盛，有时银短歇炉，他就去漠北淘金，下井进矿，又在矿区一带开小店铺经营老酒和皮货，不断在"摔打"自己，为日后谋个"前程"做准备。

那时，随着朝廷对东北的开禁，前郭尔罗斯王爷的大片荒地已租给了大量来此地垦荒的"地户"。于是每到秋冬，"宽城子"（老长春）就成了粮豆集散地，那一家家大车店院子里，都是往大连、牛庄一带运粮的木车和爬犁。有的大车店院子还成了临时交易市场，店掌柜的也把粮食买来，囤积在院子里，寻机抛出。

在东大桥、老市场、东门、南门一带，那些自发的粮市，更是如雨后春笋般。这些"变化"，给一些头脑灵活的人带来了思考。因"皮粮"和"加工"后的"成粮"价格相差甚远，于是一些小型的粮食加工作坊便应运而生。

单说王荆山的母亲王李氏也是有心计的老太太，她立刻卖掉自己的手镯子和一些家产，在她的住处开办了"王家粮米铺"，又从乡下的骡马市场上牵回一头骡子，领着全家人起早贪黑地经营起粮食加工业来。

这种工作大致是这样，头天一大早赶粮市，把买来的"皮粮"运回作坊，然后进行加工，或去壳，或压成面粉，然后批发给饭馆子、手工作坊、糕点店铺，或再运到市场上去交易。

光绪二十二年（1897）秋天的一个夜晚，在外"创业"的儿子王荆山回来了，并拿出了他在外积攒下的百两白银，亲手交给了老娘。老娘眼睛一亮，说："儿呀！眼下宽城子一个时兴的买卖起来了！"

"啥买卖？"

"粮米加工！这可是个没有尽头的买卖，只要松花江的水不断流，咱这块地方就不能不打粮啊！我看，把咱的粮铺开大些……"

按照娘的安排，他把一部分资金用来扩展"王家粮米铺"的门市，又盖了五间房子，购进了两台碾子，而他自己又加入了观察和图谋"大业"的行当中。

那时，王荆山虽然是个有心计的人，但他离家这些年，对粮米行业的事还不太懂，可他的心胸大，要干就干出个名堂来。于是在之后的几年中，他让二弟王夵清和娘经管粮铺的生产、加工，而他主要是跑外，负责进粮、出兑和搜集信息等业务。

光绪二十八年（1903），长春铁北二道沟的俄国人苏伯金开办了一座现代化的面粉厂，人称"亚乔辛"，日产800袋面粉，这在当时的长春，可是个天文数字，因人家"老毛子"的铁碾子虽然笨，但出活，马力大，而长春的一般粮食加工作坊单靠人推马拉，真是相差甚远；而王荆山，一眼就盯住了"亚乔辛"。

由于他多年在黑龙江和外兴安岭一带闯荡，已经学会了俄语。有一天，他趁"亚乔辛"扩建的机会接触到了苏伯金。

苏伯金一看王荆山既精明又懂俄语，立刻把重任交给了他。接下来一段时间，王荆山不但出任"亚乔辛"的扩建领工，还把他们生产的面粉购到自家的粮店来销售。一来二去，不但得到苏伯金的信任，而且生意极火。

光绪二十九年（1904）日俄战争爆发，苏伯金随东清铁路俄国员工撤退到哈尔滨，临走前他把王荆山叫来，说："兄弟！此次我一走，这火磨就交给你了！我是打心眼里信任你……"王荆山说："苏掌柜，这些年咱们相处，你还不知道我的为人吗？你尽管放心！"

于是，苏伯金把一个叫雅果夫的总工程师（磨头）留下来听王荆山支派，便匆匆走掉了。

在王荆山替苏伯金代管"亚乔辛"火磨期间，实际上他的名声和能力已经在长春粮市和同行中迅速传播。那时候，他已把"王家粮铺"改成了"裕昌源粮店"，并先后在长春北门外、二马路北大马路西，长春头道沟广场东，以及今天的东二条处开办新的火磨，加上资金股金，估计裕昌源总资金可达白银万两之多,这种雄厚的实力已是长春一流。

日俄战争后的第二年,苏伯金从哈尔滨归来,一看自己的厂子被王荆山经营得头头是道,不觉从心眼里佩服起来,于是两人便成了好朋友。1914年夏天,塞尔维亚国内发生了学生刺杀奥地利皇储的事件,接着爆发了第一次世界大战,沙皇急召苏伯金回国。苏伯金离开长春的前一天夜里,他叫来了王荆山说:"兄弟,仿佛命里注定我这火磨要由你来经营。"

王荆山说:"是吗?"

其实,他早已听说俄国人要撤走的消息,但还是装作不动声色。

苏伯金说:"好歹你给我个底钱。"

王荆山说:"你不是不知道哇,我的火磨也是刚刚启动,资金也很紧哪!"苏伯金说:"那你看着给吧!"当时苏伯金给自己的火磨厂子作价10万卢布,最终以4.9万卢布成交。

苏伯金火磨合并到裕昌源粮食加工作坊之后,真好比给老虎添了翅膀,王荆山立刻着手扩大自己的企业。从1915年开始,裕昌源购得面积为27000平方米的新厂房址(即今长春市第一面粉厂),并设有铁路专线。他不满足自己已拥有20台碾子的现状,他打听到德国西门子公司的水泵和碾子相当先进,就派他的"外柜"杨子枪去德国西门子公司总部爱兰根考察。做出这个决定,他是费了一番心思的。

关于派杨子仓去欧洲考察设备一事,家里人都反对,因为当时去德国,要从哈尔滨走,到满洲里,经贝加尔湖,再经赤塔到莫斯科,奔波兰,经荷兰的阿姆斯特丹,坐船到英国,然后再坐船走葡萄牙和地中海,才能到达爱兰根(德国西门子公司总部),初步算来费用得一万多大洋。

可是,王荆山执意派他去。王荆山说,咱们现在的机械脱粒,玉米、高粱一上去,脱出去只是细和粗两种,而人家德国的机械是把粮粒一层层地扒。一种粮,出来后,头一袋子是光去皮;第二袋子尽剩肉;最后一袋子光剩心(白色),看着就喜欢,价钱一定能上来。

家里人说不过他,只好听他的。于是,杨子枪去了。他到德国、英国,调查粮食加工业的锅炉、水泵、磨什么的。这人英语说得地道。经过半年多的考察,杨子枪把设备运回来了,当时,德国西门子公司派了一个驻日本神户的机师来长春负责安装。他们是一对夫妇，王荆山让"院心"在院子南边给这对夫妇盖了个房子，让他们专心安设备。

西门子公司的火磨、碾子和水泵一装装了半年。这期间，王荆山又在裕昌源扩大招工，修建厂房，使规模一下子上了档次。当德国的设备安装完，一试机，大伙上前一看，一个苞米粒竟然能出三种颜色的粮米，就啥也不埋怨了。

大伙直伸大拇指头："还是人家荆山看得远哪！"其实，王荆山的裕昌源就是想结束一个时代，他也是从原始的粮食加工手工历史走过来的呀。

1916年，一座近现代化粮食加工企业在东北的土地上屹立起来了。每天早上，"嘟！嘟嘟！"裕昌源的汽笛一响，工人们潮水般从四面八方纷纷涌进厂里。这时，"磨头""大车""院心""窑头"等班头们就站在门口，清点自己班次的人员。工人们则要通过门口的"更房子"。

更房子过道两侧墙上挂着一排排木牌，每个工人进得厂来，都要把自己的名卡翻过来，表示自己已上班到岗。如果汽笛响过两遍人员还没翻牌到岗，账房就要扣去你这天的工饷。

当人们都各就各位时，第三遍汽笛响了。这第三遍汽笛短鸣三下，然后稍停片刻，带动全厂动力的总发动机就慢慢地起动了……

开始，那响声就像无数匹马儿从远方奔来，又像久闷初响的沉雷从远处滚来，随着发动机的吼叫，巨大的皮带牵动火磨，转眼间，厂房和大地立刻颤抖起来，阳光和灰尘也抖动起来，空气也微微发抖……

"听啊！这是人家裕昌源的火磨！"

"这是人家王荆山作坊的鼓风机呀！"

人们知道，这就是当年老长春最大的火磨——裕昌源。

这时候，王荆山的裕昌源火磨日产面粉已达2000袋以上，并使用了当时世界上最先进的德国西门子公司的设备。

1918年，裕昌源以现洋19万元购下吉林恒茂火磨，成立了裕昌源吉林分号；1927年又以现洋17万元购下哈尔滨南马路一处火磨，成立了裕昌源哈尔滨分号；接着又以19万元购下安达的裕达火磨，成立了裕昌源安达分号。此外，又在大连设立了裕昌源分号，并在大连港码头设立了出口部。同时，还先后创办了自强织印厂、裕昌源烧锅、裕昌源盐号、文化印刷社、自强学校附属厂。接着，裕昌源又兼并了一家拥有3000余间房舍的买卖，成立了以经营房产业为主的裕昌产业公司。与此同时，还获取了长春"益通银行""朝鲜银行""横滨正金银行"的绝大部分股金。这样一来，裕昌源形成了以"火磨"粮食加工业为总公司，下设若干分号，兼有生产、酿造、房产、金融、出口等一系列业务，企业触角遍布全东北，日产面粉已达15000袋的庞大的民族产业集团。而且，王荆山的声望和裕昌源的名声还在不断扩大，他先后在"泰东烟草公司""满洲映画协会"等处投资入股，据说还建起了"大名陶瓷作坊"。

作为王荆山起家的粮油加工裕昌源火磨企业，他一直是精心管理的。

每天早上，鼓风机巨大的叶片扇动起来，把荒野上的清风源源不断地送进车间的管道。可是，火磨楼子里依然闷热得像黄昏，空气中弥漫着浓厚的粉尘，风中飘荡着工人的汗臭，面粉的干燥和甜丝丝的苦涩，以及发热的皮带发出的焦煳气味。

这些碾子和火磨虽然来自于德国、英国、瑞士和芬兰，也有从西伯利亚运来的苏伯金的老家底，噪音大，生产量却极高，因此，裕昌源被人称为"火磨"之王。在火磨转动的忙碌的分分秒秒里，王荆山总是要穿上工装，戴上安全帽，披上一件专门为他设计的白石棉围氅，戴着墨镜，拄着一根文明棍儿，在车间和院子里巡视一番。

院子里管事的叫"院心"，院里的主要活计是"起垛"和"上跳"。这一类活全是力气活。那些长年扛袋子起垛上跳的职业叫"脚行"，他们的肩头上都有一块大小如面包一样的死肉疙瘩，他们往往扛上四五袋子面粉，在跳板上行走如飞，只要腿稍一打晃，人就会从几十米高的空中落下，就是不摔死，也会被重重的粮袋压扁。

有时，脚行们还要起双跳，就是8个人用小杠起"粮堆"，这时，要由一人喊号子。那脚行号子十分有趣，往往一人起头，众人和着。

千斤重呀，嗨嗨。

快快抬呀，嗨嗨。

风摆柳呀，嗨嗨。

走上来呀，嗨嗨。

这是"素"的。为了增加劳动乐趣,他们时不时也来"荤"的。

如杠上肩之后,开始行走时,院心开头喊:"什么是四大红啊?"脚行们齐喊:

> 庙上的门哪,嗨嗨;
> 杀猪的盆哪,嗨嗨;
> 大闺女的裤子,嗨嗨;
> 火烧云哪,嗨嗨。

1931年九一八事变之后,日本占领了东三省,并实施了高压政策。为了在"夹缝"中生存,王荆山采取了靠近日本人的政策,他的企业的股东中就有中西泷三郎(1939年任裕昌源经理、常务理事)、大泽次郎(1941年由锤纺公司推荐而来),还有町田和岩板等人。对于王荆山任用日本人及让日本人入股等事的目的,今天我们去分析,也无法做出对与错的结论,而在民间,却有许多他对付日本人的"故事"传到今天。

当年,每天到裕昌源送粮的大车是天一亮就挤满了裕昌源门口的条条大道上,而且谁都想快点送完,老板子们好去逛逛老长春,下馆子吃一顿,或买点什么带给家人……

长春解放后,在"裕昌源"火磨厂基础上,成立了长春第一面粉厂。如今,该厂又恢复"裕昌源"老字号品牌,作为一项重要的企业文化引入企业中,这是老字号的精神力量。

泰和斋顺记回族糕点

1906年,有一个姓李的山东好汉,携妻带子闯关东来到长春东天街定居,靠做烧饼为生。不久,因为家里缺少帮手,过继了一个儿子,取名李金城。从此,小买卖做得越来越红火,生活也安定了下来。

李家的烧饼铺虽然生意兴隆,但李金城和父亲并不满足于现状,爷俩一合计,决定把生意扩大规模,增添了筋饼和豆腐菜等既可口又实惠的大众饮食。于是,来来往往的大车小辆争先恐后地扑奔李家,随到随吃,都夸奖饭食干净、便宜、服务周到,有人提议说:"李掌柜,能不能再想想办法,给大家做些往回带的东西呀?"一句话不要紧,可提醒了正在想发展的李掌柜。他想:是啊,老板子们从乡下远道而来,哪个不乐意给家里或屯邻捎点什么回去呢?烧饼好是好,可也不能总带这一样吧,人家老板子说这话,也是对咱的一种信任和期望呀。他想,长春从来没有清真糕点,如果在这方面试一试,准保能行。于是一个回族糕点铺出现了。

那么,取个什么铺名呢?爷俩想来想去,最后决定叫"泰和斋"。"泰"字,取国泰民安的意思;"和"呢,就是和气生财,也是家和万事兴;至于"斋"字,关内外有很多商店使用,并不俗气。从此,泰和斋的糕点逐步上市,赢得了一定的声誉。在长春已是与鼎丰真并驾齐驱,一个在东三道街,一个在四马路,南北两家,誉满城乡。

特别是每逢年节,泰和斋销售最多的是果匣。因此就得提前做好一切准备。这时候,李金城的四儿子李景棠总是亲自采购各种材料。鸡蛋要新鲜的,牛油要腰窝的,面粉、白糖、芝麻油都要上等的,备用的果匣,都是用椴木特制的,既美观大方,又洁白无味。装匣时分三层,打底的多半用炉果、饼干、麻圆之类;中层放水花、了花、核桃酥、焦盐饼;上层是蛋糕、佛手、牛舌饼、芙蓉糕、萨其马(顶端放白糖的叫作芙蓉糕,不放白糖只有青丝玫瑰的称萨其马)等"上八件"。装完里边,要先把匣盖盖好，然后再蒙一张精印的亮光红纸烫金字"果子票"。这不仅装饰了匣子，也是最好的商业广告。上面印有"清真古教"和"泰和斋顺记"，就连"本号设在长春东三道街路南24号"的地址信息，也全印上。

买果匣、赠送果匣的习俗，在当时的东北三省十分盛行。城乡各地凡是过小礼（订婚）、拜年、串门、贺喜、庆寿、瞧朋友，一般都要送两包果子或两个果匣，成双配对，表示吉祥如意和一顺百顺。所以糕点铺的果匣生意特别兴隆。尤其是泰和斋名声在外，人们很信得过。

那时候，回族过大礼（结婚），娘家亲戚来了，先要摆上茶果碟；碟子共七个，六个里边装点心，一个放茶杯。果子碟里的点心，多半是从泰和斋购买的。这是对新亲的一种敬意，也是一种礼节，让客人先吃点心，暖暖心，随后才能入席聚餐。所谓席，都是以七大碗为标准，有炒木耳、炒黄花菜、蘑菇炖鸡、烧羊肉、炖牛肉、红烧鲤鱼和羊下水汤。

那时候的长春老百姓已经离不开泰和斋的果子了。尤其对糕点的评价更实在：嘴是试金石，是不是泰和斋的，一嗅就知道。

李景棠经营的泰和斋顺记的糕点，可批发可零售，可打包可装匣。而且到正月十五加做元宵；八月十五加做月饼，提浆、枣泥或翻毛的应有尽有。平时出售山楂糕、绿豆糕、凉糕、油茶面，也都很精致，既应时又是顾客们喜爱的上品。

泰和斋的创业与实业，还有一点很值得一提，就是勤俭持家，以好为贵。就拿装果匣来说吧，全家人各有分工，一到半夜，大伙都饿了的时候，按老规矩，谁也不准动一块好点心，只允许拣果子渣、果子沫吃，再就是每人分二两用高粱米炒的油茶面加少许的糖冲着喝。若论清洁卫生，更是严格。每个人干活之前，都要洗手，干干净净地上案子或进作坊。李景棠经常讲："做糕点是人吃的东西，心净手更要净，让顾客买到家里瞧着喜欢，吃起来放心。"

泰和斋的糕点上讲究。如果哪家串亲戚、会朋友不拎两包泰和斋的佳品，就觉得不好意思进门。

20世纪三四十年代，由于日本侵略者强行"配给制"和发动"大东亚战争"，一切物资均已匮乏，不但白面、牛油、砂糖等少得可怜，就连老百姓吃一顿大米饭,都会成为"经济犯"。泰和斋顺记由于原料来源断绝,买进卖出十分艰难。尽管市面上出现了苞米面做的炉果,用面粉掺土豆做的蛋糕,但李景棠却宁可关门,也不干丧良心和倒牌子的事情。

这真是:

> 泰和斋,鼎丰真,
> 声誉传遍老长春;
> 货真价实名为贵,
> 以德经商是根本。

传奇商号东发合

双桥子大车店

老长春的西门，正对着的一片平地，人称杏花村，而且这里十分荒凉，平日里人烟稀少，大白天常有野狼出没，所以城门都是早早关闭。西门外，有一条挺大的水沟子，这儿夏天淌水，冬天结冰，后来，一个好心人在水沟子上修了一大一小两座木桥，从此人称双桥子。

有了这个双桥子，这儿一下子搬来了许多散户。这些散户，都是从农耕村落迁来，住城里没条件，盖房子又盖不起，于是就搭起一些地窝棚，临时住下来，做些时令的小买卖。所说的时令小买卖，是因为紧靠着双桥子有一个三义胡同，这三义胡同本来是指南关老爷（关帝）庙里的刘、关、张三人，桃园三结义的意思，可偏偏三义胡同靠近双桥子一侧有一座九圣祠庙，这里供奉的是地罗阎王和城隍，谁家有了白事，就都得上这儿的庙上送浆水，烧扎彩，一来二去的，这条胡同就催生了一种买卖，扎彩铺，棺材铺，甚至专门画棺以及处理各类丧事的买卖，也随之红火起来了。

人吃五谷杂粮，哪有不得病死人的？于是，这条胡同的买卖越做越火，越大。

再说，这条胡同里住着个老吴头，大号吴作义，他是个很有头脑的人，他一看这条胡同里的生意很特殊，特别是因为有了三义胡同、城隍庙和九圣祠，南来北往做仪式的人，往往是赶着大车来，当天办不完道场就得住下，这不是正缺大车店吗！

吴作义一想，干脆开大车店。可是他又明白，这个车店，不能离三义胡同太远了，也不能太近了。太远了，人们办道场不方便；太近了，经常哭哭啼啼，烧扎彩烟熏火燎不适合住宿安歇。于是他便选了一个不远不近的地界，紧靠着双桥子边上的一片空场子，以低价买了几间窝棚，圈起了一个院落，开起了吴家大车店。

吴家大车店一开，这一带立刻热闹起来。平日里来三义胡同办买卖，到城隍庙、九圣祠做道场的人，大车、骡马爬犁，都愿意到吴家大车店来落脚。吴作义更是灵活得很。他接来客，只要超过3个人，就免去一个人的吃住花销，还白供一顿麻籽油炖豆腐；只要超过3匹马，大车的马料钱就折半。此规一出立刻招来了许多车马老客，就连已在艾家大车店住下的客，也都纷纷退了那店，进了这店。双桥子吴家大车店一下子出了名了。

可是，人有旦夕祸福！就在吴家大车店开到第三个年头之时，一些奇怪的事情发生了。就在他开双桥子大车店的第二年，老爹老妈染病去世，儿孙媳妇生了个孙子，得天花扔了。扔哪了？就扔在双桥子壕沟里了。

原来在当年，那双桥子壕沟，就等于是乱尸岗子。谁家有了死孩子，就往里扔。吴家是扔了一个，可是后来，那里如果发现一个，街头就传说是吴家又扔了一个，把吴作义气得肝疼……

在吴家开大车店第四个年头的一个夏天，吴作义病倒了。从此，吴作义一病不起。于是，他萌发了一个念头，卖掉双桥子大车店。可是那年头，这样的大车店谁敢兑？

就在社会上议论纷纷，吴掌柜病倒之时，一个人走进了吴作义的视野，而且他专门要接手双桥子大车店。这人是谁？他怎么看中了这个地方？原来，他是住在双桥子大车店里的一个普通老客。此人叫孙秀三，外人打眼一看，看不出来任何特别，一副长袍马褂，戴个圆顶瓜皮小帽，他承包了双桥子大车店紧挨西北角的那间客房，每天出出进进的到市场上做小买卖。这天，他看吴掌柜的病倒了，于是买了两盒点心，到掌柜的上房去看望。一见面，孙秀三直言不讳地说："东家，你真信街头上的那些说法？"

吴掌柜的抬头一看，原来是店里常住的老客孙秀三。吴作义记得春天的时候，一挂大车住在他的店里，老板子上集去进货，结果钱褡子被人顺走了，老板子一时想不开，就想上吊，是孙秀三亲手相救，又把自己的积蓄拿给了老板子，这才救了他的命。眼下，孙秀三来劝他，吴掌柜能不感激吗，忍不住就问："兄弟，那你说这是咋回事啊？"

孙秀三说："掌柜的，是有人看不起别人好，才放出谣言。这都是你的同行干的，你可要挺住……"

"啊？是这样？"

这样一来，吴作义心里宽敞多了，病也渐渐地好多了。他觉得这个房客是个贴心人，于是常常上孙秀三的客房里来，一来二去的，二人成了无话不谈的好朋友。这一天，吴作义泡了一壶好茶，端着来到了客房孙秀三的屋子里，说："兄弟，你到底是做什么生意？我怎么总看你有点和别人不一样呢？"

孙秀三笑着说："其实也没什么，就是想闯荡着，干点事。"

吴作义一听，更觉着此人与众不同。于是忍不住向他问："那你说下一步我该咋办？"

"咋办？"

"对呀？"

"依我看，你应干一件和大车店配套的买卖……"

"什么买卖？"

"开个马市。"

是呀，这真是个好主意，可是自己怎么就没有想到呢？于是，他又按捺住心头的激动，故意装作不懂似的打听开马市的好处，孙秀三分析说，这老长春双桥子一带，交通发达，靠近市内，又靠近城外，要说缺的，就是缺个马市。再说当年长春不是没有马市，东大桥就有一个，但离双桥子太远，从这儿往西，还有一个就是老范家屯马市，但又离着双桥子太远，所以说在这儿开个马市，正合适。

这个主意一出，一下子把吴掌柜的说活了心。当下，吴掌柜的就拍案而定，任孙秀三为他的三义胡同大车店的外柜，专门筹办马市的事，一切开销由他出。孙秀三笑了笑，也就答应了。

吴家车店掌柜的吴作义当时哪里知道，这位看上去极不打眼的孙秀三，其实正是当年京东著名的大商号东发合的创始人。当孙家人经过几代人的努力，经于在京城打开了局面后，他们还想继续创业，当家人一眼看中了东北。当年的东北，人人都想到这里来淘金，东发合这样的大字号，能不打这个主意吗？

当年，中原人来东北长春，但表面上都是叫闯关东，这孙秀三也不例外。他的东发合企业要想发展，就必须得在如长春这样的地方占住脚。长春是东北的中心，而且发展的机遇很多。那时他到长春来，是奔着粮豆加工、运输生意来的。孙秀三兜里有钱，表面上装作一个穷住店的，而且还专门选一个如三义胡同双桥子大车店这样的背静小店，找一间把一头的房间，不显山不露水地干他的生意。白天直奔东大桥八里堡粮油市场，夜里夜深人静才掏出算盘，轻轻拨动珠子记账。跑市场，其实是人的一种社会调查。因而他才能给吴掌柜的出这么好的主意，不但从此住店不花店钱，还一下子成了双桥子大车店的外柜、双桥子马市的掌柜，人称"孙掌柜"。五年后，由于吴掌柜的身板不济，四处物色双桥子大车店的接班人和掌门人，选来选去，谁也比不上外柜孙秀三。于是，吴作义干脆把车店、马市的经营大权统统地交给了孙秀三，自己回辽北朝阳山养老去了；而孙秀三，没花一文钱，就当上了双桥子大车店和双桥子马市的大掌柜，而东发合买卖字号，也稳稳当当地落在了老长春宽城子地面上了。

双桥子马市

当年，双桥子马市一开，把长春老百姓开愣了，吴作义也愣了。而且孙秀三干这营生，仿佛是天生的能耐。你看他，每天天刚刚放亮，便出了双桥子大车店，直奔店西边不到半里地远的一片空地儿。那儿从前本是一片无人问津的下洼子空地，有一个村落叫东杏花村，都被他用了不起眼的几个钱买下了；然后从王爷庙（今白城以北的兴安盟）进了一些木杆子，一围一圈，再用大木杆子架起一个冲南开的大门，上面写着双桥子大马市几个字，一下子，马市就这么开起来了……

每天，孙秀三双手操拢个袖，屁股后边拴着一绺细麻绳儿，就入了市了。

他那副打扮，一般人不知道是干啥的，还以为是马市上混集头子的呢。

混集头子的也真都是他这副打扮，屁股上拴一绺绺的麻，遇上买马、卖马的，往往帮着双方讨价还价，哪一方成交了，都得给两个赏钱，这叫"绳头子钱"，是指从此人屁股上抽一绺麻，绑绑牲口，所以称这类人为混集头子的。

虽然孙秀三打扮得像个混集头子的，可是再一细看，人家那气派，那眼神儿，分明就是个大掌柜，人家往集里一站，立刻围上一帮帮的马贩子，一个个的点头哈腰，生怕打招呼慢了。那些混集头子的见了他，一个个赶紧溜一边去，生怕孙掌柜的训他们。

其实，马市开好了，根本不用本钱。他孙秀三就是不用自己一分钱，就顺顺当当地开起了老长春双桥子马市，而且还是一本万利。你想想，不但吴作义把双桥子大车店给他一半的股份，平时还得给他开响，年终分红；而且每一个来进行马、牛、驴牲口交易的人，都得先交上入市钱，这不等于空手套白狼一样吗？而且，他的主业东发合粮油生意一点也没耽误，他只不过一早一晚在马市上转转。

再说了，他兜里进的银钱无数。就说那些混集头子的吧，既怕他，还得敬他，哪一个混集头子的得了钱能如数揣腰里？十之三四要偷偷递给孙掌柜的，所以他孙秀三是天天进钱，时时进钱。其实孙秀三明白，他也离不开那些混集头子的。这些人，往往是长春地面上的大爷，地面上有了他们，马市才有人气。孙秀三知道，无论开什么店、铺、集、市，靠的都是人气……

九头鸟买马

在长春马市上做牲畜交易的人都会"捅袖筒子"，就是用手指头在袖筒里互相捏拧着讲价，这叫"袖里吞金"。说起这个风俗规矩，还有一段故事。那一年，长春马市上真是盛况空前，从打一挂锄，马市上买马、卖马的就挤得水泄不通；再加上耍猴的、说大鼓书的、变戏法的艺人的锣鼓家什一敲打，马市上更热闹了。各路马贩子云集长春，这样一来，一些"靠市"的人就出现了。

所谓"靠市"的，就是那些专门在马市上"忽悠"的人，也有人管这号人叫"混集头子的"。这些人一没本钱，二没马匹，一见有人买马，他两边给"挑价"，从中渔利，最后还闹个一醉方休。更可恶的是，这类人靠着当地的无赖，专门雁过拔毛，说踢蹬谁就踢蹬谁。当年，长春马市上有一个外号叫"金大牙"的，就是这号人。

一天，早上一开市，就见一个海城老客牵来一匹黑走马过来。这马长得这个俊，粗鼻孔、大眼睛、钎子头，腰直背平前裆宽，两耳灵气，叫声响亮，一下子把所有的买主都吸引过来了。

金大牙一看，这不正是发财的机会吗。他于是往马前一站就忽悠开了。老客是乡下的老实农民，虽说头一回进马市，但早已打听了马市规矩，对金大牙又是敬又是怕，只要金大牙一掺和，收益的一大半就要成金大牙的了，一切得听他摆布。可是金大牙明明知道这匹马值25块大洋，开口就顶出40块，一下子把价要死了。眼瞅着晌午歪了，这匹马也没人敢照量。

马主人急得一头汗，哀求说："金大哥，您压低点价，卖出去，我给你一半！你看中不？"

"你少说话！"金大牙不同意，他是想在这上面捞钱呢！这些事都被一个人看在眼里，这人就是长春北小合隆的胡子头"九头鸟"。

再说这九头鸟也是穷人，日子过不下去，杀了仇人占山为王当了绺子头，但他也有些良心，平时好打抱不平。偏赶上这日他混进长春马市来看热闹，也想给自己挑上一匹可心的坐骑。他在一旁早就看得来气，眉头一皱，计上心来。孙秀三一眼便看出了端倪，便小声对他说："杀杀他的傲气！"九头鸟也就明白了掌柜的意思，这叫正正马市风气。他看看天已过晌，上去一把接过金大牙的袖筒子。说："掌柜的，这马我要了。你摸摸这个数能不能打得开（这个价行不行）？"其实，他是把枪筒子递过去了。

金大牙一摸，以为是一字"嘎"，就说："这个数打不开！"

九头鸟说："你再好好摸摸！"

金大牙再一摸，硬邦邦的啥玩意呢？可他再一细摸，顿时吓得头冒冷汗，可九头鸟抓住他的指头不松开，故意满脸堆笑地问："掌柜的，这个数到底能不能打开？"

"能！能！"金大牙这回可痛快，再也不敢多说话了。九头鸟又说："那好，把这些大洋点给那老客……"

金大牙说："是！是！"

于是，九头鸟用右手捏出大洋递给那老客，又一使眼色说："还不快回去种白菜！"那老客也懂事，立刻揣起大洋走了。九头鸟又对金大牙一笑，说："兄弟没别的，你给我牵着马，咱俩得讲讲价！"金大牙哪敢怠慢，连连说："那是！那是！不，不讲价！就这个价！"他们边唠边走，袖筒对袖筒子走出了马市。来到人马较少的道口上，九头鸟低声说："姓金的你听着，我是四马架绔子九头鸟大柜，今儿个特来会会你。好！咱们后会有期！"说完一推，金大牙一个倒栽葱掉进水沟里。九头鸟翻身上马，双腿一夹，那马一声长嘶飞奔而去。等金大牙从水沟里爬出来时，大伙问："那人是谁？你咋那么怕他？"金大牙战战兢兢地说："可不好了，这人就是九头鸟，袖筒里顶的是枪筒子！"

从那以后，金大牙收敛多了，别的"混集头子的"在马市上也不敢乱"忽悠"了。

家狗认钱

孙秀三雇了个伙计，叫强虎。强虎有个儿子叫四儿，四儿从小听爹话，站得直，行得正。

这年冬天，四儿12岁啦，他放学时在雪窝子里捡了一条快冻死的小狗，抱回家，让爹给狗盖了个狗窝。

小狗渐渐长大。一天，四儿从外边回来，那条叫毛毛的狗在井边趴着，看四儿回来了，就叫了几声。四儿看了看狗又往里走，狗又叫了几声。四儿感到腿被咬住了，他刚想照狗脑门打一下，狗又叫起来了。他觉得很奇怪，就站住了。这一看不打紧，发现狗身下压着一沓钱。

四儿捡起钱一看，是新票子，5元一张，号码一个挨一个，像是谁刚从钱庄取回来的。

四儿想："这是谁的钱？怎么丢在我家院里？"

狗看见四儿把钱拿起来了，便围着他撒欢。他摸了摸狗走回屋，把钱递给娘。

娘问："在哪儿捡的？"

四儿一五一十地说了一遍。娘说："先把钱放在抽屉里，不能动。等你爹回来再说。"

一会儿，强虎回来了。四儿正做作业，对爹说："爹，我捡了一沓钱。"

爹说:"扯淡!"

四儿说:"真的,爹。不信你问我娘。"娘正从后园子回来,听了四儿的话说:"是真的,孩子他爹。"

这时,四儿打开抽屉把那一沓钱拿出来。强虎一看,皱着眉头说:"他娘,这事得告诉掌柜孙头人!今个儿都谁来咱家了?"

老伴想了想说:"来了几个。一个是后院李老歪,一个是西头老王婆子,还有一个是你的朋友马七。马七领来一个海城老客,说是问问你马市的行情。"

强虎说:"把他们都叫来。"按照强虎吩咐,先叫来了李老歪。强虎不直接问他丢没丢钱,只是和他东拉西扯抻抻舌头。强虎想,他若是丢钱,自个儿会说的。闲扯半天,看他不提钱的事,强虎突然问他丢没丢钱。李老歪说:"钱?没丢啊!"

接着又喊来了老王婆子。结果也一样,没丢。最后喊来了马七。马七听完强虎的话,也说没丢钱。强虎又说:"看来,可能是那个海城老客了。"

于是,强虎把自己的打算对孙秀三一说,孙掌柜的说:"你做得对。一定得找到真正的失主!"

强虎说:"你能不能把他找来?"

马七说:"我这就去。"

马七把海城老客从旅店里找来,强虎先是让坐,后是让茶。老客四十来岁上下,模样周正。他们谈着马市行情,海城老客说:"这回可赔了。"

强虎问:"怎么?"

老客说:"不小心丢了一沓钱。"

强虎一笑:"什么钱?在哪儿丢的?"

老客说:"想不起来。我从钱庄把钱取出来,放在衣兜里。我这兜很深,轻易掉不出来呀,可偏偏少了500块。"

强虎一听,没错,四儿捡的钱就是他的。当下强虎又问:"马七领你来我家院里,你都看见了什么?"

老客见问得奇怪,说:"没看见什么呀!……啊,对了,看见你家那条狗。狗挺凶。马七在前引路,我走在后边。狗不咬他,直奔我来。我为了吓唬狗,打了它一石头……"

强虎接着又问:"你兜里揣着石头?"

老客说:"哪呀!我弯腰从地上捡的……"

强虎站起来,把那沓钱递过去:"这就对了。你弯腰捡石头的时候,钱从兜里掉出来的。当时我老伴已经追出来,可那沓钱在水井那边,老伴也没看见。你打完狗走过去,狗马上跳过去趴在钱上了。我说呢,我老伴头前把一根骨头棒子扔到院子里,狗就是不过去啃。它压着那沓钱,专等我那四小子呢……"

海城老客刚要把钱放进衣兜,身边突然蹿出来一条狗,原来它不知什么时候已经悄悄跑进屋里。它看见那沓钱被老客拿过去,纵身一跳,一张口把钱咬在嘴里,然后跑到四儿身边,想把钱递给他。

众人一见,哈哈笑起来。四儿接过钱,拍拍狗的脑门,又把钱递给了海城老客。强虎看着狗围着四儿转圈子,说:"这狗不但认钱,捡钱,还懂得人情世故呢!"

就这样,家狗认钱的故事就在东北的马市上传开了。

马市丢钱案

一天早上,马店掌盘的孙秀三刚刚起来,就听他客房东头一间房子里有人吵吵丢钱了。孙秀三想,这可不是件好事,在他家店里住着丢了钱,他也跟着丢人,一定要查个水落石出。

他走过去一看,丢钱的人是海城来的买马老客,今年58了,叫窦老五。过去也来过长春多次,人品没说的,次次在顾家店找宿,也没出过丢东西的事。孙秀三问他说:"老五大哥,你挨着谁睡?"他指着几个人说:"就我们几个。""都是一块的吗?"窦老五连声说:"是!"

孙秀三掌盘的出了客房来到院子里,问昨晚打更的:"大哥,昨晚出事了!客房里有老客丢钱了,你记得昨晚有人出去没有?"

老更倌想了想说:"有哇!"

"啥模样个人?"

"披个棉袄,没戴帽子,脸型记不住了。"孙秀三掌盘的想,这上哪儿认去,黑灯瞎火的,马贩子的穿着打扮都差不离。他又一想,有人出去,一定是去解手。院子的西北角有个秫秸垛,如果有干这路事的一定在秫秸垛那儿留下点记号。他于是又对表哥说："你去看看秫秸垛前后有没有屙的屎？"

打更的大哥去了，一看没有。

孙秀三又说："你再去看看有没有尿窝！"

打更的大哥又去了，一看也没有。

孙秀三又问大哥："昨晚起来出去的那人你面熟不？"大哥说："我也没跟他进屋，看不清……"

孙秀三细细一想，说："那好！丢不了。你拿个亮，再到秫秸垛前后照一照。拿钱的人要往里塞，你仔细看看有没有掉了秫秸叶的地方！"表哥这回可来了精神了，他再次到秫秸垛那儿一找，见有个地方乱七八糟的，秫秸垛有了缝。他把手伸进去一摸，有个小包，他就拽了出来没吱声。孙秀三掌柜的得了这个小包，就对表哥嘱咐说："别声张，就当没这个事。"于是，他重又来到客房里。

孙秀三一进屋就说："现在谁也别出去，我问啥你们答啥。你们都谁往我那儿交钱了？"

在早时的车马店里，掌柜的都为老客保管钱款，他想通过提钱的事来察言观色，分析情况。大伙一听，都一一报数，主动回话。这时，孙秀三问到一个叫丁朋的小伙。他是和窦老五一块来的，又住在一个屯。孙秀三说："你带多少钱？"

"八……八百！"他说话吞吞吐吐，变毛变色的，引起了老客的注意。

孙秀三一看他那样，就开诚布公地对大伙说："各位兄弟，咱们客店里丢了钱。这么说吧，我要是去找警察来，查出来抓去蹲起来，倒霉不说还可耻，我看不如早点说出来。不愿当大伙面说，上我小屋说去，我随时在那儿等着。"

大伙你瞅瞅我，我瞅瞅你，互相猜测起来，丁朋更是站也不是坐也不是。孙秀三又说："昨晚谁出去了我也知道！他还专门上秫秸垛去了……"

孙掌柜的这个诈语打得好，只见丁朋往炕上一坐，顺着躺下了，自言自语地说："哼，咱是没拿呀！"

孙秀三又说："钱没人拿可丢了。你也没拿他也没动，兴许是我掌柜的拿去了呢！"

第二天一早，马店掌柜的孙秀三见丁朋还是变毛变色的，就喊住他说："有人可见你昨晚出去了！"

"我？"

"对。出没出去？"

"我，我……"他支支吾吾地说不出来。孙秀三看看火候差不多了，就直截了当地说："丁朋你想想，做什么事要想人不知，除非己莫为。你别等事情露馅，吃不了你兜着走。眼下承认还不晚。我这店掌柜的出什么事也不能让你下不来台，不向着你我也犯不上和你苦口婆心……"

"掌柜的，我，我不是人哪！"丁朋架不住孙秀三这一阵肺腑话，眼泪哗哗地流出来，说，"钱是我拿的，我家困难哪！"

"困难你说一声啊，没钱我找熟人赊给你，没店钱没盘缠我帮你，可你也不能干这丧良心的事呀！再说，你们都是老乡，人不亲水亲，水不亲土亲，哪能老乡偷老乡呢！"几句话说得丁朋满脸通红。丁朋说："掌柜的，我去取来还你。不过，有一件事，我求你了！"

"说吧！"

"你可别提我的名啊！"

"不能啊！钱我早已取出来了，就是为了开导开导你。今后你可记住这个事啊！"丁朋一听，"扑通"就给孙秀三跪下了，说："掌柜的，你教训了我又保住了我的名誉，今后说啥我也不能这么干了呀！"就这样，一场丢钱的风波平息了，马市上的店主和老客还成了好朋友。

珠算比赛

1926 年，长春已成了一个重要的商业集散地。日本人早就想控制长春，他们派来大批开拓团，成立了诸多株式会社，并且专门对中国长春的民族工业下手，东发合就成了他们的眼中钉、肉中刺。但对于已经有了相当实力的东发合，他们也不太敢轻举妄动，而是设法以各种手段拉拢。

这一年秋天，满铁商会总裁植田正一和满铁株式会社决定举办长春珠算大赛，他们决定推荐东发合的长春掌门人孙秀三参加。开始，孙秀三不想参加，觉得一个中国商人，不能和日本人掺和，可是后来一想不对，此事是日本人借机来炫耀，开展什么大东亚文化智力的宣传，岂能让日本人得逞？

于是，他报了名。

比赛地点设在长春大和旅馆（今长春火车站春谊宾馆）的会场上，看热闹的人山人海，人们知道，这东发合是京东刘家大商号办的买卖，今日要和日本人较量，都想来看个究竟。而且在当时，日本人也明白，京东刘家在中国长江以北"发"字号的企业一百三十多家，已涵盖了金融、运输、出口、百货、店铺、集市和贸易，以及食品加工等多个门类，多个领域，资产总值已接近两个亿。民间早有"南荣北刘"的说法。南荣，就是长江以南的荣毅仁家族；北刘，就是长江以北的京东刘家了。给孙秀三出点丑，日本人认为可以把中国民族工业的气势压下去。因此，此次珠算比赛，日本人是精心策划的，他们还特意从日本本土请来几个珠算高手，并且把题出得是又偏又难。

比赛开始，负责人植田正一宣题。

第一道试题：888乘以999，再除以666，小数点后的数四舍五入。

各位选手开始演算，只听算盘打得噼里啪啦响。孙秀三却不动手，只在那里闭目养神。其实他双手缩在袖筒里时，早已通过"掐记法"算完了。

孙秀三虽然算盘没动，却是第一个在算纸上写出结果：1332。孙秀三在答案后写上自己的名字，递给了监测人植田正一。接着，参赛的10个代表选手也一一交上了自己的答卷。

植田正一：我现在宣布第二道试题，请大家听好：999除以222，再除以333，得多少？

选手们开始演算。算盘打的依然是噼里啪啦的响，孙秀三依然是闭上眼睛养神，仿佛睡着了似的……

公布结果都是在当天的现场进行。过几轮演算后，植田正一当场宣布：

第一名，孙秀三；

第二名，冯振林；

第三名，高仓一郎。其余者为第四名。宣布领奖时，孙秀三坐在座位上没动。见他不动，植田正一以为他没听清，于是又高声宣布："请一等奖获得者孙秀三先生上台领奖!"

孙秀三站起来,说道:"我孙某参加珠算比赛,是为了切磋演算技艺,不是为了拿什么头名,谢谢了。"说完,他抬腿走出了大和旅馆。

走在长春的"大同大街"(今人民大街)上,朋友们忍不住地问孙秀三,你有什么绝技绝活算得那么快,那么准?孙掌柜的扑哧一声笑了,他告诉大伙,你们忘了我是干什么出身吗?我除了是东发合的老掌柜,我还是双桥子大车店和马市上的大掌柜。中国人买马、卖马用的是啥手法?那叫袖里吞金(就是掐记法)!日本人还搞什么珠算比赛呢,连他们老祖宗的珠算都是从中国传过去的。

这一下,大家终于明白了。于是,都忍不住哈哈大笑起来。中国的企业家和民族工业的传人,也可以扬眉吐气一展风采。